U0450919

伊犁师范大学学术著作出版基金资助出版
伊犁师范大学法学院重点学科资助出版
伊犁师范大学"一带一路"发展研究中心出版基金资助出版
伊犁师范大学哈萨克斯坦国别研究中心开放课题重点项目"哈萨克斯坦经贸投资法律研究"
（2018HSKGBYJZD001）结项成果
伊犁师范大学新疆社会治理与发展研究中心成果

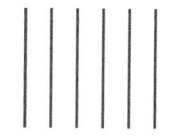

欧盟国家援助审查规则研究

刘俊梅 著

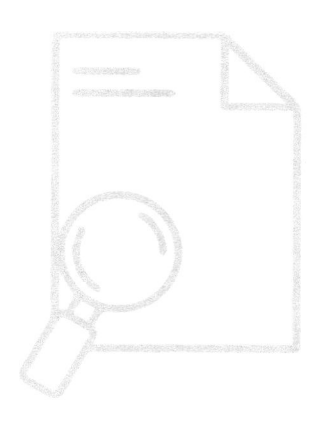

图书在版编目（CIP）数据

欧盟国家援助审查规则研究 / 刘俊梅著. —— 北京：九州出版社，2023.8
　　ISBN 978-7-5225-2041-4

Ⅰ. ①欧… Ⅱ. ①刘… Ⅲ. ①欧洲联盟－经济援助－研究 Ⅳ. ①F114.4

中国国家版本馆CIP数据核字(2023)第142548号

欧盟国家援助审查规则研究

作　　者	刘俊梅　著
责任编辑	关璐瑶
出版发行	九州出版社
地　　址	北京市西城区阜外大街甲 35 号（100037）
发行电话	(010)68992190/3/5/6
网　　址	www.jiuzhoupress.com
电子信箱	jiuzhou@jiuzhoupress.com
印　　刷	北京九州迅驰传媒文化有限公司
开　　本	720 毫米 ×1020 毫米　16 开
印　　张	14.25
字　　数	240 千字
版　　次	2023 年 8 月第 1 版
印　　次	2023 年 8 月第 1 次印刷
书　　号	ISBN 978-7-5225-2041-4
定　　价	49.00 元

★版权所有　侵权必究★

前　言

"国家援助"的概念来源于条约第107(1)条所规定的定义，根据欧洲法院的说法，它是一个法律概念，必须根据客观因素进行解释。欧盟国家援助规则反映了欧盟竞争政策在创造和维持共同市场方面的核心作用。该规则中的"援助"不仅限于成员国授予的补贴措施，还包括与补贴具有同等效果的其他措施，如税收减免措施等。我国公平竞争审查制度的构建是加强竞争政策的关键一步，涉及对政府限制竞争行为的审查。作为国际经济秩序的重要推手，欧盟通过与中、美等国的国际合作，致力于将其竞争中立规则推向全球。欧盟国家援助规则的外溢效应影响了国际经贸制度变革，进而也间接影响到我国竞争规则的发展，这使得二者逐步趋同，特别是在双方涉竞争审查的规则顶层设计、具体内容和豁免情形等方面具有广泛的相似性。而经过长期发展，欧盟积累了丰富的国家援助审查经验，并发展出诸多可广泛适用的审查规则，如竞争中立规则、一致性规则、效果规则、团结规则等。鉴于我国已加入或正在申请加入的区域贸易协定（如RCEP，CPTPP）中均包含竞争条款，欧盟在有关国家援助及其审查规则适用方面拥有丰富经验，对我国实施和改进公平竞争审查制度具有一定的启示。

一、欧盟国家援助规则概要

欧盟的国家援助审查是依据《欧盟运行条约》第107–109条及其一系列配套法规和法院判例，结合欧委会对任何新计划授予或改变的援助措施实施的预防控制系统，对成员国所有现有援助开展的持续审查。《欧盟运行条约》第107(1)条规定："除条约另有规定外，任何由成员国或借助国家资源以任何形式提供的援助，如果有利于某些企业或商品的生产从而扭曲或威胁扭曲竞争，并且影响成员国之间的贸易，则与内部市场不一致。"该条款延续了《欧共体条约》第87(1)条确立的国家援助规则的原则性规定，经过多年发展和实践，欧盟理事会和欧盟委员会制定的一系列条例，以及欧洲法院的判例，对该条款进行了细化和完善，弥补了相关概念不清晰的局限性。围绕该条款，欧盟已经形成了一个完整的国家援助规则体系。为了将一项措施认定为条约第107(1)条意义上的非法国家援助，只要措施达到了扭曲/威胁扭曲竞争并影响了贸易的效果即可，而不论其名称、原因或目的如何。

欧盟有关国家援助的审查标准是由下列法律确定的：欧盟国家援助规则以及欧盟援助豁免规则。根据这些法律规定，国家援助包括被禁止的国家援助、与欧盟内部市场一致的国家援助以及可能被视为一致的国家援助。相对应的，《欧盟运行条约》第107条第1款即欧盟国家援助规则的一般审查标准；第2款和第3款则属于该规则的豁免标准。为进一步澄清国家援助豁免的条约规定，欧盟委员会制定了一系列援助豁免单项法规，分属不同的援助豁免类别。通过这些审查标准，欧盟委员会首先审查援助措施的合法性。如果一项国家援助措施与内部市场一致，则可直接授予。如果一项国家援助措施与内部市场不一致，则构成非法援助。针对该非法援助，欧盟委员会将继续审查其是否符合援助豁免的规定。若该措施满足援助豁免规定，则可批准成员国实施；反之，则不予批准。

《关于适用〈欧盟运行条约〉第108条细则的第2015/1589号条例》（简称《程序条例》）设定了具体的国家援助审查与执行程序规则，授予欧盟委员会审查国家援助措施的专属权限，但其决定的合法性需受到欧洲法院的司法审查。后者有助于缓解欧盟委员会及其成员国的紧张关系，并为成员国及相关私人主体提供司法救济。《程序条例》还详细规定了成员国法院遵守和执行欧盟委员会决定的义务。鉴于成员国法院在该过程中面临的诸多障碍，欧盟委员会提出了成员国法院追回非法援助的最佳做法规划，为成员国完善国家援助规则执行指明了方向，也为各领域单项援助法规的更新和修订提供了参考，并侧面证明了国家援助规则监督与反馈机制的重要性。

国家援助之所以被禁止，是因为其与内部市场不一致。然而，人们认识到，在某些情况下，政府干预对于运行良好和公平的经济是必要的。因此，《欧盟运行条约》第107(2)条和第107(3)条为考虑授予与内部市场一致的国家援助措施提供了若干理由（即援助豁免）。正如欧委会在《国家援助行动计划》中所说，

"国家援助的一致性，从根本上是为了平衡援助对竞争的负面影响及其在共同利益方面的积极影响"。欧委会的唯一任务，是依照条约第 107 条审查国家援助措施的一致性，欧委会这一排他性审查权限是源于条约第 108(2) 条的规定，成员国机构或成员国法院均未获得此授权。

基于这些基本条约规定，理事会和欧委会多年来通过了许多立法性法令。此外，欧委会还发布了各种通讯、通告和其他软法律文件，例如关于"国家援助"概念的解释、横向豁免制度、区域援助指南、特定部门援助豁免制度等，向有关主要行为者解释了其国家援助规则体系。欧盟国家援助规则并不是一成不变的，而是在与时俱进。欧委会通过出台、更新和补充有关法规，来应对新的数字化、气候变化和外国政府补贴等挑战，但其核心始终是维护市场公平竞争环境和推广规则下的竞争中立制度。与此同时，这种复杂的国家援助规则框架也引起了成员国法院的许多初步裁决和追回援助执行问题，并因此导致了欧洲法院的司法审查和诸多判决，从而形成了有关国家援助各种主题的综合判例规则体系。

二、我国公平竞争审查制度概况

随着我国改革开放的不断深化，以及为顺应国际经贸秩序新趋势，建立统一开放、竞争有序的国内市场已成为我国的基本竞争政策和目标，而政府干预所产生的地方保护、行业垄断、区域发展不平衡等问题阻碍了这一基本政策和目标的实现。在此背景下，国务院于 2016 年 6 月 14 日印发了《国务院关于在市场体系建设中建立公平竞争审查制度的意见》（以下简称《意见》），[①] 明确要求各级政府部门不得制定具有排除、限制竞争效果的政策措施，并要求政策制定机构根据《意见》确立的审查标准开展自我审查，这表明我国已正式建立了公平竞争审查制度。为进一步规范和补充《意见》相关规定，2021 年 6 月 29 日，市场监管总局等五部门根据《反垄断法》和《意见》，制定并颁布了《公平竞争审查制度实施细则》（以下简称"实施细则"）。[②] 我国公平竞争审查制度的建立是朝着加强竞争政策迈出的重要一步，自实施以来，取得的成果斐然。但从实践来看，该制度的实施还需要克服许多体制、法律制度上的难题。首先，公平

---

① 《国务院关于在市场体系建设中建立公平竞争审查制度的意见》，国发〔2016〕34 号，2016 年 6 月 14 日发布。
② 《公平竞争审查制度实施细则》，国市监反垄规〔2021〕2 号，2021 年 6 月 29 日发布。

竞争审查制度的审查标准很多涉及地方保护措施，但对这类行为的审查可能面临地方政府对实施该制度的积极性问题。其次，对地方政府补贴或税收优惠措施的审查，受到来自国际规则趋严和国内制度局限性的双重压力。再次，鉴于国有企业与政府的特殊关系，对于国有企业的审查也面临如何保证实质上的公平等问题。

此外，我国公平竞争审查制度自身也存在一定的制度缺陷，有待进一步改进和完善。第一，实施细则进一步细化了《意见》中规定的审查标准，但由于缺乏一个独立的行政机构，从而无法保证各地政府正确理解和适用这些标准。第二，虽然实施细则提到了自我审查的审查机制和程序内容，但从文本上看，程序规定不够明确，也不涉及如何保障自我审查机制的客观独立性以及为利益攸关方提供救济的规定。[①] 第三，《意见》和实施细则虽涵盖了一些公平竞争审查制度的例外情形，但这些例外规定不够具体，且我国目前尚未出台针对例外情形的专门性单项法规，从而无法真正确保该制度的可预测性及其在实施中的灵活运用。

因此，我国亟需构建和改进公平竞争审查制度系统化的顶层设计和具体规范。欧盟虽然不存在以"公平竞争审查"命名的审查制度，但从学理和实质意义上分析，欧盟存在公平竞争审查制度：欧盟国家援助规则。[②] 后者作为公平竞争审查制度的实体内容，不仅影响了国际竞争规则的变革，而且与我国竞争规则具有一定程度的趋同。欧盟的条约、条例，欧洲法院[③]判例，欧盟委员会（以下简称"欧委会"）决定、通讯或通告等法律法规由于历经较长时间的发展和完善，从而对国家援助措施有着更全面系统的立法技术和审查规定，对于处置各类国家援助豁免情形的经验也更丰富。有鉴于此，欧盟有关国家援助审查的相

---

① 孙晋：《公平竞争审查制度——基本原理与中国实践》，经济科学出版社2020年版，第264页。

② 翟巍：《欧盟公平竞争审查制度研究》，中国政法大学出版社2019年版，第157–158页。孙晋：《公平竞争审查制度——基本原理与中国实践》，经济科学出版社2020年版，第72页。

③ 此处关于"欧洲法院"的提法，主要是考虑到1986年前后欧盟法院机构的调整。1986之前，欧洲法院负责解释欧盟法，并处理与此有关的各类诉讼及其事实判定；1986年之后，为减轻欧洲法院负担，欧盟设立了一个初审法院（即普通法院），代替欧洲法院负责上述欧盟法解释和事实判定等事宜，欧洲法院作为上诉机构（欧盟最高法院），只负责审理初审法院管辖权异议、违反程序规则或错误适用欧盟法的问题。书中由于梳理了大量法院判例，既包括1986年以前的欧洲法院判例，也包括1986年之后的普通法院判例，为了不引起阅读和理解上的混乱，书中统一采用"欧洲法院"提法，实则指代欧洲联盟法院系统下负责事实判定和欧盟法解释的法院。

关理论原则和概念解释、欧盟委员会的行政审查以及成员国法院和欧洲法院的司法审查，均对我国公平竞争审查制度实施具有重要的参考和启示。故而，面对公平竞争审查制度实施现状以及改进制度的现实需要，有必要对欧盟国家援助规则及其最新发展进行系统深入的分析和研究。

三、中欧相关制度之比较

欧盟和我国在制度目标和审查理念方面具有很强的可比性，欧盟的最终目标是建立一个以市场经济和自由贸易为基础的内部市场，强调竞争政策优先于其他经济政策。为了提高市场效率和公平性，以及为参与者创造一个公平竞争的贸易环境，欧盟法律禁止成员国实施扭曲或可能扭曲市场竞争，以及影响贸易的行为。我国自《反垄断法》实施以来，公平竞争观念不断深入人心，我国政府也越来越重视平衡政府和市场的关系。特别是我国政府逐步认识到补贴和税收优惠等产业政策只能为市场带来短期的经济利益，长期来看则会损害市场的公平竞争和效率。加之，我国已加入和正在申请加入的区域贸易协定涉及的竞争规则，越来越强调竞争中立的适用，其对竞争监管规则一致性的要求增强了世界各国的竞争，使得各国的国内立法和规则呈现趋同特点。在这一点上，我国也不例外。

无论如何，我国的公平竞争审查制度与欧盟关于国家援助及其审查的规则在目标和内容上的确存在诸多相似之处，双方竞争主管部门也强调了在该领域合作的重要性，并建立了二者在该制度领域对应的谅解备忘录。尽管国家援助规则是 WTO《补贴与反补贴措施协定》背景下欧盟所独有的，但与国家援助规则的相关议题开始逐渐渗透到其他主要司法管辖区。该趋势与欧盟近期发布的关于外国补贴的草案相辅相成，构成了欧盟迈向更广泛和更全球化水平的竞争环境的关键一步，从而为未来的开发、研究和应用产生了更广阔的思路。我国公平竞争审查制度的建立也顺应了这一国际趋势，只是因为我国特殊的国情，该制度的实施尚面临一些挑战，并且制度本身也存在一些不足，需要进一步补充和完善。因此，欧盟对成员国援助措施进行行政审查和司法审查的经验，对于我国有效应对公平竞争审查制度的实施挑战、培养我国的竞争文化以及完善该制度均具有重要参考价值。

目 录

前　言 …………………………………………………………………………… 1

第一章　欧盟国家援助规则的基础理论 ………………………………………… 1

　第一节　基本概念诠释 ………………………………………………………… 1

　第二节　欧盟竞争规则框架 …………………………………………………… 8

　第三节　欧盟国家援助规则的历史发展 …………………………………… 16

第二章　欧盟国家援助规则概述 ……………………………………………… 26

　第一节　欧盟国家援助规则的价值及法律依据 …………………………… 26

　第二节　欧盟国家援助规则的规制目的 …………………………………… 35

　第三节　欧盟国家援助规则与国际条约的关系 …………………………… 40

第三章　欧盟国家援助审查实体标准 ………………………………………… 54

　第一节　欧盟国家援助审查一般实体标准 ………………………………… 54

　第二节　欧盟国家援助审查一般实体标准适用 …………………………… 60

　第三节　欧盟国家援助审查豁免标准 ……………………………………… 76

第四章　欧盟国家援助审查程序机制 ………………………………………… 85

　第一节　欧盟委员会对国家援助的行政审查 ……………………………… 85

　第二节　成员国法院的司法审查与执行 …………………………………… 88

　第三节　欧洲联盟法院在国家援助案件中的司法审查 ………………… 103

第五章 欧盟国家援助审查规则对我国相关规则借鉴的可能性 ……112
第一节 欧盟国家援助审查规则对我国的外溢效应 ……112
第二节 中欧竞争审查规则比较 ……119
第三节 我国可借鉴的欧盟国家援助审查规则 ……127

第六章 我国公平竞争审查制度概况 ……138
第一节 公平竞争制度与公平竞争审查制度 ……138
第二节 公平竞争审查制度的内涵 ……142
第三节 公平竞争审查制度基本内容 ……148

第七章 公平竞争审查制度实施现状及改进建议 ……156
第一节 公平竞争审查制度实施现状和典型案例 ……156
第二节 我国公平竞争审查制度实施层面的应对 ……172
第三节 公平竞争审查制度改进措施 ……180

参考文献 ……194

后　记 ……217

第一章　欧盟国家援助规则的基础理论

欧洲联盟（European Union，EU）由欧洲共同体更名而来，现有成员国27个，是目前世界上一体化程度最高的区域性国际组织，具有某种超国家性质。[①] 在其发展历程中，欧盟法制建设取得了巨大成就，特别是其竞争规则及国家援助规则因具有鲜明特色和借鉴意义，引起了国内外学者的关注。

第一节　基本概念诠释

欧盟国家援助规则为成员国之间的竞争制定了框架，但它从2008年金融危机之后才引起人们的兴趣，因为金融危机期间，欧盟国家援助规则表现出灵活且强大的调控能力。欧盟关于国家援助的规则体系，补充或取代了成员国先前存在的国内监管机制，并监管了以前不受监管的国内监管机构。由于非市场价值深深植根于成员国的政治和宪法制度之中，且欧盟法律体系对于国家在欧洲一体化进程中的作用并未给出明确答案，从而导致了一个谜团，即欧盟遵循相当自由的经济导向，同时限制成员国政府监管的竞争。这似乎意味着，欧盟国家援助规则的目的只是为了建立一个运行良好的内部市场。[②] 然而，随着欧盟国家援助规则的不断完善，欧委会和欧洲法院对于这些概念的广泛解释导致了一系列争议。[③] 尽管如此，欧盟国家援助规则及其法院判例依旧在持续演变中，厘清相关概念仍具有十分重要的意义。

[①] 程晓霞、余民才：《国际法》（第5版），中国人民大学出版社2015年版，第20页。
[②] Francesco De Cecco, *State Aid and the European Economic Constitution*, Hart publishing, 2013.
[③] Koenig & Christian, *Where Is State Aid Law Heading To*, European State Aid Law Quarterly (ESTAL), Vol. 2014: 4, p. 611-613 (2014).

一、规则与法律规范

(一) 规则的释义

规则(rule)意为运行、运作规律所遵循的法则,通过协调各类关系以维护共同利益而形成的基本约定。[1] 在法律领域中,特指制定出来供大家共同遵守的条文规范。规则是一个综合概念,包括了所有的法律规则、政策规则、显规则、潜规则、硬规则、软规则等。[2] 其中,法律规则是作为由法律权威为调整人的行为而创制的规范以及作为法律科学用来描述实在法的工具的概念,是法理学的中心概念。[3]

英语语境下,《布莱克法律词典》(第10版)将"rule"解释为:"(1)一般地说,一种既定的、权威的标准或原则;在特定情况下规定或指导行为或行动的一般规范。(2)管辖法院或机关内部程序的法规;尤其是关于一般或特定适用性和未来影响的机构声明的全部或任何部分,旨在实施、解释或规定法律或政策或描述机构的组织、批准或实践要求,包括批准或规定未来的利率、工资、公司或财务结构、这些结构的重组、价格、设施、设备、服务、上述任何一项的津贴、估价、成本和机构内的会计;或与上述任何一项有关的做法。(3)一种议事规则,确保事务在议事会议中有序进行的程序规则。"

(二) 法律规范的概念

奥地利法学家汉斯·凯尔森在其论著中是将法律规范作为构建法理学理论体系的基本范畴加以分析的。在凯尔森看来,法律规则如果有效力的话,便是规范。法律规则所规定的行为是用人们"应""应当"遵守法律订定的行为这种讲法来表达的。他认为,"规范"是这样一个规则,它表示某个人应当以一定方式行为而不意味任何人真正"要"他那样行为。[4]

(三) 规则与法律规范的关系及功能

对于"规则"和"规范"的概念区分,凯尔森的研究具有独特价值。规则

---

[1] 丹溪草:《人类命运:变迁与规则》,知识产权出版社2020年版,第42页。
[2] 张文显:《法治与国家治理现代化》,《中国法学》2014年第4期,第8—10页。
[3] [奥]凯尔森:《法与国家的一般理论》,沈宗灵译,中国大百科全书出版社1995年版,第50页。
[4] [奥]凯尔森:《法与国家的一般理论》,沈宗灵译,中国大百科全书出版社1996年版,第32—37页。

包括法律规则和非法律规则，凯尔森明确界定了法律规则实质上不同于其他（非法律）规则，特别是不同于自然法则的规则，自然法则是关于事物的实际过程的讲法，而法律规则则是对人的行为的规定。因此，为了避免引人误解，他认为最好不要称法律为"规则"，而是将其称为"规范"。① 他还强调，只有借助于规范的概念与相关联的"应当"的概念，我们才能理解法律规则的特定意义。只有这样，我们才能理解法律规则及其为他们的行为而"规定"的、为他们订定一定行为方针的那些人之间的关系，以说明人们实际行为的规则来代表法律规范的意义，从而使法律规范的意义不依靠"应当"的概念的任何企图，是一定要失败的。②

哈特认为社会中存在许多不同于法律规则的非法律规则，如习惯、习俗、道德等，法律规则是社会众多规则之一，它与其他规则一起发挥着重要作用，只是执行的社会功能不同。③ 但哈特也承认，法律规则作为一种行为规则，确实有别于其他非法律规则。事实上，在哈特的论著中，他并未对规则进行明确界定，也未分析法律规则与法律规范的关系，而只是提出凡是以"义务"之类词语加以表示的行为标准便属于规则，法律规则不同于其他规则之处在于义务术语所施加压力强度的不同。④ 相比凯尔森而言，哈特对于法律规范结构的观点较为模糊。

总之，从西方法理学的规范理论视野来看，"法律规则"与"法律规范"所指内涵并不相同，法律规则属于法律规范的一种。⑤ 西方学者在其研究中交替使用二者的前提往往是基于对其各自的内涵进行了明确界定。

二、国家援助

作为一个法律概念，《欧盟运行条约》并未明确提及"国家援助规则"一词，该提法是在欧委会通过的各项法律文书中确定的。

---

① [奥]凯尔森：《法与国家的一般理论》，沈宗灵译，中国大百科全书出版社1996年版，第40页。
② [奥]凯尔森：《法与国家的一般理论》，沈宗灵译，中国大百科全书出版社1996年版，第39页。
③ [英]哈特：《法律的概念》（第三版），许家馨、李冠宜译，法律出版社2018年版，第77–96页。
④ 陈历幸：《法律规范逻辑结构问题新探——以现代西方法理学中"法律规范"与"法律规则"的不同内涵为背景》，《社会科学》2010年第3期，第86–94页。
⑤ 雷磊：《法律规则的逻辑结构》，《法学研究》2013年第35卷第1期，第66–86页。

(一) 国家援助及相关概念

1. 援助

"援助"意为援救帮助。《布莱克法律词典》(第 10 版) 对"援助 (aid)"的定义为:"(1) 第三方支付的辩护费用,该第三方在辩护中有共同利益,但未被起诉;(2)〈古法〉为特殊目的给予国王的补贴或税收;(3)〈古法〉在困难和危难时期,佃户给予主人的一种捐助或贡品(如一笔钱)。"

欧盟法中的"援助"一词来源于欧洲历史上的几个近似概念。1513 年,马基雅维利发现了一个通常与发放援助有关的问题,即援助的不公平和歧视性与其选择性有关。马基雅维利声称,一个过于慷慨的王子最终会被迫"给人民施加过重的负担,征收苛捐杂税,并竭尽所能获得金钱。这将开始让他的臣民憎恨他,并且,因为他将使自己变得贫穷,从而会受到普遍的鄙视。因此,由于他的这种慷慨伤害了许多人,回报很少,他将很容易受到第一个小挫折"①。二十世纪出现了某种形式的多国补贴控制,这种控制当时针对的是单一商品:糖。欧洲国家当时对于这种控制的尝试均以失败告终,有些国家于 1902 年决定在《布鲁塞尔糖公约》中建立一个多边补贴控制系统。②这一开创性制度强调了三个特点,即:(1) 禁止对糖的生产和出口提供所有形式的补贴;(2) 引入"补贴"(赏金)的广义概念,即使该概念尚未定义,但涵盖了"直接或间接来自国家财政立法的所有优势";③(3) 建立一个超国家委员会,能够通过具有约束力的决定来监测公约的执行情况。④

随后,《欧共体条约》确立的国家援助条款是欧洲一体化新方法的产物,其特点是将实现经济和政治联盟所必需的最低权力让渡给欧洲机构。其基础是将成员国监管主权完全让渡给超国家机构(高级权力机构),后者是唯一一个有权

---

① Niccolò Machiavelli, *The Prince*, Chapter XV. I, translated by G Bull (New ed., London, England), New York, N.Y., USA, Penguin Articles, 1999, p. 51. 类似地,图尔格特曾在 1774 年这样批评法国国王路易十六:因为他的"仁慈"政策导致补贴受益人(少数人有权获得王位)和补贴付款人(多数人没有这种权利)之间存在不公平的歧视。转引自 Juan Jorge Piernas Lopez, *The Evolving Nature of the Notion of Aid under EU Law*, European State Aid Law Quarterly (ESTAL), Vol. 2016: 3, p. 400-415 (2016).

② Convention between Great Britain, Germany, Austria, Hungary, Belgium, Spain, France, Italy, Netherlands, and Sweden, relative to Bounties on Sugar, signed at Brussels, 5 March 1902.

③ 特别是(a) 出口时发放的直接奖金;(b) 给予生产的直接奖金;(c) 使部分制造产品获利的全部或部分免税;(d) 超额收益产生的利润;(e) 退税过高产生的利润;(f) 超过公约第三条规定税率的任何附加税产生的利益。Ibid, at Article I of the Convention.

④ Ibid, at Article VII of the Convention.

提供援助的机构。这一援助概念与一系列例外情况（或一致性规定）相结合，由一个能够通过具有约束力决定的超国家监督机构进行评估：欧洲委员会。因此，《欧盟运行条约》下的国家援助规则体系有三个特点：(1) 援助的广义概念；(2) 超国家监督体系；(3) 通过若干豁免引入灵活性。①

现行欧盟条约和各项法规中将"援助"限定为符合《欧盟运行条约》第107(1)条规定的所有标准的任何措施，即政府授予企业的"任何援助"，只要扭曲或威胁扭曲，并影响到成员国之间的贸易，就与内部市场不一致。这也意味着，欧盟国家援助规则下的"援助"不仅限于政府补贴，还包括与补贴有同等扭曲竞争效果的其他政府措施，如税收减免、税收优惠、政府提供的贷款担保等。

2. 国家援助概念

国家援助 (State aid) 意为国家或政府给予的援救帮助。国家援助属于欧盟法概念，是欧盟国家援助规则的核心概念，其中"国家"特指欧盟成员国政府及其公共机构。《布莱克法律词典》（第 10 版）没有关于"State aid"的解释，但提到了"municipal aid（市政援助）""grant-in-aid（补助金）"。市政援助，即："市（区）政府向私营企业提供的财政或其他援助（financial or other assistance），以鼓励其搬迁到该政府辖区。"补助金，即："政府机构为特定目的给某人或某机构的一笔钱，尤指联邦政府为州公共项目提供的资金。"《元照英美法律词典》对"state aid"的解释为："〈美〉州援助，即州对市、镇、县的财政援助，如对公路修建的援助，提供资金给地方政府兴办学校，向私立学校提供财政援助，向有关机构、组织、个人为一公共目的而提供支持和帮助等。"

卡尔·拉伦茨曾在其著作中提到，规范的法定构成要件并非全以概念组成，在很多情况，法律利用"类型"，而非"概念"来描绘案件事实的特征。或者，法律会包含"须填补"的评价标准，其直至"适用"于具体事件时，始能被充分"具体化"。② 在法律运用须填补的评价标准来描绘构成要件或法律效果时，特别需要运用"价值导向的"思考方式。③

事实上，《欧盟运行条约》第107(1)条并未明确规定何为"国家援助"，只

---

① Juan Jorge Piernas Lopez, *The Evolving Nature of the Notion of Aid under EU Law*, European State Aid Law Quarterly (ESTAL), Vol. 2016: 3, p. 400-415 (2016).

② [德]卡尔·拉伦茨：《法学方法论》，陈爱娥译，商务印书馆2004年版，第94—95页。

③ [德]卡尔·拉伦茨：《法学方法论》，陈爱娥译，商务印书馆2004年版，第104页。

是指出何为禁止的国家援助（非法国家援助）。欧委会对国家援助的概念进行了补充解释，即国家公共机构有选择地授予企业任何形式的优势之行为。① 综上，本书所提"援助""国家援助"，特指欧盟及其成员国计划或实际授予的国家援助措施；"非法援助"或"非法国家援助"则指的是欧盟法禁止授予的国家援助措施。

（二）国家援助概念类型化

欧盟理事会根据欧洲法院判例于1999年3月22日专门制定并确立了第659/1999号条例，对欧盟成员国的国家援助审查程序进行细化，后于2015年7月13日修改该条例并确立了第2015/1589号条例（简称2015年《程序条例》），详细规定了现有援助以及新援助的概念。

1. 现有援助

现有援助（exist aid）主要是指在《欧盟运行条约》生效之前，欧盟成员国已经实施的国家援助措施，以及欧委会批准实施的国家援助措施。2015年《程序条例》详细界定了五种现有援助类型：(i)《欧盟运行条约》生效前成员国已实施的国家援助，并且在条约生效之后仍然适用；(ii) 经欧委会批准实施的国家援助，即由欧委会或欧盟理事会批准的援助计划和单个援助；(iii) 依据《程序条例》被视为已批准的援助，即根据理事会第659/1999号条例（EC）第4(6)条或本条例第4(6)条被视为已获批准的援助，或虽然在理事会第659/1999号条例之前实施但符合本程序的援助；(iv) 因追回时效已过而被视为现有援助的援助，即根据本条例被视为现有援助的援助；(v) 某些援助措施在实施时不构成（非法）援助，随后由于内部市场的发展而没有被成员国改变，则也被视为现有援助。②

2. 新援助

新援助（new aid）是指不属于以上所列现有援助类型的所有援助计划和单个援助，包括对现有援助的改变。特别需要指出的是，欧盟理事会2015年《程序条例》当中的"新援助"定义是一个范围比较明确的专有概念，更多体现为某项措施实施时间上的"新"；并非所有的"新援助"均为非法国家援助，只

---

① Commission of the European Communities (2013a) "State aid overview", http://ec.europa.eu/competition/state_aid/overview/index_en.html.

② 如果这类措施在欧盟法律放宽一项规定之后构成（非法）援助，则该措施不应被视为在规定放宽日期之后的现有援助。

有当"新援助"违反条约第 108(3) 条时方构成非法援助。

3. 现有援助与新援助之间的转化关系

现有援助与新援助适用的援助规则具有较大不同,获得现有援助与新援助所承担的后果也不同,现有援助的实施往往是合法的,而一旦其转化为新援助,则需要通知欧委会重新审查其合法性。二者容易产生争议的地方在于:现有援助的改变在何种情形下会构成新援助?

在 Alouminion 诉欧委会案中,[1] 欧委会曾意图将现有援助措施的延期视为与内部市场不一致的非法新援助。后来欧洲法院对新援助的概念重新作出了明确解释,才澄清了这一问题。本案中,法院在裁定现有援助的解除是否会导致出现新援助时,并不只要求欧委会承认事实上援助措施已经延期,还要求检查延期是否导致对现有援助措施的实质性修改。根据既定判例,与现有援助措施的实质内容无关的变更不影响该措施的分类方式。因此,仅仅延长现有援助措施的期限,没有导致发生实质内容的重大变更,不能将现有措施扩大为新援助。

三、相关竞争审查及其规则概念界定

(一)公平竞争审查与国家援助审查

本书所涉"国家援助审查"主要指欧委会依据欧盟国家援助规则,经授权对欧盟成员国政府或其公共机构授予的诸如政府补贴、税收优惠等国家援助措施是否扭曲竞争展开的行政审查,以维护欧盟内部统一大市场及公平竞争环境。

而"公平竞争审查"是沿用了我国公平竞争审查制度中的提法,即公平竞争审查主要是指政策制定机关依据《意见》及实施细则,对其实施的或拟实施的涉及市场主体经济活动的规章、规范性文件和其他政策措施进行自我审查的行为,以清理和废除排除、限制竞争的规章、规范性文件和其他政策措施。质言之,公平竞争审查适用的法律规则即公平竞争审查制度。

值得一提的是,国家援助审查和公平竞争审查本质上均属于竞争规则领域下的审查行为。

---

[1] María Muñoz de Juan & Mihalis Kekelekis, *Alouminion v European Commission-Case T-542/11-Annotation by María Muñoz de Juan and Mihalis Kekelekis*, European State Aid Law Quarterly, Vol. 14: 2, p. 280-283 (2015).

(二) 国家援助规则与公平竞争审查制度

国内外学者多数都将与欧盟国家援助控制有关的制度称为"欧盟国家援助法"或"欧盟国家援助规则"。在欧盟层面，国家援助规则从一开始就是竞争规则的组成部分。在《欧盟运行条约》中，"国家授予的援助"这一节是"竞争规则（Rules on competition）"章下的一个小节。因此，条约的竞争规则分为"适用于企业的规则（Rules applying to undertakings）"和"国家授予的援助（Aids granted by States）"两节，其中国家援助规则是包含在"国家授予的援助"小节中的。① 而"竞争规则"章节又置于第七编"竞争、税收和法律适用的共同规则（Common Rules on Competition, Taxation and Approximation of laws）"项下。考虑到《欧盟运行条约》、欧盟理事会条例、欧委会法规及欧洲法院判例对有关国家援助的规定使用的表述均为"rules"，本书采取了"欧盟国家援助规则"这一表述。特别需要指出的是，书中的"援助规则""国家援助规则"，如无特别说明，均专指"欧盟国家援助规则"。同时，为了更好地与我国公平竞争审查制度比较，书中采用"国家援助审查规则"措辞也特指欧盟国家援助规则。

"公平竞争审查制度"特指我国2016年正式构建的对政府不当干预市场的限制竞争行为进行公平竞争审查的制度，是我国竞争政策和竞争规则中的核心制度之一，也是我国为维护国内统一大市场及其公平竞争环境的重大举措。公平竞争审查制度，从概念形式意义和实质意义上均属公平竞争审查规则。

第二节 欧盟竞争规则框架

现代贸易的无国界性质与竞争法的国内法性质之间的脱节可能会引发复杂的管辖权问题。② 各国必须面对其合法监管的范围界限，因此需要探索新的监管模式，使它们能够处理在全球范围内运营的企业的行为。③ 这些企业在不同国家设有办事处、员工、客户和供应商，它们的策略通常是在全球范围内构思

---

① Maria Joao Melicias, *Policy Considerations on the Interplay between State Aid Control and Competition Law,* Market and Competition Law Review, Vol. 1: 2, p. 179-194 (2017).

② Luca Prete, *On Implementation and Effects: The Recent Case-law on the Territorial (or Extraterritorial?) Application of EU Competition Rules,* Journal of European Competition Law & Practice, Vol. 9: 8, p. 487-495 (2018).

③ Brendan Sweeney, *International Governance of Competition and the Problem of Extraterritorial Jurisdiction,* in Duns, Duke & Sweeney eds., Comparative Competition Law, E. Elgar, 2015, p. 345.

和开展的,以致于其商业决策可能会在不同程度上影响各个地理市场。然而,所有试图就竞争政策制定多边协定的尝试,例如根据《哈瓦那宪章》或在WTO内达成的协定,都被证明是不成功的。[①] 有必要在国家层面,甚至是超国家层面(如欧盟)建立具有约束力的竞争规则体系。为了加强国家执法机关之间的合作,并尽可能克服在实质性问题和程序性问题上的不同规定,欧盟构建了其竞争规则框架。

一、欧盟法在成员国的法律效力

欧盟法律体系的组成主要包括《欧盟条约》、《欧盟运行条约》以及欧盟理事会、欧委会及欧洲议会依据这两部条约的程序规定制定颁布的各项条例、指令、决定、欧洲法院判例等。根据欧盟两部条约,欧盟机构制定的法规、成员国法律不得与两部条约相抵触。[②] 欧盟条约可以作为一项独立的法律渊源直接在成员国法院直接适用,不论成员国有无将其转化为国内法。[③]

(一)欧盟成员国主权让渡

从产生背景看,欧盟是各成员国为了共同的利益和政策建立的区域性国际组织,其对内的权限源于成员国的意愿。虽然《里斯本条约》赋予了欧盟国际法律人格的地位,但事实上,真正主导其发展方向的依然是内部成员国基于自身利益而决定的。它们认为有时候部分主权让渡同时可以共享其他成员国让渡的主权,从而达成共赢。这一点从欧盟发展历程中出现的冲突和矛盾的化解便可看出来,欧盟每次经历的冲突和矛盾,最终几乎都是以成员国主权的部分让渡和妥协得以解决的,最终达成一致观点,甚至形成判例或立法性法令,并且这种妥协和让步在某种意义上是自愿的,因为国家主权不能受到国际组织的胁迫。

为更好地推进欧盟一体化合作,欧盟2004年通过了《欧洲联盟宪法条约》,后因荷兰以及拥有一票否决权的法国全民公决否决,欧盟遭遇制宪危机。2007

---

① Mitsuo Matsushida et al., *The World Trade Organization: Law, Practice, and Policy* (3rd ed), Oxford University Press, 2015, p. 787-821.

② 《欧盟联盟基础条约》最终法令V声明,第17条。

③ 欧洲法院判例,"这就导致……源自该条约——该条约为一项独立的法律渊源——的法律,由于其特殊性和本源性,不能由于国内法律条款而使其无效,无论国内法是如何架构的,否则其作为共同体法的性质就会被剥夺,而且共同体本身的法律基础也会受到质疑"。Case 6-64, Costa v. ENEL [1964], ECLI:EU:C:1964:66.

年的《里斯本条约》是在《欧盟宪法条约》的基础上修改而成,在相当程度上保持了《欧盟宪法条约》的实质内容,最终于 2009 年 12 月 1 日生效。《里斯本条约》包括《欧盟条约》和《欧盟运行条约》,后两者在作用和地位方面是平等的。《里斯本条约》在授权原则、辅助性原则及相称性原则基础上,明确赋予欧盟排他性专属权限(exclusive competence)以及共享权限(shared competence),①权限范围涉及关税、货币、竞争政策等。

(二)欧盟法可直接适用于成员国

根据欧盟法直接效力原则,欧盟法可直接适用于成员国。直接效力原则并未出现在欧盟的一般法律文本中,而是通过欧洲法院判例、成员国国内立法以及实践应用确立的。欧洲法院第一次提出这一原则是在 1963 年的 van Gend en Loos 诉 Nederlandse Administratie der Belastingen(以下简称"van Gend en Loos 案")中,②随后在一系列判例中进一步阐释了该原则,认为它能够适用于几乎所有可能的欧盟立法形式。van Gend en Loos 案法院主张《罗马条约》中足够明确和无条件的规定在对国家适用时直接有效。该案被公认为是欧盟法律最重要的发展之一,也是著名的发展,说明了欧洲法院的创造性法理学。③欧盟两部条约中没有明确提及直接效力原则,欧洲法院根据《罗马条约》创建的法律秩序自治性,证明了直接效力原则的合理性。④其中,欧盟法律秩序自治性意味着欧盟法律本身决定欧盟法律在成员国国家法律秩序中产生影响的方式。

在实践中,各成员国几乎都根据欧盟法修改了其国内相关立法,使其符合欧盟法有关规定。例如,根据欧盟国家援助规则,葡萄牙《竞争法》禁止提供

---

① 《欧盟运行条约》第 2 条第 1 款,当两部条约赋予联盟在某一特定领域享有专属权能时,只有联盟才可在此领域立法和通过具有法律约束力的法令,成员国仅在获得联盟授权或为实施联盟法令的情况下才可在此等领域立法或通过具有法律约束力的法令。第 2 款,当两部条约在某一特定领域赋予联盟一项与成员国共享的权能时,联盟与成员国均可在该领域立法和通过具有法律约束力的法令。在联盟未行使或决定停止行使其权能的情况下,成员国可行使该项权能。

② Case 26-62, NV. Algemene Transport- en Expeditie Onderneming van Gend & Loos v. Netherlands Inland Revenue Administration [1963], ECLI:EU:C:1963:1.

③ 欧洲法院在 1963 年的裁决中首次阐明了欧盟法的直接效力原则,这可能是其最著名的裁决。Craig et al., *EU Law: Text, Cases and Materials (3rd ed.)*, Oxford University Press, 2003, p. 182.

④ Koen Lenaerts, *The Autonomy of European Union Law*, Post di Aisdue, Vol. I: 1, p. 1-11 (2019). Niamh Nic Shuibhne, *What Is the Autonomy of EU Law, and Why Does That Matter?*, Nordic Journal of International Law, Vol. 88, p. 9-40 (2019). Justin Lindeboom, *The Autonomy of EU Law: a Hartian View*, European Journal of Legal Studies, Vol. 13, p. 271-307 (2021).

非法国家援助，只是对于不影响成员国之间贸易的国家援助，该法并不禁止。事实上，该法第65(1)条规定，国家或其他公共实体向企业提供的援助不得限制、扭曲或明显影响国内市场或其大部分市场的竞争。除与成员国间贸易有关的要求外，葡萄牙《竞争法》第65(1)条的措辞与《欧盟运行条约》第107(1)条非常相似。尽管如此，二者在一个关键点上有所不同：鉴于欧委会享有对非法国家援助的全面和排他性执法权（包括下令追回非法援助的权力），成员国相关监管机构无权审批一项援助措施是否合法。质言之，在国家层面，援助措施在生效之前，无需提前通知国内监管机构或得到这些机构的批准。另外，针对扭曲部分或整个国家市场的竞争的援助，葡萄牙《竞争法》也未对其国内监管机构施加制裁或追偿义务，仅在第65(2)条中规定了其享有发布建议的权力。[1]因此，通常是政府通过其几个部门对国内援助的发放作出最终决定，并决定是否将援助措施通知欧委会。[2]

（三）欧盟法优先于成员国法

《里斯本条约》的政府间会议之最终法令声明第17条规定："根据欧洲法院判例，在遵守这些判例规定的情况下，两部条约以及联盟以条约为依据通过的法律对于成员国法律具有优先性。"理事会法律部2007年6月22日关于欧共体法优先性的意见（第1197/07号）（JUR 260）强调，根据欧洲法院判例，优先性是共同体法的一项核心原则，该原则是欧洲共同体的特殊性质所固有的。在欧洲法院通过关于此类判例的第一项判决时，条约中并没有提到优先性。"现在的情况仍然如此，优先性原则不会包含在未来条约中的事实绝不应改变这一原则的存在，也绝不应改变欧洲法院的现有判例。"[3]也就是说，欧盟法优先效力原则即使未以条文方式出现在欧盟条约中，也不改变这一原则的适用。

欧盟法对成员国的优先效力，首先体现在对其成员国国内法具有优先性。罗马尼亚在其2003年宪法中规定其入欧时的"某些权力让渡以及同其他成员国行使条约规定的权力"应在参众两议院会议上以联合通过一项法律手段来实施，

---

[1] 葡萄牙《竞争法》第65(2)条规定，AdC（《竞争法》指定的国内相关监管机构）可审查任何援助或援助项目，并向政府或任何其他公共实体发布其认为必要的建议，以弥补公共援助对竞争造成的负面影响。

[2] Maria Joao Melicias, *Policy Considerations on the Interplay between State Aid Control and Competition Law*, Market and Competition Law Review, Vol. 1: 2, p. 179-194 (2017).

[3] Case 6-64, Costa *v.* ENEL [1964], ECLI:EU:C:1964:66.

当国内法与欧盟法冲突时,"欧盟基本法的规定以及其他强制性共同体条例优先于国内法"①。在 Lucchini 案的判决中,欧洲法院认为当适用成员国法会"妨碍到共同体法律,……成员国法院可免于适用国内法律"②。这项宣告的基本原则是,如果适用国内法规则会妨碍联盟法律的适当适用,则不能适用这项规则。

其次,欧盟法的优先效力,还体现在成员国履行欧盟法义务应优先于其国际法义务。欧委会曾在 Micula 案关于《华盛顿公约》第 54 条规定的说明中认为,当与国内投资条约相冲突,甚至与该公约冲突时,欧盟法均具有优先效力。欧委会虽然对《华盛顿公约》的有效性并未提出异议,但是却假定因该公约与欧盟法存在潜在冲突,成员国不应该履行公约义务。欧委会重点强调这一原则,并明确其核心地位,目的是确保欧盟法至高无上的地位。欧盟普通法院在对该案的初审中未就该问题作出裁决,随后欧委会就其裁决向欧洲法院提起上诉。经审理,欧洲法院将本案事实判定事宜发回普通法院并要求其重审,虽然重审阶段尚未结束,但从近几年欧洲法院的立场来看,其作出支持欧委会上述决定的可能性极大。

二、欧盟竞争规则主要内容

竞争规则是指为保障自由公平竞争机制充分发挥优化配置资源的作用,国家对市场主体的垄断行为和不正当竞争行为进行打击制裁,从而排除市场竞争障碍的规制。③ 特别是 20 世纪以来,竞争规则越来越普遍,其表现为:一方面反对限制竞争和垄断行为,另一方面则反对不正当竞争行为。

(一) 狭义的欧盟竞争规则

狭义的欧盟竞争规则,指的是欧盟内部适用的竞争规则,通过规范企业的反竞争行为来促进维持欧盟内部单一市场的竞争,以确保它们不会形成损害社会利益的垄断。欧盟的内部市场被理解为一个没有内部边界的区域,在该区域中确保货物、人员、服务和资本的自由流动且不扭曲竞争构成欧盟的主要目标

---

① Article 148, Constitution of Romania 2003.
② Case C-119/05, Ministero dell'Industria, del Commercio e dell'Artigianato v. Lucchini SpA. [2007], ECLI:EU:C:2007:434, para 59.
③ 孙晋、李胜利:《竞争法原论》(第二版),法律出版社 2020 年版,第 5 页。

之一。①

（二）广义的欧盟竞争规则

广义的欧盟竞争规则，主要是指《欧盟运行条约》第101–109条（《欧盟运行条约》第七编第一章"竞争规则"）以及一系列法规和指令。其中，前半部分（第101–106条）主要是关于适用于企业的竞争规则，后半部分（第107–109条）则对国家援助的实体法及程序法作了具体规定。欧盟竞争规则体系主要包括四个竞争政策领域：（1）根据条约第101条规定，防止卡特尔、控制共谋（control of collusion）②和其他限制竞争的做法。（2）根据条约第102条规定，防止企业滥用市场支配地位。（3）根据欧盟合并控制法（European Union merger law），涉及监管在欧盟有一定营业额的企业的拟议合并、控制，以及合资企业的合并、收购。（4）根据欧盟国家援助规则，控制欧盟成员国向企业提供条约第107条规定的直接或间接的非法国家援助。在欧盟范围内适用竞争规则的主要权力在于欧委会及其竞争总局。

（三）竞争规则与援助规则的关系

基于体系解释视角分析，国家援助规则属于广义欧盟竞争规则的范畴。二者之间的联系也已得到欧洲法院的确认，后者指出国家援助规则条款和《欧盟运行条约》的竞争规则追求相同的目标：内部市场的不扭曲竞争。③欧盟国家援助规则主要关注的是避免由国家补贴引发的负面市场结果。国家补贴通过削弱企业提高效率的动力或使效率较低的企业得以生存，甚至牺牲效率较高的企业来降低经济福利。国家援助规则旨在防止由此造成的贸易扭曲，并禁止其他低效率来源，例如代价高昂的补贴竞赛。

然而，就保护公平竞争的方式而言，欧盟国家援助规则与《欧盟运行条约》第101–106条的规定在概念上存在显著差异。《欧盟运行条约》第101–106

---

① Amedeo Arena, *Exercise of EU Competences and Pre-emption of Member States' Powers in the Internal and the External Sphere: Towards "Grand Unification"?*, Yearbook of European Law, Vol. 35: 1, p. 28-105 (2016).

② 共谋（collusion）是指两方或多方之间通过欺骗、误导或欺骗他人合法权利来限制公开竞争的欺骗性协议或秘密合作。

③ Case C-225/91, Matra *v.* Commission [1993], ECLI:EU:C:1993:239, para 42; Case T-49/93, Societe Internationale de Diffusion et d'Edition (SIDE) *v.* Commission of the European Communities [1995], ECLI: EU:T:1995:166, para 72; Case T-156/98, RJB Mining *v.* Commission [2001], ECLI: EU:T:2001:29, para 113.

条针对的是企业行为，主要侧重于维持企业之间的竞争；而欧盟国家援助规则针对的是国家行为，涉及对成员国补贴（援助）的合规性审查。并且，欧盟国家援助条款补充了《欧盟运行条约》第101–106条，防止因公共干预而非私营企业的行为引发的竞争过度扭曲。① 因此，欧盟国家援助规则建立在特定的竞争模式基础之上，其中，公平、公正和平等等规范性和非经济性因素也非常关键。② 例如，一个国家不同地区或不同成员国只是由于地理分布不同而导致不同的生活水平，从领土凝聚力等规范性因素的角度来看，可能是"不可容忍的（intolerable）"。除了效率方面的考虑外，这些分配正义的规范性考虑在国家援助控制中也起着至关重要的作用。③

尽管《欧盟运行条约》第101–106条与国家援助规则在防止内部市场竞争扭曲的目标追求是一致的，④ 但与《欧盟运行条约》第101–106条针对企业的竞争规则相比，国家援助规则对竞争和竞争过程扭曲的概念界定，体现为一种"更分层（more layered）"的法律结构。⑤ 具体表现为：欧盟国家援助规则的合理性来源于内部市场的核心原则，⑥ 因此，国家援助规则的重点是防止内部市场的竞争扭曲，以及防止成员国之间的低效补贴竞争。也就是说，即使具体考虑了援助对援助受益人与其竞争对手之间的竞争产生的影响，国家援助规则依然

---

① Katalin J. Cseres & Agustin Reyna, *EU State Aid Law and Consumer Protection: An Unsettled Relationship in Times of Crisis,* Journal of European Competition Law & Practice, Vol. 12: 8, p. 617-629 (2021).

② Francesco De Cecco, *Member State Interests in EU State Aid Law and Policy,* in Márton Varjú ed., Between Compliance and Particularism: Member State Interests and European Union Law, Cham: Springer International Publishing, 2019, p. 131.

③ Justus Haucap & Ulrich Schwalbe, *Economic Principles of State Aid Control,* in Düsseldorf Institute for Competition Economics (DICE), Discussion Paper, Düsseldorf: Heinrich Heine University Düsseldorf, 2011,p.14 .

④ Case C-225/91, Matra v. Commission [1993], ECLI:EU:C:1993:239, para 42; Case T-49/93, Societe Internationale de Diffusion et d'Edition (SIDE) v. Commission of the European Communities [1995], EU:T:1995:166, para 72; Case T-156/98, RJB Mining v. Commission [2001], ECLI: EU:T:2001:29, para 113.

⑤ Case C-234/89, Delimitis v. Henninger Briu [1991], ECLI:EU:C:1991:91; Case T-328/03, O2 (Germany) GmbH & Co. v. Commission [2006], ECLI: EU:T:2006:116. See Francesco De Cecco, *Member State Interests in EU State Aid Law and Policy,* in Márton Varjú ed., Between Compliance and Particularism: Member State Interests and European Union Law, Cham: Springer International Publishing, 2019, p. 121.

⑥ Andrea Biondi, *Rationale of State Aid Control: a Return to Orthodoxy,* Cambridge Yearbook European Legal Studies, 2010, p. 12, 35-52.

主要涉及成员国之间的宏观经济竞争。① 其目标是防止资源分配不当，避免公共干预，因为这些措施不符合"市场"的合理性，在"正常市场条件"下也不会发生。②

综上，国家援助规则下的限制竞争行为，意味着某种形式的公共干预，以提高国家援助接受者的经济实力。而在欧盟竞争规则的其他几个竞争政策领域中，限制竞争行为主要涉及滥用企业市场支配地位、控制合谋、垄断协议以及合并控制等基于企业行为的形式。

三、欧盟竞争规则的作用

欧盟成员国在确保欧盟竞争规则的有效执行方面发挥着关键作用，它们也有义务将欧盟竞争规则适用于能够对成员国之间的贸易产生影响的协议或行为。

（一）欧盟竞争规则为成员国竞争法的制定提供立法依据

欧盟成员国在设计执行欧盟竞争规则的国内程序法方面享有自主权和灵活性。从本质上讲，成员国的执行程序既受国内法约束，又受到欧盟法一般原则的制约。根据欧盟法优先效力原则，欧盟法必须优先于不相容的国家法律；根据真诚合作原则，成员国必须修改或废除其违反欧盟法的国家规定；根据直接效力原则，国内法院和行政当局必须搁置与直接生效的欧盟法规定不一致的国内法。③

譬如，克罗地亚现行竞争法和竞争政策发展始于其加入欧盟之时。在不断努力确保竞争规则的有效实施以及创造竞争文化过程中，克罗地亚竞争局虽然也发挥了关键作用，但最重要的部分就是确保国内竞争立法与欧盟竞争规则保持一致，为此克罗地亚入欧时便已根据欧盟竞争规则修改了其国内相关立法。④

---

① Jose Luis Buendia Sierra & Ben Smulders, *The Limited Role of the "Refined Economic Approach" in Achieving the Objectives of State Aid Control: Time for Some Realism*, in Kluwer Law International, EU State Aid Law: Liber Amicorum Francisco Santaolalla, 2008, p. 18.

② Katalin J. Cseres & Agustin Reyna, *EU State Aid Law and Consumer Protection: An Unsettled Relationship in Times of Crisis*, Journal of European Competition Law & Practice, Vol. 12: 8, p. 617-629 (2021).

③ Amedeo Arena, *Exercise of EU Competences and Pre-emption of Member States' Powers in the Internal and the External Sphere: Towards "Grand Unification"?*, Yearbook of European Law, Vol. 35: 1, p. 28-105 (2016).

④ Mirta Kapural, *New Kid on the Block-Croatia's Path to Convergence with EU Competition Rules*, Journal of European Competition Law & Practice, Vol. 5: 4, p. 213-220 (2014).

（二）欧盟竞争规则推动成员国竞争主管机构与欧委会的执法合作

自 2004 年以来，理事会（EC）第 1/2003 号条例第 35 条[①] 授权欧盟成员国指定竞争主管机构与欧委会一起适用和实施欧盟竞争规则，并且二者还可借助欧洲竞争网络加强这方面的密切合作。例如，爱尔兰就依此规定将其竞争管理机构和法院指定为"国家竞争管理机构"[②]。欧洲竞争网络专门为此目的而创建，是在欧洲和国家层面互补实施欧盟法律的成功和创新治理模式。国家竞争主管机构通常是根据成员国的竞争法设立的。

事实上，对可能试图违反欧盟竞争规则的企业或公共机构而言，多个执法者共同行动是一种更强大、更有效和更好的威慑。[③] 欧委会通常会调查对多个成员国的竞争产生影响的限制竞争的行为或协议，或者在有利于树立全欧洲先例的情况下开展反竞争调查。欧盟成员国一般在其领土内的竞争受到严重影响的情况下采取行动，从而在确保欧盟竞争规则得以顺利实施方面发挥着关键作用。

第三节 欧盟国家援助规则的历史发展

欧盟国家援助规则的历史演变经历了四个阶段，每个时期都对应于欧委会在该阶段对成员国援助审查立场和方式的改变。第一阶段是从 20 世纪 50 年代末到 70 年代初，欧委会采取了审慎和务实的方法；第二阶段是从 20 世纪 70 年代中期到 80 年代末，欧委会转向了更为自信的处理方式；第三阶段是从 20 世纪 90 年代到 20 世纪末，欧委会的行事方式特点是努力巩固过去的成就；第四个阶段是从 21 世纪初至今，欧委会重新确定国家援助规则的共同利益目标。

一、20 世纪 50 年代末到 70 年代初：早期萌芽阶段

早在 1956 年，《关于一般共同市场的布鲁塞尔报告》（The Brussels Report on the General Common Market，也叫"Spark 报告"）的起草者们就为欧洲经济

[①] Council Regulation (EC) No 1/2003 of 16 December 2002 on the implementation of the rules on competition laid down in Articles 81 and 82 of the Treaty, OJ 2003, L 1, p. 1, Art. 35.

[②] Mary Catherine Lucey, *The New Irish Competition and Consumer Protection Commission: Is This "Powerful Watchdog with Real Teeth" Powerful Enough under EU Law?*, Journal of European Competition Law & Practice, Vol. 6: 3, p. 185-191 (2015).

[③] Ailsa Sinclair, *Proposal for a Directive to Empower National Competition Authorities to be More Effective Enforcers (ECN+)*, Journal of European Competition Law & Practice, Vol. 8: 10, p. 625-633 (2017).

共同体（以下简称"欧共体"或"共同体"）奠定了基础，认为有必要控制未来欧共体成员国能够在多大程度上为其企业提供财政支持。① 正是在这样一个高度一体化的贸易区内，随着共同市场即将成立，Spark 报告将国家援助控制视为其竞争政策的组成部分和内部市场管理规则的自然产物。因此，Spark 报告提出了一项相当严格的禁止国家援助的原则，并同时预见到有必要考虑某些豁免理由。②

欧盟国家援助规则是 1957 年《欧共体条约》的固有部分，从欧盟成立之初，欧委会就认为他们应该促进自由的市场导向政策。③ 但这样做可能会使欧委会与几个成员国政府产生分歧，因为这些成员国的政策导向严重倾向于通过国家干预创造国家龙头企业。由于不愿意与成员国公开起冲突，欧委会采取了务实审慎的方法来履行其职责，即清晰界定国家援助的概念并使之更易操作。

然而，这一时期的政治环境并不友好，譬如，意大利和法国政府对欧共体干预国家经济政策计划的观点十分愤怒。欧委会依然进行了一些试探性的努力，如公布其认为最有问题的援助方式清单，以探索其权力的边界。20 世纪 60 年代，欧委会坚持认为无限制的补贴会破坏共同市场，于是劝告成员国政府承认其在条约下的义务和特权，并要求成员国政府在向企业或部门提供财政支持时通知他们。随着 1968 年关税同盟的完成，国家援助及其对共同体市场的影响有了新的重要意义。这一时期，国家区域援助计划成为一个特别受关注的领域，欧委会开始担忧成员国利用财政激励来乞求其他成员国的对内投资，日趋激烈的投资竞争导致了愈来愈昂贵的援助竞争，反过来又造成了欧委会难以忽视的跨境扭曲。④ 各国政府不承认此类援助扭曲了市场，并且认为其应享有豁免，但提出了各方都同意的观点，即评估援助措施一致性的权力在于欧委会而非成员国政府。⑤

---

① The Brussels Report on the General Common Market, the socalled Spaak Report, June 1956, http://aei.pitt.edu/995/1/Spaak_report.pdf. (Last assessed on 28 July 2021).

② Verouden V., *EU State Aid Control: The Quest for Effectiveness,* European State Aid Law Quarterly (ESTAL), Vol. 2015: 4, p. 459 (2015).

③ Hans von der Groeben, *The European Community: the Formative Years,* Commission of the European Communities, Brussels, p. 31 (1985).

④ Commission of the European Community (CEC), *Second General Report on the Activities of the European Communities,* European Commission, Brussels, p. 60 (1969).

⑤ Thomas J. Doleys, *Managing the Dilemma of Discretion: The European Commission and the Development of EU State Aid Policy,* Journal of Industry, Competition and Trade, Issue 13, p. 23-38 (2013).

对此，欧委会在 1971 年提出了根据国家区域援助计划分配援助申请的指南。尽管指南不是具有约束力的法律文书，欧委会无权强制成员国遵守。[1] 但各成员国政府普遍遵守了这些指南。到 20 世纪 70 年代末，区域援助指南已成为欧盟国家援助规则的牢固支柱。

二、20 世纪 70 年代中期到 80 年代末：初始发展阶段

20 世纪 70 年代中期开始，欧洲的经济环境急剧下降。各成员国更加努力地深入挖掘公共资金用于援助活动，向本国那些具有重要战略意义或政治意义的行业和企业注入了大量资金，进一步加剧了欧委会面临的困境。有鉴于此，欧委会开始寻求促进克制政府的方法，力求在二者之间达到一种平衡。

（一）允许成员国对特定行业予以国家援助

20 世纪 70 年代中期到 80 年代，欧委会编写了一系列通告、通讯和指南，提醒各成员国注意其通知义务，允许拯救或促进陷入困境的特定部门（造船、纺织及合成纤维行业）的行业重组援助，以及促进跨部门的横向援助，如用于促进环保、中小企业发展或支持研发的援助。[2]

（二）确立补偿正当性原则

欧委会在应对上述困境时提出了一项关键创新——补偿正当性原则（compensatory justification doctrine，CJD）。[3] 该原则认为，政府援助措施要获批《欧盟运行条约》第 107(3) 条规定的豁免，必须包含"补偿理由，即受援者在市场力量正常发挥对实现共同体目标的影响作用之外作出贡献"[4]。也就是说，鉴于援助必须符合条约第 107(3) 条规定的目标，仅凭与目标的一致性不足以获得豁免，成员国必须额外证明援助措施对实现第 107(3) 条的目标是必不可少的。虽然自 20 世纪 70 年代初以来，欧委会的政策文件就出现了补偿正当性原则的

---

[1] CEC, *First Report on Competition Policy*, European Commission, Brussels, p.119 (1972).

[2] Michelle Cini, *The Soft Law Approach: Commission Rule-making in The EU's State Aid Regime*, J Eur Public Policy, Vol. 8: 2, p. 192-207 (2011).

[3] Thomas J. Doleys, *Managing the Dilemma of Discretion: The European Commission and the Development of EU State Aid Policy*, Journal of Industry, Competition and Trade, Vol. 13, p.23-38 (2013).

[4] CEC, *Ninth Report on Competition Policy*, European Commission, Brussels, p. 148 (1980).

一般性大纲,但直到1979年,才采取行动将该理论适用于拟议的援助措施。①

20世纪80年代,许多政府严重依赖国家援助来应对经济增长缓慢和经济动荡,欧委会以差异化和细微差别的执法方式作出回应。例如,就造船、钢铁和纺织业而言,即使对这几个行业的援助会造成明显的竞争扭曲,欧委会依旧支持这些援助措施。欧委会承认其所能达到的目标是有限的,而且需要在市场扭曲与当时的政治经济需求之间"取得现实的平衡(strike a realistic balance)"。② 从20世纪80年代中期到90年代初,欧盟国家援助规则不断发展和扩大。欧委会还完善了关键概念和工具,标志着国家援助规则新经济方法的开始。

三、20世纪90年代到20世纪末:蓬勃发展阶段

20世纪90年代以来,欧盟国家援助规则的适用范围和解释随着时间的推移逐步扩大,其重要性得以显著增强。例如,欧委会多次修订区域援助指南,以澄清何为《欧盟运行条约》第107(3)(a)条规定的"生活水平异常低下"。

(一)欧委会制定国家援助规则执行的软法性文件

20世纪90年代,国家对日益自由化的市场进行干预的政策发生了巨大变化。③ 欧委会的立法活动在90年代显著增加,并导致在这一时期的前五年里产生了许多软法律文书,主要包括欧委会总结其执行结果的通告,欧洲法院偶尔会检查这些文书的一致性。例如,在Kronofrance案中,欧洲法院裁定,尽管欧委会受其在国家援助领域发布的准则和通告的约束,但这仅限于这些案文不违

---

① 具体详见菲利普·莫里斯案,该案涉及荷兰政府提出的一项投资计划,以帮助卷烟制造商菲利普·莫里斯在经济萧条的卑尔根地区扩建工厂。荷兰政府和菲利普·莫里斯都认为,根据条约第107(3)(a)条,援助应得到豁免,因为其有助于在生活水平"异常低下"的地区"促进经济发展"。但欧委会持相反意见,并发布了一项被学者称为"分水岭"的决定。在决定中,欧委会同意该地区经济萧条,但也认为该卷烟制造商作为一家健康和盈利的公司,能有能力独自承担这项投资。简言之,该制造商进行投资不需要政府援助,援助措施缺乏补偿理由,从而拒绝了给予该卷烟制造商援助豁免。随后,菲利普·莫里斯根据条约第263条规定行使了其法律特权,向欧洲法院对该决定提出上诉。该公司辩称,欧委会在适用补偿正当性原则学说时已经越权,此学说在欧盟法律中没有依据,并要求法院将其废止。但公司的这一主张被欧洲法院驳回。除此之外,欧洲法院还支持了欧委会制定原则(如补偿正当性原则)以指导其适用条约第107条的权利。Decision 79/743/EEC, OJ L 217, 25.8.1979; Case C-730/79, Philip Morris v. Commission [1980], ECLI:EU:C:1980:209.
② CEC, *Eleventh Report on Competition Policy*, European Commission, Brussels, p. 12 (1982).
③ Erika Szyszczak, *The Regulation of the State in Competitive Markets in the EU*, Hart Publishing, 2007, p. 2.

背条约规则的适当适用,对这些案文的解释不得限缩《欧共体条约》第 87—88 条(现为《欧盟运行条约》第 107—108 条)的范围,或不得与第 87—88 条规定的目的相抵触。① 欧委会制定软法"部分是为了中和其在国家援助案件中面临的强大政治压力"。当前看来,这些软法没有呈现转向硬法的趋势,也没有被终止,目前显示的只是软法和硬法的不同组合。② 欧委会利用这些法律组合工具,逐步引导政府援助从高度扭曲的部门援助转向横向援助③目标。从某种意义上来说,各种涉及国家援助规则的框架和准则,促使欧委会得以强硬地抵抗成员国政府。有学者甚至毫不客气地指出:"国家援助规则已经成为伪装政策制定的万能工具。"④

这一真正有可能实施制裁的新时期,成员国和欧委会历来采取的立场发生了逆转。成员国想要一个比软法律制度能够提供更大可预测性的框架,他们长期以来对国家援助审查规则的反对开始让位于对明确、详细程序的要求。于是,通过国家援助规则的派生法律,积极融合成为普遍现象,为了避免冗长、详细且结果不可预测的欧委会审查程序,成员国自愿将其政策与软法律文书相结合。

(二)理事会制定横向国家援助规则条例

考虑到法律确定性和透明度,理事会于 1998 年通过了《关于将〈欧共体条约〉第 92 条和第 93 条适用于某些横向国家援助的理事会第 994/98 号条例》⑤(亦

---

① Joined Cases C-75/05 P and C-80/05 P, Germany and others v. Kronofrance SA and the Commission [2008] ECR I-6619, paras 65-67.

② Mitchell P. Smith, *Autonomy by the Rules: The European Commission and the Development of State Aid Policy*, Journal of Common Market Studies, Vol.36: 1, p.55-78 (1997). Michelle Cini, *The Soft Law Approach: Commission Rule-making in the EU's State Aid Regime*, Journal of European Public Policy, Vol. 8: 2, p. 192-207 (2011).

③ 横向援助是指并非针对特定的行业领域或经济部门,而是适用于所有行业或部门而实施的可被豁免的国家援助。欧盟实施横向援助通常旨在解决在所有行业领域或经济部门存在的共性问题,例如创新援助、环保援助等。

④ Christian Koenig, *Where is State Aid Law Heading to? European State Aid Law Quarterly*, Vol. 13: 4, p. 611-613 (2014).

⑤ Council Regulation (EC) No 994/98 of 7 May 1998 on the application of Articles 92 and 93 (now 87 and 88 respectively) of the Treaty establishing the European Community to certain categories of horizontal State aid, OJL 142, 14.5.1998.

称《1998年理事会授权条例》），① 使欧委会能够在国家援助规则领域出台一系列相关的集体豁免规定，该立法权的下放仅限于欧委会在某些横向援助领域通过集体豁免条例，② 从而免除各国政府基于第108条规定的通知义务。质言之，只要成员国计划中的援助符合规定的准则，就不必向欧委会通知所有类别的援助。欧委会积极利用新的权力，对培训援助（2001年）、中小企业援助（2001年、2004年）和就业援助（2002年）发放集体豁免，并对成员国的国家援助和经济政策产生越来越大的影响。部门援助的逐步减少和取消导致了广泛的产业结构调整，并对活跃在这些行业的人员产生了巨大的影响。

（三）欧盟受权追回已授予援助

《1998年理事会授权条例》的通过是一个重要的里程碑，它意味着成员国开始接受其未经欧委会事先同意不提供国家援助的义务，并承认欧委会有权下令追回非法援助（这是一种要求偿还非法援助的新做法）。同时，欧委会寻求改进通告并引入了无需通知援助的行为守则。它还对政府支付的补贴进行了调查，作为试图加强对新援助和现有援助控制的一部分。该调查后来被年度国家援助记分牌取代，通过"点名羞辱（name and shame）那些非法补贴其国内产业、损害欧洲企业和消费者利益的成员国"③，进而向成员国政府施压。2015年，理事会通过了《关于适用〈欧盟运行条约〉第108条细则的第2015/1589号条例》（以下简称《程序条例》），④ 要求成员国将新的援助草案通知欧委会，并允许欧委会下令收回有息的不一致援助。该条例的通过是另一个里程碑，因为成员国

---

① 随后该条例被大幅修改，故欧盟理事会于2015年7月13日发布了该条例的最新合并版本，现行的授权条例为《理事会关于将〈欧盟运行条约〉第107条和第108条适用于某些横向国家援助的理事会第2015/1588号条例》，简称《2015年理事会授权条例》，Council Regulation (EU) 2015/1588 of 13 July 2015 on the application of Articles 107 and 108 of the Treaty on the Functioning of the European Union to certain categories of horizontal State aid, OJL 248, September 24, 2015, p. 1-8.

② Ibid, Council Regulation (EC) No 994/98, p. 1-4.

③ European parliament, Report on The Seventh Survey on State Aid in The European Union in The Manufacturing and Certain Other Sectors [COM(1999) 148 - C5-0107/1999 - 1999/2110(COS)], December 2, 1999.

④ Council Regulation 659/1999 of 22 March 1999 laying down detailed rules for the application of Article 108 of the Treaty on the Functioning of the European Union, OJL 83, 27.3.1999, p.1.

最终接受了在未获得欧委会事先同意的情况下不给予国家援助的义务。①

四、21世纪初至今：现代化改革阶段

欧盟首届总统巴罗佐任期内的竞争事务专员尼莉·克罗斯（Neelie Kroes）发起的规则和程序改革，标志着欧盟国家援助政策的发展进入了一个新阶段。

（一）《里斯本战略》不能构建新的国家援助豁免规则计划

2000年，为建立一个完整和充分运作的内部市场，欧盟理事会再次将国家援助规则视作里斯本议程的重点，并将其作为经济改革的一部分。2000年3月通过的《里斯本战略》呼吁成员国降低国家援助的总体水平，将支持重点从个别企业或部门转向解决共同体关心的横向目标，如就业、区域发展、环境保护、培训或研究。2001年，理事会授权欧委会开发统计工具，以便对这些目标采取后续行动，并进一步发展利用援助计划的事前和事后评估，来判断一揽子援助的质量及其对竞争的影响。② 欧委会设立了国家援助记分牌，记录每个成员国为实现各项目标所花费的援助，具体额度按其在国内生产总值中所占的份额计算。

但由于其目标定位过高过多、执行措施缺乏量化指标和约束力以及各成员国政府缺乏足够的政治意愿推动改革等原因，《里斯本战略》实施过程中困难重重，实施效果也不理想。尤其是2008年的金融危机，使得欧盟上述目标不但没有得到提升，反而出现了倒退。

（二）国家援助行动计划（SAAP 2005—2009）推动"针对性原则"

多年来，欧盟及其成员国愈加愿意在追求公共政策目标的过程中考虑国家补贴的有效性，并且更仔细地审视国家援助的成本和收益。2000年，在斯德哥尔摩欧盟理事会上，国家元首和政府首脑曾敦促"减少和提高针对性的援助"。无论是在欧洲层面还是国家层面，援助的目标都是实现"更少、更有针对性的

---

① Hussein Kassim & Bruce Lyons, *The New Political Economy of EU State Aid Policy*, Journal of Industry, Competition and Trade, Vol. 13, p. 9-10 (2013). Michael Blauberger, *From Negative to Positive Integration? European State Aid Control Through Soft and Hard Law*, MPIfG Discussion Paper 08/4, p. 8 (2008).

② the Progress Report of the Commission to the Council, http://ec.europa.eu/competition/state_aid/studies_reports/progress_report_en.pdf.

国家援助"①。为此，欧委会早在 20 世纪 90 年代中期就启动了一个进程，试图将欧盟国家援助政策"合理化和现代化"。2005 年 6 月，欧委会公布了其国家援助行动计划（State Aid Action Plan，以下简称 SAAP），②为国家援助改革制定了路线图。欧委会在接下来 5 年的时间里（2005–2009 年），利用这一机会修订或替换了许多现有的政策框架，包括针对风险资本、研发和创新、环境援助，③并发布了一些新框架，如关于国家担保援助内容的通告和新的"一般集体豁免"。④国家援助行动计划（SAAP）是对国家援助审查的结果，其中部分是对这一呼吁的回应。大多数新加入国的国家干预主义传统增加了新的紧迫性。继 2003 年反垄断制度改革和 2004 年合并监管改革之后，国家援助规则的修订将欧盟竞争规则的现代化扩展到这一重要领域。

（三）金融危机放松国家援助规则的适用

在国家援助规则的全面改革迎来"启蒙时代"后不久，金融危机和经济危机就爆发了，从而改变了欧委会国家援助小组的方案，欧委会采取了一系列措施来应对成员国为帮助银行和其他公司度过低迷时期而授予国家援助的激增。

欧委会必须对授予银行和金融机构的救援和重组援助进行非常迅速的评估。⑤危机的规模及其在金融体系中传播的速度，促使各成员国政府采取积极行动。成员国宣布对金融部门提供前所未有的支持，截止到 2011 年 10 月，各国政府为银行负债提供担保，向陷入困境的机构注资，并为银行资产负债表上的不良资产提供担保，金额超过了 4.5 万亿欧元（相当于欧盟 27 国 GDP 的

---

① 自欧共体 2000 年启动《里斯本增长和就业议程》以来，欧盟理事会的各种结论都表达了采取"更少和更有针对性的国家援助"方针的政治任务。

② State aid action plan - Less and better targeted state aid : a roadmap for state aid reform 2005–2009 (SAAP), COM(2005) 107 final, Brussels, 7.6.2005.

③ Community guidelines on state aid to promote risk capital investments in small and medium-sized enterprises, OJC 194/2 (2006). Community framework for State aid for research and development and innovation, OJC 323/1 (2006). Community guidelines on State aid for environmental protection, OJC 82/1 (2008).

④ Commission Notice on the application of Articles 87 and 88 to State aid in the form of guarantees, OJC 155/10 (2008). Commission Regulation (EC) No. 800/2008 of 6 August 2008 on the application of Articles 87 and 88 of the Treaty declaring certain categories of aid compatible with the Common Market, OJL 214/3 (2008).

⑤ Community guidelines on State aid for rescuing and restructuring firms in difficulty, OJC 244, 1.10.2004, p. 2-17.

36.7%）。①

大量的国家支持措施成为欧委会面临的一项重大挑战。根据《欧共体条约》第 87(3)(c) 条，困难公司（the rescue and restructuring，R&R）的救援和重组框架属于"正常"国家援助规则，但该框架还需通过平衡测试。此类援助应该只在特殊情况下才被允许，并且这种利益抵消了对竞争造成的扭曲，这一观点有力地限制了危机期间国家援助的范围。在此期间，欧委会也实施了若干保障措施：必须根据计划恢复企业的生存能力；援助应该是"一次，最后一次"；应该向企业提供"补偿"；援助应该是恢复其生存能力所需的最低数额。

（四）国家援助现代化（SAM）改革方案朝向透明度迈进

欧盟在 2012 年 5 月决定进行国家援助现代化（State Aid Modernisation，简称 SAM）改革，并发布了关于国家援助措施的共同评估原则。这些原则在很大程度上是基于 SAAP 所采用的平衡测试，唯一新增的（程序性）要求是措施的透明度原则。共同评估原则具体如下：

（1）为共同利益目标作出贡献；（2）需要国家干预：国家援助措施可以带来市场无法实现的实质性改善，例如补救市场失灵或解决凝聚力问题；（3）援助措施的适当性；（4）激励效应：援助激励市场主体的行为方式与未实施该援助时的行为方式不同；（5）比例性：援助限于最低限度；（6）避免对成员国之间的竞争和贸易产生不适当的负面影响；（7）援助的透明度：成员国、欧委会、市场经营者和公众必须易于获得所有有关行为以及与所授予援助有关的信息。

值得注意的是，作为 2012 年"国家援助现代化"倡议的一部分，一些国家援助规则条例和法规本应于 2020 年底到期，特别是欧委会第 1407/2013 号微量援助条例以及欧委会关于适用《欧盟运行条约》第 107 条和第 108 条宣布与内部市场相一致的某些类别援助的第 651/2014 号条例② 均于 2020 年 12 月 31 日到期。但是考虑到法律确定性和可预测性，以及为未来可能更新的援助规则作准备，2020 年 7 月 2 日，欧委会将上述已到期的有关国家援助规则的适用期限延长了三年，直至 2023 年 12 月 31 日，并且补充了新冠肺炎疫情期间的相应规

---

① European Commission, *The Efects of Temporary State Aid Rules Adopted in the Context of the Financial and Economic Crisis*, Commission Staff Working Paper, 2011.

② Commission Regulation (EU) No 651/2014 of 17 June 2014 declaring certain categories of aid compatible with the internal market in application of Articles 107 and 108 of the Treaty, OJL 187, 26.6.2014, p. 1-78.

定。鉴于疫情对企业的经济和财务影响，并确保与欧委会通过的总体政策应对措施相一致，欧委会第651/2014号条例作出修改，特别是在2020–2021年期间，因新冠肺炎疫情暴发而陷入困境的企业应在有限的时间内保持符合条例规定的资格。

第二章 欧盟国家援助规则概述

1957年3月25日,欧洲共同体在罗马签署了欧盟主要创始条约,为人员、商品、服务和资本的自由流动建立了一个共同市场,并辅以规则以保护竞争优势。为了加深对欧盟国家援助规则的认识和理解,有必要深挖其构建的价值及法律依据。另外,通过比较欧盟国家援助规则与国际条约的关系,进一步分析国家援助规则与国际条约的冲突与合作,并认识到其对国际经贸制度的深远影响。

第一节 欧盟国家援助规则的价值及法律依据

欧盟国家援助规则不仅是欧盟竞争规则的一部分,同时也是欧盟经济宪法的组成部分,具有竞争和自由贸易的宪法价值,而竞争和自由贸易是欧洲一体化项目的基石。[1]

一、欧盟国家援助规则构建的价值

欧盟国家援助规则构建的价值目标是为成员国和企业创造公平竞争环境,并排除它们之间的补贴竞赛。国家援助规则构建的价值可以三个模型来说明:即保护单一市场模型、竞争模型和政治一体化模型。[2]

---

[1] Kaarlo Tuori & Klaus Tuori, *The Eurozone Crisis: A Constitutional Analysis*, Cambridge University Press, 2014, 231ff; Francesco De Cecco, *State Aid and the European Economic Constitution*, Hart Publishing, 2013.

[2] Thibaut Kleiner, *Modernization of State Aid Policy in Research Handbook on European State Aid Law*, in Erika Szyszczak ed., Edward Elgar, 2011, p.1-27.

（一）自由价值：防止竞争螺旋出现

防止竞争螺旋（competitive spirals）[①]是欧盟国家援助规则的主要价值目标。[②]在保护单一市场模型（protect the single market model）中，国家援助规则的最初目标受到共同市场的建立以及该规则对四大自由原则[③]补充作用的影响，共同市场的消极一体化范式（negative integration paradigm）建立在成员国之间消除贸易壁垒的基础上。

国家通过加强本国企业相对于外国企业的竞争地位来创造龙头企业，这种措施对共同市场的负面影响等同于一国采取的地区封锁行为带来的影响。例如，国家通过征收关税、歧视性税收和具有同等效力的政府措施，来对外国生产者或服务提供者进行数量限制或要素自由流动限制。在这一模型中，国家援助规则的主要特点是随着内部市场的建立和完善而消除国家赋予的优势，[④]目的是减少成员国之间对生产和选址决策的竞争扭曲。因此，这一制度"涉及成员国之间的竞争，而不仅仅是企业之间的竞争"[⑤]。从定义上讲，欧盟国家援助规则是一种宏观政策调控，强调对内部市场的潜在影响，而不是对特定市场或企业的影响。

（二）公平价值：消除不正当竞争

欧盟国家援助规则的第二个价值是致力于消除内部市场的不正当竞争或扭曲竞争。竞争模型（competitive model）侧重于关注国家援助对市场和企业的扭曲效应，并试图为国家援助的一致性提供一些理论依据。[⑥]要证明国家援助扭曲了企业之间的竞争，仅仅依靠对一个企业的选择性优势导致市场扭曲的假设是远远不够的。这就要求执法者对市场进行更深入的审查，从而给欧委会增加

[①] 竞争螺旋形容扭曲竞争一个周期接一个周期地重复出现，每一周期结束都仿佛回到了原点，形成螺旋式的发展态势。

[②] Francesco de Cecco, *State Aid and the European Economic Constitution*, Hart Publishing, 2013, p.42-43.

[③] 这里指的是欧盟四大自由原则，包括商品、服务、资本以及人员的自由流动，是构成欧盟的基本要素。

[④] Kelyn Bacon, *European Union Law of State Aid*, Oxford University Press, 2012, p. 4.

[⑤] Leigh Hancher, Tom Ottervanger & Piet Jan Slot, *EU State Aids*, Sweet & Maxwell, 2012, p. 27. Francesco de Cecco, *State Aid and the European Economic Constitution*, Hart Publishing, 2013, p. 5, 42.

[⑥] Thibaut Kleiner, *Modernization of State Aid Policy in Research Handbook on European State Aid Law*, in Erika Szyszczak ed., Edward Elgar, 2011, p.1-27. Case C-73/79, Philip Morris Holland B.V. *v.* Commission [1980], ECR 2671.

了额外的举证责任和工作量。需要补充说明的是，国家援助规则的适用往往会导致因果关系过于简单化，在欧委会和欧洲法院的主导解释下，企业的选择性优势本身就导致了扭曲竞争。①Andrea Biondi 和 Piet Eeckhout 早在 2003 年就认为，贸易管制和限制竞争的界限越来越难以界定。因此，没必要界定市场和市场参与者，审查其市场地位，更不需要大费周章地对竞争的潜在或实际影响进行深入透彻的分析。②

（三）效益价值：协调成员国的财政政策和产业政策

政治一体化模型（political integration model）与欧盟国家援助规则对成员国能力及经济政策的协调影响有关。这个模型认为作为一种积极的工具，欧盟国家援助规则的效益价值应体现为协调国家的经济政策与非经济政策之间的冲突。③欧盟条约赋予欧委会的专属权限使成员国有可能提出这样的要求，即要求对有影响力的政治团体和企业能够提供更多援助。正如 Szyszczak 所强调的："成员国将国家援助规则视为对其主权权力及其工业和经济政策范围的限制和缩减。"④这体现了国家援助规则的政治性目标，也解释了为什么在其实施的早期阶段，几乎没有对国家援助进行经济分析的情形。⑤

欧盟国家援助规则构建的价值包含以上三个方面，即国家援助规则是内部市场（贸易）政策、竞争规则以及对经济效率和财政纪律考虑的折中组合。由于欧盟国家援助规则是针对成员国的，因此"比其他竞争条款更可能存在干涉国家主权和涉及国家利益的问题"⑥。而且，欧盟国家援助规则价值取向不可能一成不变，随着欧盟一体化进程加快，未来可能还会出现新的价值。

---

① Case C-73/79, Philip Morris Holland B.V. *v.* Commission [1980], ECR 2671.

② Andrea Biondi & Piet Eeckhout, *State Aid and Obstacles to Trade in the Law of State Aid in the European Union*, Oxford University Press, 2003, p. 103-116. Francesco de Cecco, *State Aid and the European Economic Constitution*, Hart Publishing, 2013, p. 5.

③ Supra, Thibaut Kleiner, 2011, p.1-27.

④ Erika Szyszczak, *The Regulation of the State in Competitive Markets in the EU*, Hart Publishing, 2007, p. 178. See also Francesco de Cecco, *State Aid and the European Economic Constitution*, Hart Publishing, 2013, p.1.

⑤ Hans W. Friederiszick et al., *European State Aid Control: An Economic Framework in Handbook of Antitrust Economics*, in Paolo Buccirossi ed., Massachusetts Institute of Technology, 2008, p.625-669.

⑥ Kelyn Bacon, *European Union Law of State Aid*, Oxford University Press, 2017, p.5.

二、欧盟国家援助规则基础性法律依据

为维持欧盟内部市场的竞争秩序以及促进欧盟一体化，欧委会相继出台了一系列国家援助方面的指导准则，共同构成了欧盟国家援助规则的重要组成部分。

（一）欧盟《里斯本条约》条款规定

《欧盟条约》和《欧盟运行条约》是整个欧盟法律体系的核心，两部条约中在不同的篇章和领域均制定了涉及国家援助的规定。其中，《欧盟运行条约》第107–109条属于核心条款，《欧盟条约》的部分章节以及《欧盟运行条约》其他篇章的条款中也都不同程度地包含有关国家援助的内容。

1. 欧盟《里斯本条约》核心条款

欧盟国家援助规则核心条款主要是《欧盟运行条约》第107–109条。其中第107条是国家援助规则的实体性规定和例外情形（援助豁免），[①] 第108条是国

[①] 《欧盟运行条约》第107条（原《欧共体条约》第87条）

除非两部条约另有规定，否则，由某一成员国提供的或通过无论何种形式的国家资源给予的任何援助，凡通过给予某些企业或某些商品的生产以优惠，从而扭曲或威胁扭曲竞争，只要影响到成员国之间的贸易，均与内部市场不符。

下列情况应与内部市场相兼容：(a) 具有社会性质的、给予消费者个人的援助，但此等援助的授予不得与有关产品的原产地相关；(b) 用于弥补自然灾害或特殊事件所造成损失的援助；(c) 给予受德国分裂影响的德国某些地区的经济援助，此等援助对于补偿由分裂造成的经济损失来说是必要的。在《里斯本条约》生效5年后，经欧委会建议，理事会可通过一项决定废除本项。

下列情况可视为与内部市场相兼容：(a) 旨在帮助生活水平异常低下或失业严重的地区，以及第349条所提及地区的经济发展，鉴于其结构、经济和社会情况而给予的援助；(b) 旨在推动具有欧洲共同利益的重要项目的实施，或旨在补救成员国经济的严重动荡而提供的援助；(c) 旨在促进某些活动或某些地区区域的发展，但此等援助对贸易条件的不利影响不得导致违反共同利益；(d) 旨在推动文化和遗产保护的援助，但此等援助对联盟内的贸易条件和竞争产生的不利影响不得导致违反共同利益；(e) 由理事会经欧委会提议通过的决定确定的其他类型的援助。

家援助规则的程序性规定,① 第 109 条是对适用第 107、108 条的补充性规定。②

从《欧盟运行条约》第 107 条内容来看,欧盟国家援助规则主要包括被禁止的国家援助、与欧盟内部市场相一致的国家援助以及可被豁免的国家援助。

2. 欧盟《里斯本条约》其他关联条款

除以上核心条款的规定之外,两部条约中还有其他与之相关的规定,这些规定主要是《欧盟条约》第 3 条,《欧盟运行条约》第 3–6 条,以及《欧盟运行条约》第 14 条、第 42 条、第 50 条、第 93 条、第 106 条、第 119 条和第 346 条。

《欧盟条约》第 3 条界定了欧盟在其内部市场各领域权利义务的纲领性说明

---

① 《欧盟运行条约》第 108 条(原《欧共体条约》第 88 条)

欧委会应与成员国合作,对这些国家现有的所有援助制度进行不断审查,并向成员国提出内部市场不断发展或运行所要求的适当措施。

在通知有关方面提交意见后,如欧委会在考虑第 107 条后,认为某一成员国给予的或通过国家资源形式给予的援助与内部市场不符,或此等援助被滥用,欧委会应通过一项决定,要求有关国家在欧委会规定的期限内取消或改变此等援助。如有关成员国未在规定期限内遵守该决定,欧委会或任何其他利益相关的成员国可经减损适用第 258 条和第 259 条,直接将此事项提交欧洲联盟法院。

应某一成员国请求,理事会可在特殊情况证明其具有合理性的情况下,一致通过一项决定,减损适用第 107 条或第 109 条规定的条例,认定该国正在给予的或打算给予的援助与内部市场相符。如欧委会已就相关援助启动本款第一分段规定的程序,则有关成员国向理事会提交请求的事实具有中止此程序的效力,直至理事会表明其态度。但是,如理事会在上述请求提出后 3 个月内未表明态度,欧委会应采取行动。

成员国应将任何给予或改变援助的计划通报欧委会,并给予欧委会充分的时间使之能够提出意见。如欧委会在考虑第 107 条后认为此等计划与内部市场不符,则应立即启动本条第 2 款规定的程序。在依据该程序作出最终决定前,有关成员国不得将拟议中的措施付诸实施。

欧委会可就理事会依第 109 条已经决定可以不适用本条第 3 款规定之程序的国家援助范畴通过条例。

② 《欧盟运行条约》第 109 条(原《欧共体条约》第 89 条)经欧委会提议,并在咨询欧洲议会后,理事会可通过任何适当的条例,以适用第 107 条和 108 条,特别是确定第 108 条第 3 款适用的条件,以及免予适用第 108 条第 3 款所规定的程序的援助范畴。

和指导性原则。①

《欧盟运行条约》第 3—6 条是关于欧盟机构的权限范围、共同政策制定以及行动领域。第 3 条规定了欧盟专属权限的范畴与领域；② 第 4 条界定了欧盟与成员国的共同权限的范畴与领域；③ 第 5 条是关于欧盟的经济政策、就业政策和社

---

① 《欧盟条约》第 3 条

联盟的宗旨是促进和平、联盟的价值观和其人民的福祉。

联盟应向其公民提供无内部边界的自由、安全和司法领域，在该领域中，人员自由流动得到保障，并确保制定与对外部边界的控制、庇护、移民以及预防和打击恐怖主义犯罪有关的适当措施。

联盟应建立一个内部市场。它应在平衡的经济增长、价格稳定、高度竞争的社会市场经济的基础上，旨在实现充分就业、社会进步以及高度保护和改善环境质量，为欧洲的可持续发展而努力。联盟应促进科学技术进步。它应与社会排斥和歧视作斗争，并应促进社会正义和社会保障、男女平等、代际团结，以及保护儿童权利。它将促进经济、社会和领土凝聚力以及成员国之间的团结。它应尊重其丰富的文化和语言多样性，并应确保维护和发扬欧洲文化遗产。

联盟应建立以欧元为货币的经济与货币联盟。

在与更广阔世界的关系中，联盟应坚持并促进其价值观和利益，并为保护其公民作出贡献。它应为和平、安全、全球可持续发展、各国人民之间的团结与相互尊重、自由和公平贸易、消除贫困、保护人权特别是儿童权利，以及严格遵守并发展国际法，包括遵守《联合国宪章》的原则。

联盟应采取与条约赋予其权限相称的适当措施来实现其宗旨。

② 《欧盟运行条约》第 3 条

联盟在以下领域应具有专属权限：(a) 关税同盟；(b) 建立为内部市场运行所必需的竞争规则；(c) 欧元区成员国的货币政策；(d) 根据共同渔业政策保护海洋生物资源；(e) 共同的商业政策。

在联盟的立法性法令规定了缔结某项国际协定，或缔结某项国际协定是使联盟能够行使其内部职权所必需的，或缔结某项国际协定可能影响共同规则或改变其适用范围的情况下，联盟还应具有缔结此类国际协定的专属权限。

③ 《欧盟运行条约》第 4 条

联盟应与两部条约赋予其成员国共享与第 3 条和 6 条所述领域无关的权限。

联盟与成员国之间的共同权限主要适用于以下领域：(a) 内部市场；(b) 针对本条约所规定的社会政策方面；(c) 经济、社会和领土凝聚力；(d) 农业和除海洋生物资源保护以外的渔业；(e) 环境；(f) 消费者保护；(g) 运输；(h) 跨欧洲网络；(i) 能源；(j) 自由、安全和司法领域；(k) 本条约确定的公共卫生事务中存在的共同安全隐患。

在研究、技术发展和空间领域，联盟应具有采取行动的权限，特别是确定和实施计划的权限；但是，这一职权的行使不应导致成员国无法行使其职权。

在发展合作和人道主义援助领域，欧洲联盟应具有采取行动和实施共同政策的权限；但是，这一职权的行使不应导致成员国无法行使其职权。

会政策内容；① 第 6 条明确了欧盟可以支持、协调和补充成员国行动的领域。②

《欧盟运行条约》第 14 条、第 42 条、第 50 条、第 93 条、第 106 条、第 119 条和第 346 条均是条约中与国家援助规则相关的零散条款。第 14 条涉及普遍经济利益服务规定；③ 第 42 条是关于共同农业政策目标下，竞争规则章节适用于农产品生产和贸易时，理事会可批准授予援助的情形；④ 第 50 条涉及欧洲议会和理事会、欧委会维护开业自由职责的相关规定，特别是确保开业自由不受成员国援助的扭曲；第 93 条明确了为协调运输需要或为承担公共服务义务所授予的援助不构成非法援助；第 106 条是关于欧盟竞争规则适用于企业的规则的一部分，规定了成员国授予特有企业的措施不得违反欧盟国家援助规则；⑤ 第 119

---

① 《欧盟运行条约》第 5 条
成员国应在联盟内部协调其经济政策。为此，理事会应对这些政策采取措施，尤其是确定广泛的指导方针。具体规定应适用于欧元区成员国。
联盟应采取措施确保成员国就业政策的协调，特别是为这些政策制定指导方针。
联盟可采取主动行动确保成员国社会政策的协调。

② 《欧盟运行条约》第 6 条
联盟应有权限采取行动来支持、协调或补充成员国的行动。在欧洲范围内，这种行动的领域应是：(a) 保护和改善人类健康；(b) 工业；(c) 文化；(d) 旅游业；(e) 教育、职业培训、青年和体育；(f) 民事保护；(g) 行政合作。

③ 《欧盟运行条约》第 14 条（原《欧共体条约》第 16 条）
在不影响《欧盟条约》第 4 条或本条约第 93 条、第 106 条和第 107 条，并考虑到为普遍经济利益服务在联盟共享价值中的地位及其在促进社会和领土聚合方面之作用的情况下，联盟及其成员国应在各自权能及两部条约的适用范围内致力于保证此类服务应在能够使其完成各自任务的原则和条件下运作，特别是经济和财政条件。在不影响成员国权能的情况下，欧洲议会和理事会应按照普通立法程序，根据两部条约，以条例的形式来确立此类原则与条件，以提供、授权及资助此类服务。（关于普遍经济利益服务的具体适用案例参见：https://eur-lex.europa.eu/legal-content/EN/TXT/?uri=CELEX%3A62015CJ0121）

④ 《欧盟运行条约》第 42 条（原《欧共体条约》第 36 条）
仅在欧洲议会和理事会根据第 43 条第 2 款所确定的范围内，有关竞争规则的一章适用于农产品生产和贸易，并应考虑第 39 条所规定的目标。
理事会经欧委会提议，可在下列情况下批准给予援助：(a) 对因结构性条件或自然条件而处于不利地位的企业提供保护；(b) 在经济发展计划框架内。

⑤ 《欧盟运行条约》第 106 条（原《欧共体条约》第 86 条）
对于国有企业及成员国授予特别专有权利的企业，成员国不得指定也不得保留与两部条约中包含的规则，特别是第 18 条及第 101–109 条规定的规则相抵触的任何措施。
受托从事具有为普遍经济利益服务意义的活动之企业或具有产生财政收入之垄断性质的企业，只要两部条约包含的规则在法律上或事实上不妨碍这些企业完成指派给它们的特定任务，则这些企业应遵守两部条约包含的规则，尤其是竞争规则。贸易的发展所受的影响不应导致违反联盟利益。
欧委会应保证本条的实施，并且在必要的情况下通过针对成员国的适当的指令或决定。

条确立了欧盟内部市场统一的经济政策及自由竞争的开放市场经济原则；① 第346条作为条约的一般和最后条款，明确了两部条约不得妨碍共同市场内竞争条件等的适用。②

（二）欧盟国家援助实体规则

根据《欧盟运行条约》第107(1)条规定，③（非法）国家援助的概念是："条约直接界定的客观和法律概念。确定某一特定措施是否构成非法国家援助并不取决于成员国在给予援助时的意图或理由，而是取决于有关措施的效果。"④ 但由于条约规定的措辞不够清晰，从而引发了不少理解和适用上的偏差问题。为进一步提升欧盟国家援助规则的法律确定性和可预测性，欧委会于2014年制定了《关于适用〈欧盟运行条约〉第107条和第108条宣布与内部市场相一致的某些类别国家援助的第651/2014号条例》，⑤ 随后欧委会于2016年又根据《欧盟运行条约》第107(1)条规定，发布了《关于〈欧盟运行条约〉第107(1)条所述国家

---

① 《欧盟运行条约》第119条（原《欧共体条约》第4条）

为《欧盟条约》第3条所规定之目的，正如两部条约规定的，成员国和联盟的行动应包括采取一项经济政策，该政策建立在成员国经济政策紧密协调、内部市场以及共同目标的确定之基础上，并按照自由竞争的开放市场经济原则予以实施。

同样处于《欧盟条约》第3条所规定之目的，由两部条约规定的，且根据两部条约所规定的程序，该等行动应包括一个单一货币，即欧元，以及制定和实施单一货币汇率政策，二者的主要目标是维护价格稳定，并在不影响价格稳定的前提下，按照自由竞争的开放市场经济原则，支持联盟总体经济政策。

成员国和联盟的此类行动应遵守下列指导性原则：稳定的价格、健全的公共财政和货币状况及可持续的支付平衡。

② 《欧盟运行条约》第346条（原《欧共体条约》第296条）

两部条约不妨碍下列规则的适用：(a) 任何成员国均不得被强迫提供其认为此类信息的披露与根本安全利益相悖的信息；(b) 任何成员国都可采取它认为必要的措施，以保护其与武器、军需品及战争物资的生产与贸易有关的根本安全利益；但此类措施不得损害非专门用于军事目的的产品在共同市场内的竞争条件。

经欧委会提议，理事会可以一致方式采取行动，修改理事会于1958年4月15日拟定的、适用本条第1款第（2）项的产品之目录。

③ 《欧洲联盟基础条约——经〈里斯本条约〉修订》，程卫东、李靖堃译，社会科学文献出版社2010年第2版。

④ Case C-487/06, P British Aggregates v. Commission [2008], ECLI:EU:C:2008:757, paras 85-89; Case C-279/08, P Commission v. Netherlands [2011], ECLI:EU:C:2011:551, para 51.

⑤ Commission Regulation (EU) No 651/2014 of 17 June 2014 declaring certain categories of aid compatible with the internal market in application of Articles 107 and 108 of the Treaty, OJL 187, 26.6.2014, p. 1-78.

援助概念的通告》①（以下简称"国家援助概念通告"）。

《欧盟运行条约》还规定了与内部市场一致的国家援助（第107(2)条）和可被豁免的国家援助（第107(3)条）。如果说条约第107(1)条是基于事实层面的禁令规定，则条约第107(2)条和第107(3)条就是基于理由层面的豁免规定。同样的，欧盟也根据条约第107(2)条和第107(3)条规定，发布了适用于全体行业和部门的横向国家援助规则②和一系列单项的特定部门国家援助规则，并且这些豁免规则还可以根据环境变化而进行动态调整。例如，依据《欧盟运行条约》第107(3)(a)和107(3)(c)条，欧委会可考虑准予与内部市场相一致的区域援助（横向豁免规则），以促进欧盟内部某些不利地区的经济发展。基于此，欧盟建立了一整套关于国家援助审查及其豁免审查的实体规则体系。

（三）欧盟国家援助程序规则

《欧盟运行条约》第108条规定了实施国家援助控制的程序规则。根据该条第1款，欧委会通过与成员国合作，不断审查现有援助，并可提出"逐步发展或共同市场运作所需的任何适当措施"。该条第2款规定了援助审查的程序规则："在通知有关方面提交意见后，如欧委会在考虑第107条后，认为某一成员国给予的或通过国家资源形式给予的援助与内部市场不一致，或此等援助被滥用，应通过一项决定，要求有关国家在欧委会规定的期限内取消或改变此援助。"另外，根据条约第108(3)条规定，成员国打算实施新援助也必须在"足够的时间内通知欧委会，使其能够提交其关于任何授予或改变援助的计划的意见"，并且新援助在欧委会作出决定之前不能实施。如果欧委会认为某项援助与条约不符，可以要求有关成员国政府提供更多资料。如果欧委会仍有保留意见，可以进行更广泛的调查。根据调查结果，欧委会可以决定批准援助、减少援助或追回援助。任何时候，欧委会的以上决定都需要向欧洲法院负责，即后者对前者发布的决定是否有效拥有初步裁决权。

为更好地适用条约规定的程序规则，欧委会通常会颁布一系列国家援助方

---

① European Commission (2016), Commission Notice on the notion of State aid as referred to in Article 107(1) of the Treaty on the Functioning of the European Union, OJC 262, 19.7.2016, p. 1-50.

② 例如欧盟理事会《关于将〈欧盟运行条约〉第107条和第108条适用于某些横向国家援助的理事会第2015/1588号条例》（即《2015年理事会授权条例》）。

面的条例、指南或决定，并根据《欧盟运行条约》第 109 条之规定，[①] 提议理事会通过适当的条例来适用第 107—108 条，以便更加透明地对成员国某些措施进行国家援助审查。例如，欧盟理事会于 2015 年发布的《关于适用〈欧盟运行条约〉第 108 条细则的第 2015/1589 号条例》（即《程序条例》），[②] 欧委会 2021 年发布的《关于成员国法院执行国家援助规则的通告》等。但总的来说，条约规定的程序规则效力最高，欧盟机构通过的条例效力次之，这些规则共同构成了欧盟关于国家援助及其审查的程序规则。

除上述条约规定之外，《欧盟运行条约》第 109 条还补充性规定理事会应根据欧委会提议，以特定多数行事，通过一项授权条例。该条款使欧盟能够采取一项执行措施，明确规定欧委会如何审查和调查援助，并确定某些类别的援助在何种条件下可免于通知义务。

第二节 欧盟国家援助规则的规制目的

实践中，成员国利用各种援助措施如补贴或税收优惠等来吸引企业投资，增加企业利润，并通过转移利润增加社会福利。[③] 因为补贴削弱了企业提高效率的激励作用，使得效率较低的企业得以生存，甚至以牺牲效率较高企业为代价进行扩张，从而降低了经济福利。这种援助措施只能由欧盟竞争规则通过国家援助规则审查来对其进行规制，因为企业本身不会限制竞争，而成员国基于追求本国经济和福利增长，更不会约束此类措施。从这个角度看，欧盟国家援助规则产生的基本原理是防止市场扭曲，保障市场充分自由竞争，规制政府对市场的不当干预，这将有利于整个欧洲社会。

一、防止市场扭曲

市场经济是以利益最大化为内在驱动力，通过供求、价格、竞争等市场机

[①] 《欧盟运行条约》第 109 条，"经欧委会提议，并在咨询欧洲议会后，理事会可通过任何适当的条例，以适用第 107 条和第 108 条，特别是确定第 108 条第 3 款适用的条件，以及免予适用第 108 条第 3 款所规定的程序的援助范畴"。

[②] Council Regulation 659/1999 of 22 March 1999 laying down detailed rules for the application of Article 108 of the Treaty on the Functioning of the European Union, OJL 83, 27.3.1999, p. 1.

[③] 胡晓红：《论贸易便利化制度差异性及我国的对策——以部分"丝绸之路经济带"国家为视角》，《南京大学学报（哲学·人文科学·社会科学）》2015 年第 6 期，第 42—49+155 页。

制配置社会资源和引导社会经济运行的经济体制模式。竞争性是市场经济的本质特征和必然要求。只有保证市场竞争不被扭曲，才能真正实现社会资源的优化配置和社会总福利的增加。因此，欧盟国家援助规则主要规范市场竞争秩序，防止市场扭曲，进而推动社会整体经济效率的提高和总福利增加。

（一）何为市场扭曲

市场扭曲，即市场出现分割和扭曲，是指一国政府或地区、地方政府为获得本地区利益，借助行政干预方式对本地区资源流通或配置进行限制的行为。[①] 市场扭曲具体表现为在交易市场上，通过价格竞争传递至相关利益群体，最终导致生产效率、技术创新和社会福利遭受损失。[②] 市场扭曲本质上源于一国政府、地区或地方政府对本地市场经济的不当干预，从而扭曲市场公平竞争。

（二）市场扭曲的危害

在市场经济体制下，资源在一定程度上是通过竞争市场配置的，但并非所有资源都可以通过市场自由配置，例如金融和土地等要素市场通常是由国家政府支配和规制。特别是世界各国政府都会为了干预某些市场制定一些产业政策，以实现国家利益的目标。然而，如果这种国家干预和规制消除、遏制或扭曲了市场公平竞争，它们就变得过溢且限制竞争。[③]

一般来说，当市场失灵出现时，国家政府有必要对其进行干预和行政管制。但某种情形下，政府的行政管制往往被用于特殊目的，不计效率和成本。[④] 从某种意义上说，这种行政干预虽然短期内的确提高了本地企业或特定市场主体的生存能力，增加了本地财政收入等，但长期来看，可能会损害整个内部大市场的统一，无法实现更大范围市场资源的有效配置，甚至引发更严重的市场失灵。市场扭曲的危害具体表现为：首先，市场扭曲导致市场经济运行不善，从而削弱竞争带来的效益，造成高昂的经济、创新和福利成本。其次，市场扭曲由于

[①] 银温泉、才婉茹：《我国地方市场分割的成因和治理》，《经济研究》2001年第6期，第3页。

[②] 余文涛、吴士炜：《互联网平台经济与正在缓解的市场扭曲》，《财贸经济》2020年第41卷第5期，第146–147页。

[③] 林至人：《减少竞争中的政策壁垒：国际经验与教训》，中信出版集团2019年版，第8–9页。

[④] 银温泉、才婉茹：《我国地方市场分割的成因和治理》，《经济研究》2001年第6期，第4页。

排除了竞争性市场力量施加的约束，还会削弱市场主体提高生产效率和加强技术创新的动力。再次，市场扭曲还可能为寻租和腐败提供机会，例如政府管制者可能因腐败或利益勾连而服务于当地特定市场主体并对其进行保护，而不是服务于在本地市场上运营的所有市场主体，从而造成了行政性行业垄断或地方保护。

二、保障市场充分自由竞争

（一）市场竞争的自由主义

从根本上来说，市场经济是一种自由竞争经济，自由竞争是市场经济的灵魂，自由竞争的持久与延续有赖于公平竞争。[①] 人们普遍认为，内部市场需要有效控制国家援助行为。因为如果成员国之间爆发援助竞赛，自由化的好处就会丧失。与此同时，以内部市场计划为基础的经济新自由主义的兴起消除了竞争政策和产业政策之间的冲突。在市场经济中，竞争力是通过自由竞争来实现的，因此从一开始就排除了为国家龙头企业提供财政支持的国家干预。[②]

（二）自由竞争的表现

前已述及，维持市场长久的自由竞争有赖于公平竞争。就此而言，根据欧盟竞争政策的目标，即所有欧洲企业都能自由、公平地进入欧盟单一市场，限制国家援助可以为欧洲企业提供更好的公平竞争环境。公平竞争环境是一个贸易术语，指的是一套共同的规则和标准，主要用于防止一个国家的企业在价格、环境保护等领域削弱其在其他国家的竞争对手。

公平竞争（fair competition）是相较于不正当竞争而言的，考虑到竞争者和公众的利益，竞争是合理的，并且不涉及被法律谴责的不利于公共利益的做法。[③] 关于竞争的含义，《布莱克法律词典》（第10版）中将"competition"解释为："争取商业优势的斗争；两个或多个商业利益集团从第三方获得相同业务的努力或行动。"就公平竞争的概念而言，《布莱克法律词典》（第10版）中将

[①] 孙晋、李胜利：《竞争法原论》（第二版），法律出版社2020年版，第3页。

[②] Claus-Dieter Ehlermann, *The Contribution of EC Competition Policy to the Single Market*, CMLR, Vol. 29, p. 257-282 (1992).

[③] "Fair competition." Merriam-Webster.com Dictionary, Merriam-Webster, https://www.merriam-webster.com/dictionary/fair%20competition. Accessed 27 Jan. 2022.

"fair competition"解释为："商业竞争对手之间的公开、公平和公正竞争。"总之，公平竞争旨在为所有参与者提供一个在公平竞争环境中运作的自由市场，在这个市场上，企业将其竞争行为建立在价格、质量和客户服务上，而不是采取不正当竞争的做法，例如滥用市场地位的掠夺性定价、抨击竞争对手和滥用行政垄断权力。

欧盟国家援助控制的主要理由是成员国之间的市场一体化，以确保整个内部市场的经济参与者之间的公平竞争。[1] 自欧盟成立以来，关于维持公平竞争环境和允许所有类型企业平等竞争的口号一直是欧盟竞争政策的基础。[2] 因此，欧盟国家援助规则的变化趋势以及欧盟最新的产业政策和补贴政策，无一不是为了维护和加强其国家援助规则和竞争框架的有效性和政治独立性。

三、规制政府对市场的不当干预

凯恩斯主义是与政府干预相适应的科学理论，其产生背景是1929–1933年席卷全球的重大经济危机，世界各国在经历4年的大危机后，陷入了重大萧条中，从而引发了大量的失业和经济动荡。在凯恩斯之前盛行的经济学理论是自由放任学说、自由贸易理论，认为一国采取的保护政策无法治疗失业之症，[3] 利率与就业率会自动调整到最适度水准。凯恩斯批判了上述学说和理论，认为该理论所根据的几个假设条件"很少或从未能满足"，[4] 故不能解决实际问题。

凯恩斯对于补救经济和失业之法的观点是：双管齐下，一方面由社会来统制投资量，即让资本的边际效率逐渐下降；另一方面，引入政府干预，利用各种政策（如所得之重新分配，利率自主政策）来增加消费倾向，使得一个较小的投资量就可以维持某特定就业水准。如果各国都同时采取这种政策，"然后国家间之经济健康以及经济力量才能恢复"。[5] 随后，一些著名经济学家如哈罗德、

---

[1] Franz-Jürgen Säcker & Frank Montag, *European State Aid Law: A Commentary*, Bloomsbury Publishing, 2016; Herwig C. H. Hofmann & Claire Micheau, *State Aid Law of the European Union*, Oxford University Press, 2016; Kelyn Bacon QC, *European Union Law of State Aid*, Oxford University Press, 2017; Philipp Werner & Vincent Verouden, *EU State Aid Control - Law and Economics*, Kluwer Law International, 2016.

[2] Maria Joao Melicias, *Policy Considerations on the Interplay between State Aid Control and Competition Law,* Market and Competition Law Review, Vol. 1: 2, p. 179-194 (2017).

[3] [英]凯恩斯：《就业利息和货币通论》，徐毓枬译，商务印书馆1997年版，第288页。

[4] [英]凯恩斯：《就业利息和货币通论》，徐毓枬译，商务印书馆1997年版，第326页。

[5] [英]凯恩斯：《就业利息和货币通论》，徐毓枬译，商务印书馆1997年版，第301页。

罗宾逊、汉森、萨缪尔森等人坚持了凯恩斯的基本思想，并对其学说作出了许多重要发展。虽然也有经济学家不赞同凯恩斯主义，但迄今为止尚未出现比较令人信服的反对理由，凯恩斯主义在宏观经济学中依然占据主导地位，至今对于世界各国制定财政政策、货币政策、就业政策等都有着深远影响。

（一）规制的正当性

政府干预需依据市场经济的一系列规律，运用相关的调节机制对资源进行优化配置，为经济发展提供良性竞争环境，以保持社会经济能够持续、稳定和高效增长。这里的政府干预特指政府的宏观调控边界扩张到容易产生市场失灵的经济领域，因为政府干预本身就是为了克服市场失灵，弥补市场机制的不足。例如通过法律手段限制不正当竞争行为，或规制国家授予的援助及补贴刺激投资等。

理想状态下，市场失灵理论可以作为政府干预的理由。但这种观点遭到了许多经济学家的批评，原因是其将不完美的现实与理论理想相比较过于简单，而没有考虑和分析这个理论理想是否能够实现。这里的根源问题在于政府干预在现实中是否能够产生真正的改善，为此有必要考虑政府干预可能导致的市场低效，这在极端情况下会引起所谓的政府失灵。事实上，并非所有的政府都能完全有效地承担或履行其干预责任，尤其是缺乏信息、政治抑制因素、错误的分析和预测、决策的延误和资金使用的影响，可能是国家在提供援助时失败的原因之一。[①] 在政府对市场进行干预的过程中，由于管理者拥有强大权力，极易导致行政权力滥用、寻租与腐败等现象，可能使得市场经济同时面临"市场失灵"和"政府失灵"的双重风险。故此，在给予国家援助之前，应当从比较制度经济学的角度进行评估，包括仔细考量可能的市场失灵以及政府政策失灵的潜在威胁。在此背景下，欧盟国家援助规则对于政府不当干预市场的行为进行规制是十分必要且正当的，体现了公共权力对于政府和市场的双重规制。

（二）规制的基本概述

欧盟对国家援助措施的审查采取了系统性的规制方法，例如欧委会在20世纪80年代发布的关于内部市场的白皮书中，利用迅速变化的政策环境来巩固过

[①] Justus Haucap & Ulrich Schwalbe, *Economic Principles of State Aid Control*, in Düsseldorf Institute for Competition Economics (DICE), Discussion Paper, Düsseldorf: Heinrich Heine University Düsseldorf, 2011, p. 4.

去的成果并规划未来前进的道路，弥补了一些漏洞并为以前未涵盖的领域引入了新的代码，新自由主义的市场化政策在经济政策中变得更加重要，国家援助规则的作用被提升到了一个更高水平。欧委会强调需要有严格执行这些规则的纪律，并指出成员国将大量公共资金用于资助缺乏竞争力的行业和企业的援助行为，不仅导致共同市场竞争的扭曲，而且从长远来看，也破坏了提高欧洲竞争力的努力，造成对稀缺公共资源的消耗。[1] 由此可以看出，国家援助规则规制政府干预权力的目的是多方面的：即节约公共资金、提高欧洲竞争力，建立统一的内部市场并确保企业有一个公平的竞争环境。

欧盟国家援助审查主要包括两个步骤：首先，根据《欧盟运行条约》第107(1)条评估审查一项国家援助措施是否可以被视为非法援助，继而再看其原则上是否与公平竞争和内部市场建立相矛盾；其次，如果该援助措施属于非法援助，则欧委会根据《欧盟运行条约》第107(2)条和第107(3)条规定的几种例外情形，进一步审查评估该国家援助措施是否可被豁免。这两个基于欧盟条约规定的审查步骤共同构成了欧盟规制成员国政府不当干预市场的核心规则。

值得一提的是，在许多法域的竞争规则体系中没有国家援助规则。有学者认为，这种情况可能是因为："一方面，国家通常很少直接干预经济活动，建立一个昂贵的行政控制系统可能被认为是不必要的；或者，另一方面，国家在市场中的存在非常普遍，以至于制定基本规则来限制国家援助，可能是不理性的。"[2]

第三节 欧盟国家援助规则与国际条约的关系

过去三十年间，由于需要从国家援助规则的角度不断审查越来越多的新情况，其实体和程序问题也变得越来越复杂。在这一过程中，国家援助规则和其他法律领域之间出现了一系列"亲密接触"，这些法律领域的从业人员认为它们完全与国家援助规则无关。[3] 例如，在十多年前，当欧盟成员国的税收计划遇到

---

[1] White Paper from the Commission to the European Council, Completing the Internal Market (Milan, 28-29 June 1985) COM (85) 310 final, Brussels, 14 June 1985, para 158.

[2] Maria Joao Melicias, *Policy Considerations on the Interplay between State Aid Control and Competition Law,* Market and Competition Law Review, Vol. 1: 2, p. 179-194 (2017).

[3] Leo Flynn, *EU State Aid Law and International Investment Treaties: An Arm-Wrestling Contest,* European State Aid Law Quarterly (ESTAL), Vol. 2016: 1, p. 1-2(2016).

国家援助规则时，就出现了这样一个不同法律领域的接触时刻。此外，欧盟国家援助与 WTO 补贴规则的比较研究也是人们广泛关注的重点。而随着投资者—东道国投资保护和仲裁裁决领域与欧盟国家援助规则之间冲突的出现，欧盟法与国际投资法之间的冲突与协调问题更是一跃成为人们关注的重点和热门话题。

一、欧盟条约与国际条约之间的关系

作为奠定现代国际法的科学体系以及起到国际法典作用的《战争与和平法》第二卷大篇幅论述了条约及其解释问题，贡献了开创性的条约法理论。[1]

（一）国际条约遵守的国际法一般原理

条约是两个或两个以上国家依据国际法正常地缔结的协议，表现为缔约国的意思一致。国际法秩序对两个或两个以上的国家表现出来的意思一致附以法律效果，国际条约即能够使这种意思一致发生效力的国际法秩序。[2] 国际法是国家之间的法律，是国家在其相互交往过程中形成的，主要用于调整国家间关系的具有法律约束力的原则、规则和制度的总称。[3] "国家间意思表示一致"是国际条约成立的核心要素和理论基石。[4] 国际条约是缔约各方意在确立相互义务和权利的一种法律相互行为，其法律效果是缔约各方在法律上有义务并相应地有权利依照条约规定作出行为。并且各国有权通过国际条约对其相互关系加以调整，因为一般国际法使各国负有尊重其所缔结的条约并履行其条约所确立的义务。[5]

《联合国宪章》序言明确要求各成员国尊重由条约与其他渊源引起之义务。这是现代国际法上对于国际义务与条约等国际法渊源的关系所作出的最明确、最权威的规定。从引起国际义务角度看，条约是解决有关缔约国对国际义务存有争议时应适用的首要国际法渊源，[6] 为此，联合国《国际法院规约》第 38(1)

---

[1] 张乃根：《国际法原理》（第二版），复旦大学出版社 2012 年版，第 340 页。
[2] [美] 汉斯·凯尔森：《国际法原理》，王铁崖译，华夏出版社 1989 年版，第 266 页。
[3] 江国青：《国际法与国际条约的几个问题》，《外交学院学报》2000 年第 3 期，第 8 页。
[4] 梁开银：《对现代条约本质的再认识》，《法学》2012 年第 5 期，第 95 页。
[5] [美] 汉斯·凯尔森：《国际法原理》，王铁崖译，华夏出版社 1989 年版，第 267 页。
[6] 张乃根：《国际法原理》（第二版），复旦大学出版社 2012 年版，第 341 页。

条规定国际法院处理案件应当适用的国际法时，首先提到了国际条约。①《维也纳条约法公约》也强调："承认条约为国际法渊源之一。"由此可见，国际条约在国际法渊源中居于重要地位。

缔结的条约一旦生效，有关缔约国就应遵守和履行。"条约必须遵守"（pacta sunt servanda）是一项古老的国际法原则，《维也纳条约法公约》序言指出：条约"为各国间不区分宪法及社会制度发展和平合作之工具，其重要性日益增加"。该公约第 26 条强调："凡有效之条约对其当事国有拘束力，必须由各国善意履行。"第 27 条还规定，各国不得以国内法为由而不履约。这意味着，条约必须遵守原则是国际条约遵守国际法的核心原则。特别是在国际社会的"无政府状态下"，国际关系在很大程度上有赖于条约关系的建立，坚持条约必须遵守原则是维系国际社会正常秩序的必要条件。

（二）欧盟条约在国际法中的地位

20 世纪以后，随着国际社会的逐渐组织化，大多数国家都愿意通过条约的方式解决与他国的领土、贸易与投资、司法协助等方面的问题，而所有的国际组织都需要通过条约来确定其宗旨、原则、权限与工作程序。并且，国家与国际组织之间、国际组织之间通常也需要以条约的方式确立彼此的权利义务。②作为一个典型的区域性国际组织，欧盟在国际事务中的实际地位与影响不容忽视，其国际法律地位主要规定于《联合国宪章》第八章各条款，这些条款同时构成了区域性国际组织与联合国之间关系的法律基础。国际实践也表明，除政治领域外，在经济领域中，区域性国际组织与全球性组织之间也存在各式各样的法律关系，并呈现出相互渗透的倾向。例如，WTO 与欧盟之间的关系，主要是通过二者各自的条约条款规定予以规制和协调。

有关欧盟条约的国际法基础问题，学界的一种观点是，基于欧盟条约的欧盟法，"不过是一个国际法的法律秩序"。③另一种观点则认为，通过欧洲法院判

---

① 联合国《国际法院规约》第 38.1（a）条规定：该法院在审理愿意受其司法管辖的主权国家之间的争端，裁定国际义务的承担及其国家责任时，所依据的国际法首先是国际协约（international convention），不论其为普通或特别的，只要是"确立诉讼当事国明白承认之规者"。

② 《国际公法学》编写组：《国际公法学》（第二版），高等教育出版社 2018 年版，第 48—49 页。

③ Armin von Bogdandy and Maja Smrkolj, *European Community and Union Law and International Law*, Max Planck Institute for Comparative Public Law and International Law, Heidelberg and Oxford University Press, 2015.

例不难发现，欧盟条约在后续一体化进程中已逐步宪法化，即欧盟条约构成了欧盟法律秩序的基本规范，其他欧盟法律规范的合法性效力均源于欧盟条约。① 关于上述两种立场，学界并未形成统一定论，但二者均表明欧盟条约与国际法之间存在密切关系。特别是在某些领域，欧盟希望输出其现有的欧盟法，特别是为了防止欧盟与国际法之间的冲突。②

（三）国际条约在欧盟的法律效力

《欧盟条约》第3(5)条规定："在更广阔世界的关系中，欧盟应维护和促进其价值观和利益，并为保护其公民作出贡献。它应……严格遵守和发展国际法，包括尊重《联合国宪章》原则。"《欧盟条约》第21(1)条再次强调，欧盟在国际舞台上的行动应尊重《联合国宪章》及国际法确立的原则。事实上，在整个欧盟条约中都可以找到其对国际法的引用。③ 有学者发现，全球层面的立法可能会触发欧盟在该领域活动的增加，进而导致欧盟内部和外部决策之间的互动越来越多。④ 因此，国际条约可能会在欧盟层面引发新的立法，而这反过来又会加强欧盟在这些条约所属领域实施或修订相关规则、原则或标准。⑤ 显然，欧盟影响或促进国际法的最常见方式是缔结国际条约。

除上述欧盟条约规定外，欧洲法院过去在其判例中明确了国际条约对欧盟法律秩序的影响，重申欧盟"在行使其权力时必须尊重国际法"⑥，并强调欧盟签署的国际条约中的规定从其生效时其便"构成欧盟法的组成部分"⑦。然而，随着

---

① 刘衡：《论重建欧洲国际法律秩序的司法进路——基于欧洲法院实践的考察》，《国际观察》2016年第1期，第133页。

② Ramses A. Wessel, *The Meso Level: Means of Interaction between EU and International Law: Flipping the Question: The Reception of EU Law in the International Legal Order*, Yearbook of European Law, Vol. 35: 1, p. 533-561 (2016).

③ Ibid, Ramses A. Wessel, 2016.

④ Bruno De Witte & Anne Thies, *Why Choose Europe? The Place of the European Union in the Architecture of International Legal Cooperation*, in Bart Van Vooren, Steven Blockmans & Jan Wouters eds., The EU's role in global governance: the legal dimension. Oxford University Press, 2013, p. 23-38.

⑤ Ramses A. Wessel & Jan Wouters, *The Phenomenon of Multilevel Regulation: Interaction between Global, EU and National Regulatory Spheres*, International Organizations Law Review, Vol. 4, p. 257-289 (2007).

⑥ Case C-162/96, Racke GmbH v Hauptzollamt Mainz [1998], ECR I-3655, para 45; Case C-308/06, Intertanko [2008], ECR I-4057, para 51.

⑦ Case C-61/94, Commission v Germany [1996], ECR I-3989, para 52; Case C-311/04, Dordrecht [2006], ECR I-609, para 25.

"自治性"① 被誉为保持欧盟和欧盟法律的具体特征和价值观的关键工具，国际法与欧盟法之间的关系进入了一个新时代。二者之间的冲突一般是通过《欧盟运行条约》第351条②规定和欧洲法院判例确立的欧盟法自治性原则来协调的。

1.《欧盟运行条约》第351条之免责条款

《欧盟运行条约》第351条是成员国加入欧盟前与第三方缔结的国际协定的免责条款（escape clause）。从这个意义上讲，欧盟第351条是为了保护第三国的信赖利益（reliance interests），即从欧盟法的角度来看，第三国与欧盟成员国之间的协定可以根据国际法原则得到遵守。③ 而另一方面，该条款的制定还旨在温和地逐步消除与欧盟法相冲突的国际协定。④ 根据《欧盟运行条约》第351(2)条规定，成员国在加入欧盟之前签署的协定与欧盟两部条约不一致时，应采取一切适宜措施，消除已存在的不一致之处。在实践中，当欧盟成员国在履行其国际条约义务时，仍旧会考虑其欧盟成员身份。欧洲法院也认为欧盟法独立于国际法，拥有其自治性特征并追求自己的特定目标。⑤ 这一自治性概念意味着国际条约不能影响欧盟法的自治性，欧盟成员国的国内法院在其法律体系内也须优先适用欧盟法，而非国际法，从而巩固了欧盟法至高无上的地位。⑥

显然，对于在加入欧盟之前签署并批准国际条约的成员国，应依照《欧盟运行条约》第351条履行国际法义务；同样，对于欧盟成员国签署的国际条约

---

① 这里的"自治性"指的是欧盟法自治性，源自欧洲法院判例，对内表现为欧盟法对成员国具有直接效力和优先效力，对外则表现为国际条约规则不得损害欧盟法律秩序。

② 《欧盟运行条约》第351条第1—2款规定：由一个或多个成员国与一个或多个第三国在1958年1月1日以前，或者，对于拟加入联盟的国家而言，在其加入之前缔结的协定所产生的权利和义务，不受两部条约的影响。

在上述协定与两部条约不一致的情况下，有关成员国应采取一切适宜措施，消除已存在的不一致之处。必要时，成员国应为此目的相互协助，并在适当的情况下采取共同立场。

③ Molnar Tamas, *The Concept of Autonomy of EU Law from the Comparative Perspective of International Law and the Legal Systems of Member States*, Hungarian Yearbook of International Law and European Law, 2015, p. 448-449.

④ Jan Klabbers, *For More on the Significance and Implications of This Treaty Provision, Treaty Conflict and the European Union*, Cambridge University Press, 2009.

⑤ Opinion 1/91 Draft Agreement between the Community, on the one hand, and the countries of the European Free Trade Association, on the other, relation to the creation of the European Economic Area (EEA I), ECR I-6079, para 30, 1991.

⑥ Violeta Moreno-Lax & Paul Gragl, *Introduction: Beyond Monism, Dualism, Pluralism: The Quest for a (Fully-Fledged) Theoretical Framework: Co-Implication, Embeddedness, and Interdependency between Public International Law and EU Law*, Yearbook of European Law, Vol. 35: 1, p. 455-470 (2016).

而言，如果其中一方缔约国是在其入欧前签署生效的，则应承担的国际法义务也应该不受两部条约影响。当各成员国由此产生的国际条约义务不一致时，应采取措施消除不一致。类似的，欧委会近年来的做法（例如要求终止欧盟成员国与第三国之间违反欧盟法的 BITs）[1]也指向同一方向，即限制第 351 条的第一项功能（第 1 款），并强调其第二项功能（第 2 款），从而使欧盟法自治性不受国际法的影响。

2. 欧盟法自治性原则概念及意义

欧盟法自治性原则，亦即欧盟法律秩序自治性（Autonomy of European Union Legal Order and EU law）原则，源自欧洲法院判例。"欧盟法自治性原则是所有欧盟法律原则的基础，相较国际法，欧盟法自治性不仅体现为国际条约不得损害欧盟法律秩序，还表明欧洲法院对欧盟法的排他性解释权。"[2] 尽管欧盟条约对于该原则没有统一界定，但欧盟法自治性意味着欧盟法相对于成员国国内法的优先适用和直接效力。[3]《欧盟运行条约》第 3(1) 条规定了欧盟享有专属权能的领域，即确立内部市场运行所必需的竞争规则。也就是说，欧盟有关竞争规则立法的事宜属于其专属管辖权，任何成员国无权独立立法。作为基本核心原则，欧盟法自治性原则深深根植于欧洲一体化进程当中，可从两个维度来理解该原则：一是内部自治性原则，二是外部自治性原则。

欧盟法自主性原则在欧盟成立之初的重点是对内的，旨在加强当时新生的法律秩序的规范性特征，以使其能够承受来自成员国法律的挑战。因此，内部自治性原则表现为欧盟法对成员国法的自治性维度，即欧盟法对成员国的直接适用和优先适用效力。当一个新的国际组织根据国际法诞生时，便会出现该国际组织与其成员之间的紧张关系，这种紧张关系便是由该组织的自治性特征主导的。

当国际组织发展到一定阶段，解决了其与成员之间的内部紧张关系之后，

---

[1] Jörg Philipp Terhechte, *Article 351 TFEU: The Principle of Loyalty and the Future Role of the Member States' Bilateral Investment Treaties,* European Yearbook of International Economic Law, Berlin/Heidelberg, Springer, 2011, p. 79-93.

[2] Jan Willem van Rossem, *The Autonomy of EU Law: More is Less?,* R. A. Wessel and S. Blockmans eds., Between Autonomy and Dependence: The EU Legal Order Under the Influence of International Organizations, 2013, p.13-46.

[3] 刘衡：《论重建欧洲国际法律秩序的司法进路——基于欧洲法院实践的考察》，《国际观察》2016 年第 1 期，第 124 页。

即面临该组织的法律秩序与国际法领域的冲突。为了保持组织法律秩序的稳定性，该组织必然要在国际法领域强调维护其法律秩序的外部自治性原则，以保护其免受国际法命令引起的其他潜在的消极影响。因此，外部自治性原则表现为欧盟法对国际法的自治性维度。

（四）欧盟法自治性原则加剧欧盟对外缔约权

20世纪90年代初，欧盟法自治性原则的外部自治性维度开始变得至关重要，当时欧盟发现《欧盟经济区协定》中规定的裁决制度对"共同体法律秩序的自治权"构成了威胁。21世纪以来，一些欧洲法院判例中衍生出自治性原则，引起了实务界和学界的广泛关注，其中包括因不符合欧盟基本人权法从而取消执行联合国安理会决议的措施。

同时，伴随着欧盟法与国际法之间的紧张关系，不难发现，在确立欧盟法优先地位过程当中，欧洲法院发挥了重要作用：即对欧盟法的排他性解释，进而控制或垄断相关领域的管辖权。① 这一点从《欧盟运行条约》相关规定以及欧洲法院判例中可以确定。有学者认为，欧盟法自治性原则近似于一项国家主权原则，② 欧洲法院判例提出的欧盟法律秩序具有自治性的概念，为欧盟提供了国家主权的核心要素：管辖主权。③ 一旦出现威胁欧盟法自治性原则的情形，欧洲法院就会强调对该原则的维护。这种情形也经常出现在欧洲法院判例的措辞中，例如"……可能会对条约中规定的职责分配产生不利影响，从而影响共同体法的自治性，必须由法院根据《欧共体条约》第164条确保对该法律秩序的尊重"④。基于欧盟法自治性原则的相关领域的管辖权，又进一步加剧了欧盟的对外缔约权，近年来，欧盟责成成员国废止其与第三国的双边投资协定，并以欧盟与第三国的双边自由贸易协定取而代之便是例证。

二、欧盟国家援助规则与WTO补贴规则的比较

1947年《关贸总协定》第16条引入了一些关于补贴的条款，但这些条款

---

① Francisco De Abreu Duarte, *Autonomy and Opinion 1/17–a Matter of Coherence?*, European Law Blog, 31 May, 2019,https://europeanlawblog.eu/2019/05/31/autonomy-and-opinion-1-17-a-matter-of-coherence/.

② Jan Willem van Rossem, *The Autonomy of EU Law: More is Less?*, in Wessel R. & Blockmans S. eds., Between Autonomy and Dependence, T.M.C. Asser Press, 2013, p.15.

③ Christina Eckes, *The Autonomy of The EU Legal Order*, Europe and the World: A Law Review, Vol. 4: 1, p. 3 (2020).

④ C-1/91, European Economic Area [1991], para 34.

仅规定了一些报告义务和实施反补贴税的可能性，因此与《罗马条约》中规定的监督系统的类型关联度不高。但有一个特点是类似的，即缺乏对补贴的定义，这一特点因为有助于防止规避规则而受到欢迎。总的来说，《欧盟运行条约》第107条及其规则体系证明，援助概念的范围比补贴的范围更广。

WTO规则对于补贴控制规定了不那么严格的义务，并且WTO规则对国内法律制度没有直接影响。如果WTO成员方提供了非法补贴，其他成员可以通过争端解决机制或反补贴税程序提供救济措施。[①] 与欧盟条约相反，WTO《补贴和反补贴措施协定》（《SCM协定》）规定了补贴的定义。但这一定义一直都存在争议，因为"整个领域涉及一系列价值判断，本质最终体现的是关于国家干预经济作用的不同哲学、政治和社会概念之间的对抗"[②]。

（一）补贴的相关概念

根据《补贴与反补贴措施协定》规定，如果政府或任何公共机构提供任何形式的财政资助，或任何形式的收入/价格支持，从而直接/间接增加被补贴产品出口或减少该产品进口的，则应视为存在补贴。其中，财政资助为直接转移资金、可能直接转移资金或负债、政府未放弃或收取的到期收入、政府提供除一般基础设施以外的特殊商品或服务、政府购买商品、政府向筹资机制捐款或委托私营机构履行上述某些职能。只是，这一类别清单究竟应该是详尽的还是说明性的，仍然悬而未决。[③]

对不遵守此类规则的成员的制裁主要包括多边救济措施。一般来说，WTO的《补贴与反补贴措施协定》承认其成员有权对给予或维持补贴的其他成员实施反措施，这些补贴也因此而受到监管，以确保其合法性和相称性。然而，WTO在其有关补贴的规则体系中没有明确规定涉及补贴授予相关的豁免，仅在《补贴与反补贴措施协定》中设定了两个允许给予补贴的例外，来表明其支持国有企业私有化的立场：作为发展中国家私有化进程一部分的补贴（第27条）；

---

① Luca Rubini, *The International Context of EU State Aid Law and Policy: The Regulation of Subsidies in the WTO*, in Andrea Biondi, Piet Eeckhout & James Flynn, The Law of State Aid in the European Union, Oxford: Oxford University Press, 2004, p. 152.

② Ibid, Luca Rubini, 2004, p. 158.

③ Katerina Mandulova, *Public Investment vs. State Aid in the Context of EU Law: A Comparison of the EU and WTO Regimes of State Aid Control*, Common Law Review, Vol. 9: 1, p. 43-46 (2008).

以及从中央计划经济转变为自由市场经济所必需的补贴（第29条）。①

(二) 欧盟国家援助规则与WTO补贴规则的异同

1. 二者的共同点

关于国家援助，欧盟和WTO的法律体系都提供了一套详细的规则，其中有一些共同点。首先，两种规则都对补贴进行管制，以避免补贴抵消贸易壁垒的影响。其次，二者都强调了补贴/援助由公共机构或通过国家资源提供，对接受者有经济利益，补贴具有特殊性以及对贸易产生了不利影响；再次，二者最初的目标一致，均是为了市场公平竞争以及矫正市场扭曲。

2. 二者的区别

欧盟国家援助规则和WTO法律对相关概念的定义不同，这导致在两组规则下可以解决的问题和不能解决的问题之间存在许多实质性差异。

首先，禁止的国家措施不同。其一，虽然欧盟法原则上禁止所有符合国家援助资格的措施，但存在一系列的例外情况（与特定政策目标相关）。WTO补贴规则仅禁止出口补贴和进口替代补贴，其他补贴本身并没有被禁止；如果这些补贴是专向的，并对另一个WTO成员造成不利影响或伤害的情况除外。其二，WTO补贴规则仅限于货物贸易，而欧盟国家援助规则也适用于扭曲服务贸易的补贴。在这方面，欧盟法下的援助范畴比WTO关于补贴制度的措施要广泛得多。其三，WTO补贴规则不仅适用于成员国采取的措施，还适用于欧盟本身采取的措施。相比之下，欧盟国家援助规则对直接从欧盟预算中提供的援助没有任何限制。

其次，采取的救济措施不同。在欧盟制度下，给予企业不一致的国家援助必须由授予该援助的成员国追回，这是除撤销补贴之外的救济措施。在WTO补贴规则下，只有预期的救济措施可用：即要么实施反补贴措施，限制或阻止更多补贴的进口产品进入相关市场；要么WTO争端解决机制成功地撤销补贴，不存在必须追回不符合WTO法律的补贴。此外，欧盟制度允许事前救济

---

① Aurora Donato, *Public Enterprises as Policy Instruments in the Intersection of the EU and WTO Legal Frameworks on State Aid*, Queen Mary Law Journal, Vol. 7: Special Conference Issue, p. 37-52 (2016).

（ex tunc remedies）[①]，而 WTO 补贴规则只允许事后救济（ex nunc remedies）。

再次，涉及的程序不同。两种制度之间的其他主要区别涉及程序方面，欧盟制度通常比 WTO 制度更严格。原则上，国家援助需要欧委会事先批准，而在 WTO 制度下，不存在这种事先批准程序（只有通知要求），另一个 WTO 成员只有在补贴发生后才能采取行动：通过发起反补贴调查以实施反补贴措施，或者通过 WTO 争端解决机制来强制执行。因此，欧盟制度允许事前和事后控制（ex ante and ex post control），而 WTO 补贴规则只允许事后控制（ex post control）。

最后，最初运用范围不同。WTO 补贴规则针对的是进口产品或服务，而国家援助规则仅运用于欧盟内部竞争市场。

综上，欧盟国家援助规则下的"援助"不同于"补贴"的概念，二者在范围、救济措施、涉及的程序规则等方面存在实质上的差异，故而不可简单地将"国家援助"等同于"补贴"。在欧盟法下，政府补贴是国家援助的一种形式。

三、实证研究：欧盟国家援助规则与《华盛顿公约》履行

为更清晰的理解欧盟国家援助规则与《华盛顿公约》的关系，本小节以 Micula 诉罗马尼亚案（以下简称"Micula 案"）为切入点，将抽象的理论借助具体的个案加以研究。

（一）案例梗概

Micula 等是来自瑞典的投资者，受罗马尼亚政府 1998 年颁发的投资激励政策吸引，于 20 世纪 90 年代至 21 世纪初向罗马尼亚不发达地区进行投资。2004 年 8 月 31 日，为满足入欧条件，罗马尼亚基于违反欧盟国家援助规则的理由将该投资激励政策废止，这使得 Micula 等无法再继续享受投资优惠。

随即，Micula 等依据罗马尼亚—瑞典 BIT（简称"罗瑞 BIT"）向 ICSID 提起仲裁，请求仲裁庭裁定罗马尼亚违反公平公正待遇，并赔偿其损失。ICSID 仲裁庭最终作出支持 Micula 等主张的裁决，认为罗马尼亚违反了罗瑞 BIT，应当赔偿 Micula 等大约 2.4 亿欧元的损失及其利息。欧委会认为，罗马尼亚的激

[①] "ex tunc"和"ex nunc"是两个源自拉丁语的法律术语，"ex tunc"意为"从一开始"，表示某事自一开始至今一直有效；"ex nunc"意为"从现在开始"，表示某事仅对未来有效，对过去无效。

励政策属于非法援助，ICSID 仲裁庭作出支持申请人的裁决将是对非法援助的恢复，这种情形下，成员国执行 ICSID 裁决将构成新的非法援助，故而禁止成员国执行该裁决。由此引发了一系列关于 ICSID 裁决在欧盟内部执行的争议。

Micula 案所涉 ICSID 裁决执行争议，是伴随着投资者—东道国投资仲裁裁决执行与欧盟国家援助规则之间的冲突而产生的，欧盟法与国际投资法之间的冲突与协调问题更是一跃成为人们关注的重点和热门话题。因为依欧盟法直接效力原则，[①] 欧盟国家援助规则由于满足该原则的生效要件亦同样可在成员国法院直接适用。欧盟法这种超国家法性质使得无法将其纳入纯粹的国内法范畴，但却可能影响到国内法的制定与实施及废止。这表明在 ICSID 仲裁中，欧盟法对于裁决的承认与执行可能会产生一定的影响。

（二）《华盛顿公约》有关承认与执行仲裁裁决的适用范围

在处理投资者—东道国投资争端时，《华盛顿公约》的规定尤为重要，因为这通常是缔约国遵守 ICSID 裁决义务的来源。《华盛顿公约》是 162 个缔约国之间的多边协定，欧盟成员国除波兰以外全部是该公约的缔约国。《华盛顿公约》关于 ICSID 裁决的承认与执行机制有其独特的特点。《华盛顿公约》第 54 条[②] 是有关 ICSID 裁决承认与执行的规定，其中第 2 款规定："要求在一缔约国领土内予以承认或执行的一方，应向该缔约国为此目的而指定的主管法院或其他机构提供秘书长核证无误的该裁决的副本一份。"[③] 这说明收到承认与执行请求的缔约国主管法院只负责审核 ICSID 秘书长核证无误的裁决副本，查明其真实性，这一阶段不适用该缔约国国内法律程序，亦不涉及该国关于国家豁免的法律。如 Micula 案中，投资者在罗马尼亚法院提起执行 ICSID 裁决的申请，即

---

① Case 26/62, Van Gend & Loos [1963], ECLI:EU:C:1963:1. 欧盟法"直接效力原则"生效的四个要件：清晰的、否定的、无条件的，以及不取决于成员国配套规定实施的。

② 《华盛顿公约》第 54 条：每一缔约国应承认依照本公约作出的裁决具有约束力，并在其领土内履行该裁决所加的财政义务，正如该裁决是该国法院的最后判决一样。具有联邦宪法的缔约国可以在联邦法院或通过该法院执行裁决，并可规定联邦法院应把该裁决视为组成联邦的某一邦法院作出的最后判决。要求在一缔约国领土内予以承认或执行的一方，应向该缔约国为此目的而制定的主管法院或其他机构提供经秘书长核证无误的该裁决的副本一份。每一缔约国应将为此目的而制定的主管法院或其他机构以及随后关于此项指定的任何变动通知秘书长。裁决的执行应受要求在其领土内执行的国家关于执行判决的现行法律的管辖。

③ Supra, Van Gend en Loos Case.

得以批准,"因为根据《华盛顿公约》第54条,裁决是可以直接强制执行的"①。

《华盛顿公约》第54条要求每一缔约国应承认ICSID裁决的所有内容均具有约束力,而执行则涉及"在其领土内执行该裁决的金钱义务",由此可见,当败诉方不执行裁决时,胜诉方可申请强制执行裁决中所涉金钱义务。《华盛顿公约》第54条第3款规定:"裁决的执行应受要求在其领土内执行的国家关于执行判决的现行法律的管辖。"《华盛顿公约》第55条规定:"第54条的规定不得解释为背离任何缔约国现行的关于该国或任何外国执行豁免的法律。"

从实践中看,上述条约规定更易被败诉方或者缔约国主管法院援引,以拒绝履行其执行义务。例如Micula案裁决申请在英国高等法院承认与执行时,法院即认为根据英国国内法关于执行国内最终判决的程序,应该受限于欧盟法,从而作出中止执行裁决的决定,其法律依据正是《华盛顿公约》第54(3)条。但缔约国拒绝执行该裁决,又将违反《维也纳条约法公约》关于"一当事国不得援引其国内法规定为理由而不履行条约"的规定。

(三) Micula案欧委会决定与《华盛顿公约》的冲突

"有约必守"是国际经济法上公认的一条基本原则。如前文所述,《维也纳条约法公约》在序言中明确强调"条约必须遵守原则乃举世所公认";第26条规定:"凡有效之条约对其各当事国有拘束力,必须由各该国善意履行";第27条明文规定:"一当事国不得援引其国内法规定为理由而不履行条约",更进一步指出国际条约与缔约国国内法之间的关系。

欧委会在Micula案中发布决定声称:"如果欧盟成员国法院被要求执行违反欧盟法和国家援助规则的ICSID裁决,则诉讼程序必须在《欧共体条约》第234条的条件下保留,欧洲法院可以决定《华盛顿公约》第54条的适用性。"② 根据《欧盟运行条约》第351条,在欧盟成员国签署《华盛顿公约》先于其加入欧盟的情况下,《欧盟运行条约》第351条应当适用于《华盛顿公约》下的义务,无论其他(非欧盟成员国)缔约方是否对争端有特别的兴趣。③ 故而Micula案欧委会决定排除适用《华盛顿公约》有违事实和法律规定。

---

① Order issued by Bucharest Tribunal in Case no 9261/3/2014, Section IV Civil, Article 1123-1132.

② ICSID Case No. ARB/05/20, Ioan Micula, Viorel Micula, S.C. European Food S.A, S.C. Starmill S.R.L. and S.C. Multipack S.R.L. v. Romania, para 336.

③ Case C-203/03, Commission v Austria [2005], ECLI:EU:C:2005:76, para 76.

首先，ICSID 对 Micula 案行使管辖权是基于《华盛顿公约》第 25(1) 条："中心的管辖适用于缔约国（或缔约国向中心指定的该国的任何组成部分或机构）和另一缔约国国民之间直接因投资而产生并经双方书面同意提交给中心的任何法律争端。当双方表示同意后，任何一方不得单方面撤销其同意。"在实践中，ICSID 中心行使管辖权的"双方书面同意"主要是基于投资人所属国与东道国之间的 BIT。Micula 案中瑞典投资者根据罗马尼亚—瑞典 BIT（简称罗瑞 BIT）提起仲裁申请，中心行使管辖权。如上所述，欧委会在本案中认为罗瑞 BIT 无效从而 ICSID 仲裁庭无管辖权的推定是不正当的，因为罗瑞 BIT 的生效时间以及申请人据此启动仲裁程序的时间，均早于罗马尼亚入欧的时间，由此引发的一系列相关事由均不受欧盟法律约束。

其次，ICSID 对 Micula 案作出裁决的法律根据是《华盛顿公约》第 42(1) 条："仲裁庭应依照双方可能同意的法律规则对争端作出裁决。如无此种协议，仲裁庭应适用作为争端一方的缔约国的法律（包括其冲突法规则）以及可能适用的国际法规则。"众所周知，ICSID 裁决适用的主要法律是投资者所属国与东道国之间签订的 BIT，即公约第 42(1) 条规定的"可能适用的国际法规则"。故此，尽管 Micula 案仲裁庭适用罗瑞 BIT 作出裁决，但其直接法律依据先是《华盛顿公约》第 42(1) 条所规定的"可能适用的国际法规则"，仲裁庭再根据该条款援引出罗瑞 BIT，最后适用该 BIT 作出的裁决。换言之，Micula 案裁决依据的罗瑞 BIT 是通过《华盛顿公约》所规定的 ICSID 法律适用原则所援引出，而不是排除该公约，直接适用 BIT。

（四）ICSID 裁决在欧盟成员国法院的执行

ICSID 仲裁裁决效力强制约束力已成为国际社会普遍承认的国际法规则。[①] 某一东道国如果同时是欧盟成员国，则不得违反欧盟国家援助规则。因此，当投资者申请在欧盟成员国法院强制执行裁决时，可能受到欧盟国家援助规则的影响。

Micula 案的裁决执行由于所涉问题较为复杂，以致在欧盟内部的执行情况

---

① 陈辉萍：《ICSID 仲裁裁决承认与执行机制的实践检视及其对中国的启示》，《国际经济法学刊》2011 年第 18 卷第 2 期，第 118–122 页。

可谓一波三折。以英国①为例，根据《华盛顿公约》第 54 条第 3 款、第 55 条，以及英国 1972 年《欧洲共同体法案》②相关规定，英国法院执行 ICSID 裁决不得违反欧盟法。因此，2018 年 7 月 27 日，英国上诉法院维持了英国高等法院 2017 年 1 月 20 日关于中止执行该案裁决的决定，直到欧洲法院作出最终裁决。随后，英国最高法院于 2020 年 2 月 19 日就该案裁决的执行问题作出判决，支持申请人 Micula 等的上诉请求，撤销对该案裁决执行程序的中止。对于此前是否应执行 ICSID 裁决的争议中，最高法院的观点是：在有限情况下，公约缔约国法院的确有权中止执行 ICSID 裁决。但高等法院在本案中作出中止 ICSID 裁决执行的裁定，超出了高等法院被赋予中止执行裁决的权力，不符合《华盛顿公约》关于中止执行裁决的解释。值得关注的是，英国最高法院明确表示，尽管欧盟法规定了真诚合作义务原则，但英国是《华盛顿公约》的缔约国，需履行《华盛顿公约》以及承认并执行 ICSID 裁决的义务，欧洲法院并未规定该义务范围，因此英国法院在 ICSID 裁决的承认与执行方面不受欧盟法约束。③由此引起的相关问题，也不受欧盟法影响，而是通过适用于所有缔约国的国际法原则来解释。④

---

① 之所以选择英国法院对裁决的执行为例，一方面是因为 ICSID 仲裁庭对 Micula 案作出裁决时，英国尚未脱欧，Micula 案申请人在英国法院提交了承认与执行裁决申请；另一方面是由于英国法院对 ICSID 裁决的承认与执行程序较为典型，且有关法院判决的一手资料获取及整理较易。

② 该法案承认欧共体法可在英国直接适用、关于执行国内最终判决的程序应受限于欧盟法等相关规定，这意味着 Micula 案中欧委会介入 ICSID 仲裁及裁决的执行理由（国家援助规则）是成立的，亦即欧盟法可以通过约束其成员国内法的方式来约束 ICSID 裁决的承认与执行，特别是 ICSID 裁决的执行。

③ Judgment of the UK Supreme Court, Hilary Term [2020] UKSC 5 On appeals from: [2018] EWCA Civ 1801 and [2019] EWHC 2401 (Comm), 19 February 2020, para 113.

④ Ibid, Hilary Term Case, para 87.

第三章 欧盟国家援助审查实体标准

欧盟国家援助审查，主要是指欧委会依照欧盟国家援助规则规定，对成员国正在实施的所有现有援助措施开展的持续性审查，以及对任何新援助措施/计划的预防性审查。① 具体来说，审查一项国家援助措施是否合法，取决于其是否满足《欧盟运行条约》第107(1)条规定的审查标准。如果该措施不完全满足这些构成要件，则不适用国家援助规则；如果该措施满足所有构成要件，则适用国家援助规则。对于适用国家援助规则的非法援助措施，欧委会还需进一步审查其是否满足援助豁免的各项规定（如图3-1②所示）。

第一节 欧盟国家援助审查一般实体标准

成员国授予的援助措施与欧盟内部市场是否一致，通常由欧委会对其进行评估，且这种一致性评估属于欧委会的专属权限（须经欧洲法院审查），欧委会在这方面享有广泛的自由裁量权。在行使这一自由裁量权时，欧委会通常依据其发布的涉及国家援助的通告或指南等，来确定评估援助措施一致性的标准。此外，欧洲法院判例对欧委会的这种自由裁量权施加了限制，同时也确立了关于非法援助的判定标准和一般原则。

---

① Paul Adriaanse, *Public and Private Enforcement of EU State Aid Law*, in H. J. Blanke & S. Mangiameli eds., The European Union after Lisbon. Springer, 2012.
② 沈伟、黄桥立：《竞争中性原则的欧盟实践和经验——兼议对我国国有企业改革的启示》，《德国研究》2020年第35卷第4期，第111—129页。

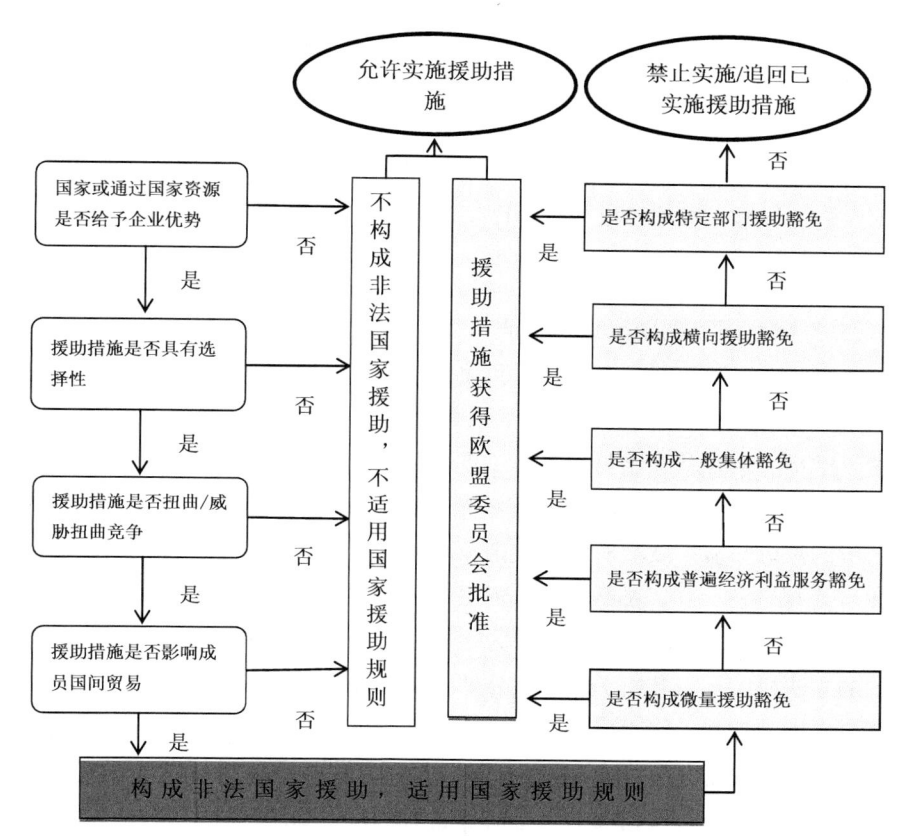

图 3-1 欧盟国家援助审查流程图

一、欧盟国家援助审查规则概述

欧盟并未创设以"审查制度""公平竞争审查制度"或类似词语命名的形式意义上的独立的审查制度，但在其法律体系下却存在实质意义上的审查制度。欧盟国家援助审查规则以维护公平竞争作为核心理念，审查成员国政府或其公共机构授予的国家援助措施，该制度主要包括欧盟国家援助规则及其例外规定。

（一）欧盟国家援助审查概念

从微观视角分析，欧盟国家援助审查是指欧盟国家援助规则对于成员国公权力机关不当行为的禁止与处罚，进而维护欧盟内部市场的公平竞争。亦即，该制度旨在确保在欧盟内部市场不同市场主体之间的公正、公开、横平的相互竞争与对抗，为了这一目标，欧盟成员国公权力机关应当遵循竞争中立理念，避免由于公权力滥用或不当使用而导致欧盟内部市场机制扭曲的产生。①

从字面上看，"审查"构成了欧盟国家援助审查规则的价值与行为方式。即通过约束成员国政府行为，对其干预经济的各项制度安排、公共政策或措施，根据一定的标准，提前予以分析、评估和审查，清理和废除其中妨碍统一市场和公平竞争的部分。②

（二）欧盟国家援助审查的特征

欧盟国家援助规则具有重要性和独特性，但与欧盟竞争规则的其他领域相比，直到 21 世纪初它才引起学界的认真关注。然而，对于欧委会来说，对国家援助措施的审查与控制长期以来一直是一项重要的政策工具。最近，当各国政府在 2020 年席卷全球的新冠肺炎疫情危机之后提出大规模援助时，等待欧委会回应的焦虑凸显了欧盟对成员国国家援助的权力的核心重要性。这场疫情与 2008 年金融危机一样，都凸显了欧盟国家援助审查权力的非凡特性。③

首先，欧盟国家援助措施的行为主体具有多元化特征，不仅包括欧盟各成员国的立法机关与行政机关，在例外情形下还涵盖欧盟成员国的司法机关。如果从广义层面理解，欧盟成员国限制竞争行为的行为主体还应包括国家内部实体（地区或地方政府及其授权机构、分支机构等），以及特定情形下的国有企业和私营机构，甚至还包括欧盟直接所属官方机构，如欧洲投资银行、欧洲投资基金和国际金融机构（国际货币基金组织或欧洲复兴开发银行）等国际机构。如果欧盟成员国政府对这些欧盟机构和国际机构提供的资源享有自由裁量权，可以自由支配其使用权流向时，这些公共机构也构成国家援助措施的行为主体。

其次，欧盟国家援助审查的发展是一个漫长而艰难的过程，④ 但形成了相当完备的欧盟国家援助审查规则体系。欧盟虽然对私人主体反竞争行为的监管由来已久，但这本身并不足以创造一个公平的竞争环境，成员国公共机构实施援

---

① 翟巍：《欧盟公平竞争审查制度研究》，中国政法大学出版社 2019 年版，第 5 页。
② 孙晋：《公平竞争审查制度——基本原理与中国实践》，经济科学出版社 2020 年版，第 14–15 页。
③ European Commission (2011),*The Effects of Temporary State Aid Rules Adopted in the Context of the Financial and Economic Crisis*, Commission Staff Working Paper.
④ 有关欧盟国家援助政策演变的精彩讨论，参见 Lavdas K & Mendrinou MM, *Politics, Subsidies and Competition: The New Politics of State Intervention in the European Union*, Edward Elgar, Cheltenham, 1999.

助行为也会造成竞争扭曲，如补贴或优惠待遇。因此，加强对政府行为的审查与控制是十分必要的。与欧盟竞争规则的其他领域不同，国家援助审查领域没有可参照的系统，来为欧盟国家援助规则的实施提供参考或模型，① 也没有可以让其从中汲取权威或合法性的既定法律传统。因此，有学者将国家援助规则描述为"欧盟最原始的竞争政策"。② 《欧盟运行条约》关于国家援助的规定，指定欧委会可以决定是否允许授予某些类别的援助，并确立了国家援助规则可以与其他目标或政策目标进行权衡的原则。③ 一般而言，产业政策或区域政策目标的权衡尤其困难。欧盟关于国家援助审查体系的完备性，使得欧盟及其成员国对于国家援助规则的审查与执行机制更加简便易操作。

二、欧盟国家援助审查标准的理论依据

从制度功能视野分析，欧盟国家援助审查规则属于基本法律制度，其审查和豁免对象主要是成员国公共机构实施的限制竞争行为，包括具体行政性垄断行为和抽象行政性垄断行为。④ 该制度的审查和豁免对象还包括更广泛意义上的援助措施行为主体（如欧盟官方机构、国际机构等）实施的限制竞争的具体和抽象行政性垄断行为。⑤

（一）一般实体审查标准的制度性依据：欧盟经济宪法

1957年3月25日，欧洲经济共同体在罗马签署了欧盟主要创始条约，为人员、商品、服务和资本的自由流动建立了一个共同市场，并辅以规则以保护竞争优势。欧盟国家援助规则从创设之初就构成了欧盟经济宪法（EU Economic Constitution）的一部分，具有竞争和自由贸易的宪法价值，而竞争

---

① Claus-Dieter Ehlermann & Martin Goyette, *The Interface between EU State Aid Control and the WTO Disciplines on Subsidies*, EStAL, Vol. 5, p. 695-718 (2006).

② Michelle Cini & Lee McGowan, *Competition Policy in the European Union.* Macmillan, Basingstoke, 1988, p. 135.

③ Michael Blauberger, *Of "Good" and "Bad" Subsidies: European State Aid Control through Soft and Hard Law,* West European policy, Vol.32: 4, p. 719-737 (2009a).

④ 行政性垄断行为是指有别于一般的市场垄断即市场经营主体的经济性垄断行为而言的，是行政权力在利益驱动下被扭曲和滥用，从而不当干预市场的结果，本质上是行政违法行为。参见孙晋、李胜利：《竞争法原论》（第二版），法律出版社2020年版，第133页。

⑤ 翟巍：《欧盟公平竞争审查制度研究》，中国政法大学出版社2019年版，前言。

和自由贸易是欧洲一体化目标的基石：欧盟的"微观经济宪法"。① 经济宪法（Wirtschaftsverfassung）是国家经济学、经济社会学与法学领域的概念，它特指关于全面规制经济生活秩序的显性宪法或隐形宪法。欧盟法学界对于欧盟经济宪法的概念界定争议较多。②

根据欧盟主导学说观点，欧盟经济宪法属于"隐形宪法"，因为它不具备独立统一的宪法法典文本形式，而是分散在《里斯本条约》（即《欧盟条约》和《欧盟运行条约》）以及其他相关欧盟法律文本中具有宪法性质的涉经济秩序的法律条款的学术性汇总。③ 换言之，在制度构成层面，欧盟经济宪法与国家援助审查制度之间存在一定的重合，前者包涵后者的基本法律条款。因此，在欧盟法体系中，欧盟经济宪法具有较高的法律效力位阶，构成了欧盟国家援助审查规则建构的制度性基础和法理依据，并厘清了欧盟国家援助审查的一般实体标准的基本原则和适用准则。

（二）豁免标准的理论依据：国家行为原则

在欧盟国家援助审查规则下，欧盟成员国公权力主体实施的限制竞争的行为受到严格的审查和禁止，但在法定例外情形下，这类国家行为可以获得相应豁免。欧盟国家援助规则关于豁免规定的理论依据主要是"国家行为原则（state action doctrine）"，该原则最早源于美国。美国最高法院在1943年的Parker v. Brown案中提出，各州在善意行使主权监管权力时不受联邦反垄断法的影响，并且私营实体在促进国家政策以及在国家积极监督下采取行动时，可以免于承担反垄断责任。④ 美国《谢尔曼法》禁止"限制各州之间的贸易或商业的所有合同、组合……或密谋"，但最高法院认为，该法并不禁止各州在其主权监管范围内施加的限制。因此，尽管《谢尔曼法》的措辞包罗万象，但美国最高法院根据美国宪法为该法创设了一个例外情形。美国最高法院随后在Goldfarb v. Virginia State Bar案判决中进一步明确可以依据国家行为原则得到豁免的三类限制竞争行为：（1）国家立法行为、法院判决与国家执法行为；（2）地方政府行

---

① Kaarlo Tuori & Klaus Tuori, *The Eurozone Crisis: a Constitutional Analysis*, Cambridge University Press, 2014, 231ff.
② 翟巍：《欧盟公平竞争审查制度研究》，中国政法大学出版社2019年版，第8页。
③ 翟巍：《欧盟公平竞争审查制度研究》，中国政法大学出版社2019年版，第8页。
④ Damien M. B. Gerard, *EU Competition Policy after Lisbon: Time to Review the "State Action Doctrine"?*, Journal of European Competition Law & Practice, Vol.1: 3, p. 202–210 (2010).

为，如地方政府发布行政法规；(3) 基于国家法律实施或能体现国家意志的私人行为。

根据国家行为原则，欧盟成员国公权力主体在其主权范围内行使监管与规制权力时实施的限制竞争的行为，虽然按照《欧盟运行条约》第107(1)条需要承担国家援助审查的否定性法律后果，但如果该国家行为满足基于《欧盟运行条约》第107(2)条和第107(3)条规定的豁免标准，那么成员国公权力主体不应承担这一否定性法律后果。

三、欧盟国家援助审查标准的学界通说

从近年来国家援助规则的新发展以及国内外学者的研究来看，欧委会对于某项行为是否构成非法国家援助的判定标准，主要是通过其构成要件来审查的。国外实务界和法学界在论及《欧盟运行条约》第107(1)条规定的援助审查标准时，有着不同类型的划分观点。

（一）四要件说

"四要件说"将条约条款规定的标准划分为四个累积性构成要件，只是不同学者在归类四个构成要件时，具体的要件内容有所不同。[1] 最常见的是将四个构成要件分为：(1) 国家或通过国家资源给予企业经济优势；(2) 选择性；(3) 竞争的扭曲；以及 (4) 影响成员国间的贸易。[2] 这也符合欧盟两部条约、欧洲法院判例及欧委会各项通告、决定等法律文书中对此作出的规定和解释。

（二）五要件说

"五要件说"是指将条约条款规定的标准划分为五个累积性构成要件，包括："(1) 使用国家资源；(2) 该措施必须为某些企业带来优势；(3) 优势必须是选择性的；(4) 该措施必须扭曲竞争；(5) 影响成员国之间的贸易。"[3] 另一种常见的

---

[1] Caroline Buts, Marc Jegers & Tony Joris, *Determinants of the European Commission's State Aid Decisions*, Journal of Industry, Competition and Trade, Vol. 11:4, p. 399-426 (2011).

[2] Josef Azizi, *The Tension between Member States' Autonomy and Commission Control in State Aid Matters: Selected Aspects*, Revista Romana de Drept European, Vol. 2011: 1, p. 15-27(2011). See also Chad Damro, *EU State Aid Policy and the Politics of External Trade Relations*, Journal of Industry, Competition and Trade, Vol. 13, p. 159-170 (2013).

[3] Alberto Heimler & Frédéric Jenny, *The Limitations of European Union Control of State Aid*, Oxford Review of Economic Policy, Vol. 28: 2, p. 347-367 (2012).

"五要件说"分类方式为："（1）财务优势；（2）一个或多个企业；（3）来自国家资源；（4）具有扭曲竞争的潜在影响；以及（5）影响成员国之间的贸易。"①

（三）六要件说

"六要件说"是随着欧委会2016年发布的《关于〈欧盟运行条约〉第107(1)条所述国家援助概念的通告》②（以下简称"国家援助概念通告"）出现的。该通告在序言部分将过去最常见的四个构成要件重新确定为六个构成要件：（1）企业的存在；（2）该措施对国家的可归责性；（3）该措施通过国家资源提供资金；（4）给予经济优势；（5）该措施具有选择性；（6）影响成员国之间的竞争和贸易。通告虽然增加了"企业""国家可归责性"两个要件，但本质上与条约第107(1)条所涉非法国家援助判定并无冲突，只是根据以往判例，进一步细化和澄清了因该概念曾出现的争议，详细阐释了企业等各构成要件所包含的内容和范围。

第二节　欧盟国家援助审查一般实体标准适用

本节综合考虑并借鉴了前述学界通说，将非法国家援助的判定要件确定为四个构成要件加以分析：（1）国家或通过国家资源给予企业经济优势；（2）援助措施具有选择性；（3）援助措施扭曲或威胁扭曲竞争；（4）援助措施影响成员国之间的贸易。

一、国家或通过国家资源给予企业经济优势

（一）受援者是企业的判定：经济活动原则

国家援助规则仅适用于措施的受援者是"企业"的情况。在欧盟竞争规则中，"企业"概念是各项竞争规则应用的核心元素，也是国家援助规则应用的重要前提。但欧盟条约及法规中并未对"企业"的概念进行明确界定，该概念主要是通过欧洲法院判例来确定的。

---

① Berend J Drijber, *The Role of National Courts in Enforcing the EU State Aid Rules*, Competition Law & Policy Debate, Vol. 4: 3, p. 36-45 (2008).

② European Commission (2016), Commission Notice on the notion of State aid as referred to in Article 107(1) of the Treaty on the Functioning of the European Union, OJC 262, 19.7.2016, p. 1-50.

1. 企业的概念

早期欧洲法院对"企业"概念的阐述相对较为简单，因为当时的共同体条约主要使用"企业"概念来界定在共同体法下享有权利和义务的人。因此，"出于条约目的作出的企业概念等同于自然人或法人的概念"①。

欧洲法院在欧盟条约的企业概念基础之上，系统地将企业定义为从事经济活动（economic activity）的实体（entities），无论其法律地位或融资方式如何。故而，特定实体的分类完全取决于其活动的性质，该结论来源于"Klaus Höfner and Fritz Elser 诉 Macrotron GmbH 案"②。这一论述随后被欧盟各级法院广泛援引。③例如，在欧委会诉意大利案中，欧洲法院就特别强调了这一点。④至于何为实体？欧盟法律文本及欧洲法院判例中均未明确厘定，《布莱克法律词典》（第10版）对其定义是："实体——除其成员或所有者外具有合法身份的组织（如企业或政府单位）。"

如果某一实体同时开展经济活动和非经济活动，则仅就前者将其视为"企业"。⑤欧洲法院在欧委会诉意大利案中提出，国家作为公共机构的角色与作为生产者或服务提供者角色的区别，主要是通过每种情况下国家所开展的活动及其属性（经济活动或非经济活动）来决定的。⑥无独有偶，在 ADP 公司诉欧委会案中，欧洲法院提到："条约第86条关于竞争的规定适用于实体的活动，而 ADP（巴黎机场）公司是否构成了条约第86条目的取决于其是否开展了经济活动。"⑦此外，当欧盟成员国的国内法和欧盟国家援助规则对企业的认定不一致时，国内法对于实体地位的认定并非是决定性的，实体是否开展了经济活动才

---

① Joined cases 42 and 49/59, S.N.U.P.A.T. *v.* High Authority of the European Coal and Steel Community [1961], ECLI:EU:C:1961:5.
② Case C-41/90, Klaus Höfner and Fritz Elser *v.* Macrotron GmbH [1991], ECLI:EU:C:1991:161, para 21.
③ Joined Cases C-180/98 to C-184/98, Pavel Pavlov and Others [2000], ECLI:EU:C:2000:428, para 74; Case C-222/04, Cassa di Risparmio di Firenze SpA and Others [2006], ECLI:EU:C:2006:8, para 107.
④ Case C-35/96, Commission of the European Communities *v.* Italian Republic [1998], ECLI:EU:C:1998:303, para 7.
⑤ Case T-128/98, Aéroports de Paris *v.* Commission [2000], ECLI:EU:T:2000:290, para 108.
⑥ Case C-118/85, Commission of the European Communities *v.* Italian Republic [1987], ECLI:EU:C:1987:283, para 7.
⑦ Case T-128/98, Aéroports de Paris *v.* Commission of the European Communities [2000], ECLI:EU:T:2000:290, paras 106-125.

是唯一判定标准。综上,确定某实体是否构成"企业"的标准不是特定实体的身份、法律地位或组成,而是完全取决于该实体开展的活动属性。这是判定受援者是否是企业的一般性原则。

2. 经济活动与非经济活动的区分

经合组织将"经济活动"定义为:"在市场上提供产品或服务,且理论上可以由私人以获利为目的而进行的活动。……只要一个市场存在不同企业之间的竞争,或根据现行法律法规有可能产生竞争,那么该市场上的活动绝大部分都是经济活动。"① 关于欧盟国家援助规则下的"经济活动"概念,英国国家审计署将其解释为:"具有可比的商品或服务市场的活动。当实体从事有商业竞争对手的活动时,该活动即为经济活动。"该机构还进一步补充道,一项计划是否属于经济活动,可参照欧洲法院判例来帮助解释。② 根据欧洲法院判例③和欧委会国家援助概念通告,任何在特定市场上提供商品或服务的活动都是经济活动。

与"经济活动"相对的是"非经济活动(non-economic activity)",后者的典型例子是:警察、武装部队、空中和海上交通管制、公共教育组织和强制性社会保障缴款。"非经济活动"也可以是供公众免费使用且不用于商业开发的公共道路或桥梁,以及供公众免费使用的自行车道、自然步道、长廊、码头等设施(不扭曲市场的条件适用于所有提及的例子)。④

总体而言,欧洲法院对"企业"的定义遵循功能性方法,即确立了"经济活动"原则。尽管这一直是欧洲法院面临的政治敏感领域,但在后续发展中,法院对这一概念进行了详细定义和限制,排除了不适用国家援助规则(即不构成"企业")的情形,并扩大了经济活动的界限。由此可见,欧洲法院开始逐步背离功能性定义方法。⑤ 为了确保成员国准确适用国家援助规则,欧盟司法机构在经济活动原则基础上,提供了"法院判例+欧委会通告"的理论框架模式

---

① OECD:《经合组织国有企业公司治理指引:2015年版》(中文版),经合组织出版社2016年版,第15页,https://doi.org/10.1787/9789264263642-zh。

② National Audit Office, Decision Support Tool, Annexes C: EU restrictions on state aid, https://www.nao.org.uk/decision-support-toolkit/.

③ Case C-222/04, Cassa di Risparmiodi Firenze SpA and Others [2006], ECLI:EU:C:2006:8, para 108.

④ Interreg South Baltic Programme 2014 - 2020 of EU, *What is state aid?*, https://southbaltic.eu/state-aid.

⑤ Victoria Louri, *Undertaking as a Jurisdictional Element for the Application of EC Competition Rules*, Legal Issues of Economic Integration, Vol. 29: 2, p. 143-176 (2002).

来进一步明晰"企业"的概念。

（二）国家或通过国家资源授予援助

根据欧洲法院判例，[①] 只有国家或通过国家资源授予的优势，才构成《欧盟运行条约》第107(1)条意义上的国家援助。该条款措辞上对于成员国提供的援助和通过国家资源提供的援助作出区分，仅仅是为了将以下类别都纳入该定义：即国家以及国家制定或设立的公共或私营机构授予的优势。

1. 国家资源界定及其类别

一项措施被视为国家援助的前提是"提供援助的资源来自成员国"。[②] 国家资源的界定是判定非法国家援助的起点。[③]

（1）资源与国家资源

非法国家援助判定要件中的"资源"和"国家资源"通常伴随着国家资源的转移，包括直接赠款、贷款、担保、公司资本的直接投资和实物收益、坚定而具体地承诺未来会提供国家资源支持、授予公共领域或自然资源的使用权或特殊专有权（无需按照市场价格支付足够的报酬），以及取消本应支付给国家的收入，例如税收优惠及豁免等。[④]

欧盟法体系及其判例中并未明确何为"资源"，何为"国家资源"。只是从法院判例中，可以总结出：国家资源包括公共部门的所有资源、国家内部实体（分权、联邦、区域或其他）的资源，以及在某些情况下私营机构的资源，甚至还包括欧洲投资银行、欧洲投资基金和国际金融机构（如国际货币基金组织或欧洲复兴开发银行）等国际机构的资源。[⑤] 由此可见，关于"国家资源"中的"资源"，其来源和形式无关紧要，重要的是其始终处于国家公共机构的控制和支配下。欧委会对于国家资源的认定非常宽泛：凡是根据国家立法再分配的资

---

① Case C-82/77, Van Tiggele [1978], ECLI:EU:C:1978:10, paras 24-26.
② Case T-358/94, Air France v. Commission, ECLI:EU:T:1996:194, para 63.
③ 刘伟：《欧盟国家援助法研究》，湖南大学2019年博士学位论文，第45页。
④ Commission Decision (EU) 2015/1470 of 30 March 2015 on State aid SA.38517 (2014/C) (ex 2014/NN) implemented by Romania — Arbitral award Micula v. Romania of 11 December 2013, OJL 232, 4.9.2015, p. 43-70.
⑤ Joined Cases T-92/00 and T-103/00, Territorio Histórico de Álava and Others v. Commission [2002], ECR II-01385, para 57.

源均视为国家资源，即使这些资源收集和管理机构不同。①

(2) 国家资源的典型类别

首先，公共部门内的某一机构的援助措施可能构成国家资源。如Compagnie Nationale Air France诉欧委会案，Caisse是根据1816年的《金融法》设立的"受立法机关监督和保障"的"特别机构"，其活动受法律和监管规则的约束，总干事由总统任命，其他董事由政府任命。法院认为这些因素足以认定Caisse属于公共部门。虽然它只受制于立法机关，但立法权是国家的宪法权力之一，故立法机关的行为必然归责于国家。②

其次，国家中央/地方政府及其授权机构的资源构成国家资源。成员国的区域和地方机构提供的援助，无论其地位和描述如何，都必须经过审查，以确定其是否符合条约第107(1)条。③ Steinike & Weinlig 诉德国案的争议问题即包括：即使国家机构本身从国家或私营企业获得援助，那么"通过国家资源提供的任何援助"这一概念是否得到满足？法院认为，《欧盟运行条约》第107(1)条所载的禁令涵盖了由成员国或通过国家资源提供的所有援助，而无需区分援助是由国家直接提供还是由国家设立或指定的公共或私人机构提供。④

再次，国有企业能够提供的资源也构成国家资源，因为国家有能力指导这些资源的使用。在法国诉欧委会一案中，欧洲法院认为作为国有企业的里昂信贷银行及其子公司的资源因在国家的控制范围内从而可被支配，故里昂信贷银行及其子公司的资源构成国家资源。因为国家完全有能力通过对此类国有企业施加支配性影响，指导其资源的使用，以便在必要时为有利于其他企业的特定优势提供资金。⑤ 类似结论在希腊诉欧委会案中也有体现。⑥

---

① Opinion of Mr Advocate General Jacobs delivered on Case C-482/99, French Republic *v.* Commission [2002], ECR I-04397.

② Case C-77/69, Commission of the European Communities *v.* Kingdom of Belgium [1970], ECLI:EU:C:1970:34, para 15.

③ Case C-248/84, Germany *v.* Commission [1987], ECLI:EU:C:1987:437, para 17; Joined Cases T-92/00 and 103/00, Territorio Histórico de Álava and Others *v.* Commission [2002], ECLI:EU:T:2002:61, para 57.

④ Case C-78/76, Steinike & Weinlig *v.* Federal Republic of Germany [1977], ECLI:EU:C:1977:52, paras 19-22.

⑤ Case C-482/99, France *v.* Commission (Stardust) [2002], ECLI:EU:C:2002:294, para 38.

⑥ Case C-278/00, Greece *v.* Commission, ECLI:EU:C:2004:239, paras 53-54.

2. 国家资源的授予形式

前已述及,资源的来源无关紧要。即使这些资源不归属公共机构所有,只要在直接或间接转让给受益人之前,始终处于公共机构控制之下,可供国家当局使用,即可判定存在国家资源的转移。[①] 国家资源的授予形式包括以下几种情形:

(1) 通过成员国法律法规授予

通过国家征收的准财政费用或强制性缴款,并按照法律法规进行管理和分配的补贴,即使不由公共机构管理,也意味着国家资源的转移。2008年的 Essent Netwerk Noord BV and Others 诉 Aluminium Delfzijl BV and Others 案[②] 法院在判定涉案争议问题(即支付给 SEP 的金额)是否满足"国家或通过国家资源干预"这一要件时指出,涉案成员国法规(OEPS)第9条规定向指定公司(即 SEP)支付4亿荷兰盾,并将收到的超额费用支付给部长,部长必须留出该资金来支付与城市供暖和煤气厂相关的非市场一致成本。在这方面,这些资金源于国家根据 OEPS 第9条对电力购买者征收的附加费,因此,其来源于国家资源。

(2) 通过成员国自由支配权授予

如果资源由几个成员国共同支配,并共同决定如何使用,则亦存在国家资源的转移。例如,比利时、法国和卢森堡各自的国有企业采取注资和担保等援助措施,以资助 Dexia 重组的计划就是此种情况。对于来自欧盟、欧洲投资银行或欧洲投资基金或国际金融机构(如国际货币基金组织或欧洲复兴开发银行)的资源,如果国家机构对这些资源的使用有自由裁量权,尤其能自由决定将资源分配给哪些企业,则被视为授予了国家资源。

(3) 通过国家参与私人实体间的再分配授予

私人实体间的再分配,是指在没有国家参与也未通过国家指定管理转移的公共或私人机构的情况下,导致资金从一个私人实体重新分配到另一个私人实体。这种私人实体间的分配,如果存在特定情形的国家参与,则可能会发生国家资源的转移。例如,法律指定私人实体代表国家收取此类费用并将其转交给

[①] Case T-358/94, Compagnie nationale Air France v. Commission [1996], ECR II-02109, paras 65-67.

[②] Case C-206/06, Essent Netwerk Noord BV and Others v. Aluminium Delfzijl BV and Others [2008], ECLI:EU:C:2008:413, paras 58-75.

受援者，该费用收益必须用于法律指定的目的，且国家对其使用进行严格控制。因为有关款项仍在公共控制之下，可供国家机构使用，这是构成国家资源的充分理由。由于这一原则既适用于公共实体，也适用于被指定收取费用和处理付款的私人实体，如果国家将私人实体设立为中介机构，并继续严格监督该机构，则机构参与管理的资金构成国家资源。

2008 年 6 月 27 日，奥地利事先通知了欧委会其计划对《绿色电力法案》进行的修改，并于同年 9 月将修改后的法案新版本通知了欧委会。2011 年 3 月 8 日，欧委会第 C24/09 号关于国家援助措施的决定中指出，奥地利对其《绿色电力法案》的修改计划（尤其是法案新版本的融资体系）可归责于国家资源，因为它设立了一个中间机构——OeMAG。奥地利法案新版本规定，电费不是由国家征收，而是由持有特许权的法人实体（即 OeMAG）征收，该特许权赋予 OeMAG 以清算价格形式向所有电力供应商收取费用的公共服务义务。正常市场条件下，电力供应商可以自由地将这笔费用转嫁给电力消费者。但是新修改的法案，禁止他们将费用转嫁给那些根据该法案规定免除购买可再生电力义务的能源密集型企业。并且新法案第 23 条要求 OeMAG 将清算价格的收益保存在专用银行账户中，账户资金只能用于购买可再生电力，OeMAG 必须随时向奥地利经济事务劳工部或审计院授予账户所有文件的访问权限，并且由审计法院对 OeMAG 实施事后审计。欧委会认为，OeMAG 必须将资金用于法律指定的目的，并且由国家对其使用进行严格控制，因此，由 OeMAG 收集和管理的资金构成国家资源。OeMAG 是私人控制的企业这一事实，并不影响构成国家资源的认定，决定性问题是国家委托（指定）它收取费用并对其进行管理。[1]

（三）受援企业获得经济优势

为了确定一项国家措施是否构成非法援助，有必要确定受援企业是否获得了在正常市场条件下不会获得的经济优势。[2]

1. 优势的一般概念

根据《欧盟运行条约》第 107(1) 条含义，优势（advantage）是指企业在正

---

① Commission Decision 2011/528/EU on State aid C-24/09 (ex NN 446/08) — Austria — Green Electricity Act, OJL 235, 10.9.2011, p. 42, recital 74-80.

② Case C-39/94, SFEI and Others v. La Poste and others [1996], ECLI:EU:C:1996:285, para 60; Case C-342/96, Spain v. Commission [1999], ECLI:EU:C:1999:210, para 41.

常市场条件下（即不存在国家干预的情况下）无法获得的任何经济利益。[①] 英语语境下，《布莱克法律词典》（第10版）将"advantage"解释为："(1)使产生优越地位或状态的环境、能力或条件；优越地位。(2)帮助某人以使其比别人更成功。(3)拥有某种性质、状态或条件助力某人比别人更成功。(4)某物（如产品）具有良好的或有用的特征。(5)任何利益或收益，特别是源于优越的状态或地位。"WTO 补贴规则将"利益"视为补贴存在的构成要素之一，因此也涉及"优势""利益"的概念界定。WTO 上诉机构将"利益"解释为受补贴者实际接受或享有的相对于未受补贴者的某种优势，判定这一优势的标准是市场标准。并且，利益的存在也以存在具体的受益者为前提。[②]

该判定标准表明受援企业因国家干预而获得优势。其中，"国家干预"不仅指国家的积极行动（如政府补贴），还包括国家在某些情况下不采取措施的消极情形（如税收减免等减轻企业负担的措施），故干预措施是否为企业带来优势与其采取的干预形式无关。[③] 每当企业的财务状况由于国家干预以不同于正常市场下的条件而得到改善时，该企业就获得了优势。为了评估这一点，通常将采取措施后企业的财务状况与未采取措施时的财务状况进行比较。

2. 授予间接优势的国家援助措施

国家援助在某些情况下可能会直接或通过第三方间接地赋予受援者以优势。国家资源在直接转移到企业时，可能会由此引发对其他企业相关利益的间接授予，即间接优势。例如在德国诉欧委会案中，欧洲法院指出，以各种形式减轻通常包括在企业预算中的费用的措施，如果不属于严格意义上的补贴，但该措施与补贴性质相似且具有相同结果，那么这些措施将被视为非法援助。在此背景下，间接授予企业的优势，来源于成员国放弃其通常会获得的税收收入，因为正是这种放弃使得投资者能够在税收条件更有利的情况下，持有这些企业的股份。即使投资者随后作出独立决策，也不意味着税收优惠和给予相关企业的利益之间的联系已经消除，因为从经济角度来看，产生这种间接优势的市场条

[①] European Commission (2016), Commission Notice on the notion of State aid as referred to in Article 107(1) of the Treaty on the Functioning of the European Union, OJC 262, 19.7.2016, p. 1-50, para 66.

[②] 郭寿康、韩立余：《国际贸易法》（第四版），中国人民大学出版社 2014 年版，第 229 页。

[③] 企业预算中的费用减免虽然不是严格意义上的补贴，但通常与补贴具有相同的效果。See Case C-387/92, Banco Exterior de España [1994], ECLI:EU:C:1994:100, para 13.

件的改变，是公共机构税收损失的结果。①

二、援助措施具有选择性

欧盟国家援助规则之所以在非法援助的构成要件中加入选择性标准，是为了避免参照其他国家适用的规则对成员国的整个立法制度进行调查。②所以对选择性判定的认定，主要是评估国家措施是针对预先确定的一个或多个特定受益人，还是服从于整个经济的措施。如果是前者，那么该措施是有选择性的；如果是后者，则不构成选择性措施。③援助措施的选择性特征包括实质选择性和区域选择性，对二者作出区分，有助于澄清国家援助规则中选择性的概念，也有利于对税收（或类似）措施的某些特定问题提供进一步的指导。

（一）实质选择性

实质选择性（material selectivity）是指，一项措施仅适用于特定成员国的某些企业或经济部门。关于选择性的评估，欧洲法院判例提供了思路：《欧盟运行条约》第 107(1) 条要求评估在特定法律制度下，一项国家措施同处于可比法律和事实的其他措施相比，是否有利于某些企业或商品的生产。④

其中，法律选择性的判定依据是是否存在某一援助措施适用于特定企业的法律标准，如要求企业具有一定规模、活跃于某些部门或具有某种法律形式的企业；在特定时期的受监管市场正式上市的或新上市的企业；⑤具有某些特征或在集团内被赋予某些职能的集团企业；处境不利的企业；出口企业或从事出口相关活动的企业。

相比法律选择性的判定依据，事实选择性的判定则稍显复杂，具体表现为：

---

① Case C-156/98, Germany v. Commission [2000], ECLI:EU:C:2000:467, paras 25-28.

② Andreas Bartosch, *Is There a Need for a Rule of Reason in European State Aid law?: Or How to Arrive at a Coherent Concept of Material Selectivity?*, Common market law review, Vol. 47: 3, p. 729-752 (2010).

③ Case T-55/99, CETM v. Commission [2000], ECR II-03207, paras 39-40, 47, 53.

④ Case C-487/06, P British Aggregates v. Commission [2008], ECLI:EU:C:2008:757, para 82.

⑤ 欧洲法院曾在意大利诉欧委会案中就措施的选择性特征作出判决，认为本案中所涉的税收优惠是选择性的，主要体现在：(1) 公司上市后三年内所得税减免权和从应纳税所得额中扣除与上市费用相等的权利，仅适用于新上市的企业；(2) 新上市的企业必须在 2003 年 10 月 2 日至 2004 年 12 月 31 日期间在受监管市场正式上市。此类措施仅使在限定期内开展相关业务的企业受益，所有其他企业均被排除在外，因此构成法律上的选择性。See Case T-211/05, Italy v. Commission [2009], ECLI:EU:T:2009:304, paras 120-121.

其一，尽管表面上措施采取了普遍适用于所有企业的标准术语，但措施的结构使其实际实施的效果显著有利于特定企业群体。例如，2011 年的 Commission and Spain 诉 Government of Gibraltar and United Kingdom 案，该案涉及一项税收制度，这一制度是由适用于直布罗陀所有企业的三种税种组成的系统，即工资税、商业财产占用税和注册费。其中，企业缴纳工资税和商业财产占用税的责任上限被限制在利润的 15%。虽然盈利要求和利润征税上限本身是适用于所有经济经营者而不加区别的一般措施，所涉制度在实践中也为在直布罗陀成立的所有企业引入一般税收制度，但该利润标准与建立在工资税和商业财产占用税基础上的税收制度的内在逻辑格格不入，因为该制度对不同经济部门产生了不同的税收水平，并为在直布罗陀那些没有雇员和商业财产的离岸企业提供了选择性优势。①

其二，事实选择性可能是成员国强加的条件或障碍，导致某些企业无法从该措施中受益的结果。比如仅将税收措施应用于超过特定阈值的投资，可能意味着该措施实际上是为拥有大量财务资源的企业保留的。在 2002 年的 Ramondin SA and Ramondín Cápsulas SA 诉欧委会案中，西班牙阿拉瓦省议会根据西班牙经济管辖协议，制定了多项税收援助措施。根据该措施，在特定期限内对新固定资产的投资超过 15 亿 ESP②的企业，将获得（投资成本的）45% 的税收抵免。欧洲法院认定，通过将税收抵免限制性地适用于超过 15 亿 ESP 的新固定投资，政府机构实际上仅对拥有大量财务资源的企业赋予了相关税收优惠，旨在选择性地适用于条约第 87(1) 条意义上的某些企业。③

其三，仅在短期内给予某些好处的措施也可能构成事实选择性。例如，在 Italy and Brandt Italia 诉欧委会案中，关于措施的选择性，欧洲法院指出，所涉措施是 2003 年 2 月 14 日根据紧急程序通过的，提供的优势以集体协议的存在为条件，该协议必须在 2003 年 4 月 30 日之前达成，因此，协议的有效期仅为 2 个月零 17 天。虽然所涉措施授予的优势是现行一般立法规定的优势，然而，有关措施无需完成现行一般立法下为获得优势所需的复杂程序，且一般立法的

---

① Joined Cases C-106/09 P and C-107/09 P, Commission and Spain v. Government of Gibraltar and United Kingdom [2011], ECLI:EU:C:2011:732, paras 100-107.
② ESP（比塞塔）为西班牙及安道尔在 2002 年欧元流通前所使用的法定货币。
③ Joined Cases T-92/00 and T-103/00, Ramondin SA and Ramondín Cápsulas SA v. Commission [2002], ECLI:EU:T:2002:61, para 39.

适用范围显著缩小。① 因此，本案所涉措施不是一般性的，而是一种仅限于特定情况的措施，且只为一个企业② 提供优势，减损一般立法中规定的条件。③

（二）区域选择性

原则上，适用于欧盟成员国全境的措施不具有选择性，而只适用于某一区域的措施通常被视为《欧盟运行条约》第107(1)条规定的区域选择性（regional selectivity）。由于区域选择性的评估较为复杂，而其在欧盟的国家援助案件中又较为常见，故而有必要梳理欧盟（主要是欧洲法院判例）关于区域选择性的评估方法。值得一提的是，迄今为止，这方面的欧洲法院判例仅涉及税收措施。

为了更准确地评估区域选择性，2006 年 Portugal 诉欧委会案的总法律顾问（Advocate-General）LA Geelhoed 提出了一种分析方法，即区分以下三种情况：

第一种情况，成员国的中央政府单方面决定，在规定的地理区域内实行较低水平的税收，这导致了一项措施的区域选择性。

第二种情况对应于税收权力的对称性下放，涉及税务权限的分配模式，即独立于成员国中央政府的特定级别（区域、行政区或其他）的地方政府，在法律上拥有同样的自治权力（autonomous power），以便能在其职权范围内决定适用的税率。由于这种情况无法确定能够构成参考系统的正常税率，因此，地方政府采取的措施不具有选择性。

第三种情况则对应于税收权力的不对称下放，即地区或地方政府在行使与中央政府权力相同的自治权力时，采用低于国家普通税率的税率，并且其适用只针对特定地区或地方政府管辖领土范围内的企业。④ 这种情况下，对所涉措施选择性的评估取决于有关机构是否充分独立于成员国的中央政府。其一，即使一项措施只适用于地方政府的辖区，但可能因为中央政府对该地区采取的其他调控机制，使得该地区政府不具有完全独立的自治权，那么，这一措施必须置于全国范围内评估其是否有利于某些企业（选择性）。其二，如果特定地区政

---

① 有关措施仅有利于特定类别的企业，即（1）财务困难且受到特别管理的企业的收购者，该企业至少拥有 1000 名员工，收购者在一定期限内与意大利劳动和社会事务部达成集体协议，批准工人转移；(2) 职工人数在 1000 人以上，属于财产转移标的的财务困难且受到特别管理的企业。

② 该企业为本案申请人之一，即遭遇财务困难企业的收购者 Brandt Italia SpA，也是受益于本案所涉措施的唯一企业。

③ Joined Cases T-239/04 and T-323/04, Italy and Brandt Italia v. Commission [2007], ECLI:EU:T:2007:260, para 66.

④ Case C-88/03, Portugal v. Commission [2006], ECLI:EU:C:2006:511, paras 63-66.

府具有充分独立的自治权，那么该地区政府采取的措施不具有选择性，因为该措施仅可影响其辖区内各个企业所处的政治和经济环境。

综上，虽然区域措施是否具有选择性的法院判例只涉及税收措施，但由于区域选择性是一个普遍概念，欧洲法院就税收措施制定的区域选择性评估原则也适用于其他类型的措施。① 欧盟成员国可以自由决定采取其认为最合适的经济（税收）政策，特别是成员国可以基于国情自行决定有关税收负担的分摊和安排。只是，成员国这一职权必须根据欧盟法行使。②

三、援助措施扭曲或威胁扭曲竞争

（一）扭曲或威胁扭曲竞争

欧委会曾在涉 Micula 案第 2015/1470 号最后决定（Final Decision）中提到，Micula 案仲裁程序中的三家申请人公司从事食品生产、碾磨产品和塑料包装，所有这些产品都在开放自由的市场上流通，并在各成员国之间广泛交易，显然给予申请人任何优惠（优势）或免除申请人的部分日常运营费用都会使其具有明显的竞争优势，从而扭曲竞争。

竞争的扭曲（distortion of competition）是指市场现有竞争平衡的转变，即只有在经过一定时期后才能评估的效果。与市场上存在竞争关系的其他企业相比，国家授予的措施有可能提高受援企业的竞争地位，则该措施就被认为扭曲或威胁扭曲竞争。如在 Philip Morris 诉欧共体委员会案中，法院明确指出："如果国家财政援助，加强了企业与其他在共同体内部贸易中竞争的企业的地位，则必须将后者视为受该援助的影响。"③

（二）自由化部门与竞争扭曲

自由化部门（liberalisation sectors）是指存在或可能存在自由竞争（即自由化）的一些特定部门，所以，此类部门提供产品或服务的市场通常会成为最初禁止竞争的市场，但是这种自由化可能会侵害社会公共利益。为缓解这一问题，

---

① European Commission (2016), Commission Notice on the notion of State aid as referred to in Article 107(1) of the Treaty on the Functioning of the European Union, OJC 262, 19.7.2016, p. 1-50, para 143.
② 刘伟：《欧盟国家援助法研究》，湖南大学 2019 年博士学位论文，第 71 页。
③ Case C-730/79, Philip Morris v. Commission [1980], ECLI:EU:C:1980:209, para 11.

国家通常会向这些部门提供援助措施，例如，郊区或特定区域的公共交通服务市场，如果国家不为提供这类服务的部门或企业授予援助，则交通部门或企业可能将因为财政赤字，而停止向郊区或特定区域的公众提供交通服务，从而使得社会公共利益无法得到保障。

就所有实际目的而言，当成员国向自由化部门中存在或可能存在竞争的企业提供财务优势（如补贴、税收优惠等）时，通常会出现条约第107(1)条意义上的扭曲竞争。有鉴于此，自由化是国家援助规则适用于某些特定部门的先决条件。

综上，成员国政府为企业提供的援助措施，即使无助于企业扩大规模以及获得市场份额，也足以帮助其保持比没有援助时更强大的竞争地位。有时候，政府的援助措施只需要免除受援企业本应承担的日常运营成本，就相当于赋予了其经济优势，那么，这种措施也便足以被视为扭曲竞争的援助。

（三）援助金额标准或企业规模标准与扭曲竞争

国家援助的定义，并不要求对竞争的扭曲或对成员国间贸易的影响是重大或实质性的，即使援助金额较少或受援企业规模较小，也存在扭曲竞争或威胁扭曲竞争的可能性。但前提是，这种扭曲竞争或威胁扭曲竞争的可能性，不能仅仅是假设的，而应结合实际发生的情况综合评判。[①] 例如，Altmark Trans and Regierungspräsidium Magdeburg 案法院便强调了这一点，认为成员国地方政府向本土交通企业提供的补贴，表面上看，似乎仅限于本地的交通市场（特定部门）。但实际上，随着欧盟一些成员国开始向其他成员国企业开放这一市场，使得其他成员国的企业也已经在同一特定市场上提供此类交通服务。法院从而得出结论，案涉补贴可能会扭曲竞争，并影响成员国间的贸易，且这种可能性的推断不仅是基于假设性的，而是基于已实际发生的情况。

四、援助措施影响成员国间贸易

通常来说，扭曲竞争的企业所获优势也会影响成员国之间的贸易。因为较之欧盟内部市场上存在贸易竞争的其他企业，如果一项措施加强了受援企业的

---

① Case C-280/00, Altmark Trans GmbH and Regierungspräsidium Magdeburg v. Nahverkehrsgesellschaft Altmark GmbH [2003], ECLI:EU:C:2003:415, para 79.

竞争地位，那么成员国之间的贸易就会受到影响。①"扭曲或威胁扭曲竞争"和"影响成员国之间的贸易"是援助概念中的两个不同且必要的要素，只是在实践中评估国家援助时，通常将它们放在一起考量：援助措施导致扭曲竞争，同时也必然导致成员国间的贸易受影响，反之亦然，二者是密不可分的。②有学者提出，欧洲法院和欧委会对"影响成员国间贸易"标准的解释为："不能排除有关企业与另一成员国企业相竞争的可能性"，而"不能排除相竞争的可能性"这一事实足以决定成员国之间的贸易受到《欧盟运行条约》第107(1)条意义上的影响。③

就国家援助规则中涉及对贸易的影响方面的评估，欧洲法院判例曾明确提及，欧委会在评估一项国家措施是否归类为国家援助时，只需要检查该援助是否有可能影响这种贸易并扭曲竞争，而没有必要确定成员国之间的贸易是否受到了实际影响，以及竞争是否实际上正在被扭曲。④亦即，国家措施只要对竞争具有实际扭曲或扭曲威胁，并对成员国间的贸易产生实际或潜在影响，便可以认定该措施构成非法国家援助。

（一）补贴对成员国间贸易的影响

随着各国越来越多地通过政府补贴来保护本国产业，针对特定行业或企业的补贴，因其在国际贸易中的负外部性而受到越来越多的国际关注。⑤国际层面上对于这种补贴的管制，主要是通过WTO的《补贴与反补贴措施协定》来实施的，欧盟是唯一一个对内实行严格补贴制度的WTO成员。⑥这里需要指出的是，对于欧盟成员国而言，政府补贴不仅会影响到其跨境国际贸易，还可能影响到欧盟内部的贸易。即使受援企业没有直接参与跨境贸易，也可以认为成

---

① Case T-288/07, Friulia Venezia Giulia [2001], ECR II-1619, para 41.
② Joined Cases T-298/97, T-312/97 etc., Alzetta Mauro and others *v.* Commission [2000], ECR II-02319, para 81.
③ Cees Dekker, *The Effect on Trade between the Member States' Criterion: Is It the Right Criterion by Which the Commission's Workload Can Be Managed*, European State Aid Law Quarterly, Issue 2, p. 155-156 (2017).
④ Case C-372/97, Italy *v.* Commission [2004], ECR I-3679, para 44; and Case C-148/04, Unicredito Italiano [2005], ECR I-11137, para 54.
⑤ Jong Hee Park, *What Determines the Specificity of Subsidies?*, International Studies Quarterly, Vol. 56: 2, p. 413-426 (2012).
⑥ 周海涛：《欧盟国家援助控制制度研究》，对外经济贸易大学2014年博士学位论文，第31页。

员国对企业的支持措施对成员国之间的贸易产生了影响。例如，补贴可能将导致其他成员国的企业更难维持或增加对某一国内市场的产品服务供应。欧洲法院判例中对此的解释是：受援企业本身不必参与共同体内贸易，一方面，成员国向其提供的援助可能有助于维持或增加该企业在国内市场上的份额，导致其他成员国的企业进入此成员国国内市场的机会较少；[1]另一方面，受援企业在其母国的援助下，还可能更加容易进入其他成员国的国内市场。[2]

成员国为本土企业提供政府补贴，即使这家企业只向本地或区域提供产品或服务，而不涉及向原产国以外的区域提供产品或服务，也会对其他成员国可以提供此类服务的企业产生影响，进而影响成员国之间的贸易。例如，如果一个成员国向提供运输服务的企业提供公共补贴，这些服务的供应可能会因补贴而维持原水平或增加，从而导致在其他成员国设立的企业在该成员国市场上提供运输服务的机会减少。然而，如果经济活动的范围非常小，那么这种影响可能不会发生（如营业额非常低的情形）。

（二）出口援助对欧盟内部贸易的影响

即使受援国将其全部或大部分产品出口到欧盟以外，也可能对欧盟内部贸易产生影响，但在此背景下，这种影响不那么直接，不能仅仅从市场自由化竞争的事实来假设。

在1990年的比利时诉欧共体委员会案中，[3]比利时曾经提出抗辩，首先，即使有争议的国家干预措施实际上构成非法援助，这些措施也是出口援助，因为涉案企业 Tubemeuse 公司90%的产品出口到非联盟成员国，其生产无缝管占欧共体产量的17%。而出口援助受条约第112条管辖，该条排除了第92–94条（现为《欧盟运行条约》第107–109条）的适用。其次，Tubemeuse 公司为了服务于苏联市场进行了重组，由此产生的新产能不会淹没共同体市场，共同体内部贸易也不会受到比利时政府采取的干预措施的影响。但欧洲法院没有支持比利时政府的上述理由，并对此作出解释，第一，无论援助是否可以被视为出口援助，第112条关于在共同商业政策背景下协调国家出口援助，并不排除

---

[1] Case C-518/13, Eventech v. The Parking Adjudicator [2015], ECLI:EU:C:2015:9, para 67; and Case C-310/99, Italy v. Commission [2002], ECR I-2289, para 84.

[2] Case C-148/04, Unicredito Italiano [2005], ECR I-11137, para 58; and Case C-222/04, Cassa di Risparmio di Firenze and Others [2006], ECR I-289, para 143.

[3] Case C-142/87, Belgium v. Commission [1990], ECLI:EU:C:1990:125, paras 31-40.

第 92—94 条的适用，出口援助依然可能对共同体内部贸易产生影响。第二，考虑到共同体企业运营所在市场之间的相互依存性，即使接受援助的企业几乎将其所有产品都出口到共同体之外，援助措施依然可能会影响共同体内部的竞争。因为，将企业的部分产品出口到非成员国，只是"影响贸易"必须考虑的众多因素之一。事实上，Tubemeuse 公司的无缝管生产占共同体总量的 17%，出口占据营业额的 90%，其宣布的新目标是退出苏联市场，并在比利时政府的支持下将努力导向其他市场。可以合理地预见，Tubemeuse 公司会将其活动转向共同体内部市场。因此，比利时政府给予 Tubemeuse 公司的援助，可能会影响其他共同体企业在相关行业的竞争地位，从而扭曲竞争并影响贸易。

（三）有关影响贸易的审查问题

当一个成员国向企业提供援助措施时，内部活动可能会因此保持或增加，从而使以前未参与欧盟内部贸易的企业更有能力打入另一成员国市场的机会。[①]

在确定国家援助对贸易的影响时，无需界定市场或详细调查该措施对受益人及其竞争对手的竞争地位的影响。例如，2009 年的意大利诉欧委会案中，欧洲法院强调，欧委会没有义务证明竞争"永久性"受到破坏，也没有义务就有关措施对受益者竞争地位的实质性影响，进行更详细的调查，更不用说从受援者的营业额角度来看这一问题。此外，某些受援企业在只涉及国家利益的市场上运营，这一事实也没有使欧委会进行深入分析的义务。无论如何，在援助计划背景下，欧委会在审查该计划是否涉及援助要素时，只需审查该计划的一般特征，而不必审查其适用的每一具体情况。[②]

尽管如此，对成员国之间的贸易的影响不能仅仅是假设的，必须根据该措施的可预见效果，确定该措施扭曲或可能扭曲竞争的原因，并确定其影响贸易的原因。在 1995 年的 AITEC 等诉欧委会案[③]中，欧委会认为，1986 年希腊与其他成员国之间不存在水泥贸易，所以共同体内部贸易不可能受到有争议的援助的影响。欧洲法院认为，欧委会的这一论点是基于援助发放时的水泥市场情况作出的，然而，当时已经可以预见，希腊的水泥出口将流向某些成员国，希

---

① Case C-66/02, Italy v. Commission [2005], ECLI:EU:C:2005:768, paras 115, 117 and the case-law cited.
② Case T-211/05, Italy v. Commission [2009], ECLI:EU:T:2009:304, paras 157-160.
③ Joined Cases T-447/93, T-448/93 and T-449/93, AITEC and others v. Commission [1995], ECLI:EU:T:1995:130, para 141.

腊生产者的传统出口市场份额已经下滑，这意味着已经存在的共同体内部贸易将大幅增长。在这种情况下，欧委会原本应该审查援助可能对共同体内部贸易和竞争产生的影响，但其并未在国家给予援助时就这种可预见影响进行任何审查，也没有审查援助的实际效果。故而，法院认定，欧委会未审查相关影响存在法律错误。

第三节　欧盟国家援助审查豁免标准

欧盟国家援助规则并未完全禁止所有国家援助，《欧盟运行条约》第107(2)条和第107(3)条就列出了不属于一般禁止国家援助的例外情况。亦即，在适用欧盟国家援助规则时，即使一项措施构成非法援助，依然存在被豁免的可能。此外，条约第108(2)条授权欧盟理事会应成员国的请求，确定符合条约的国家援助类型，但理事会的这一法律行为不得规避适用已被欧委会宣布为非法援助的决定。

考虑到现实层面授予国家援助的复杂性，欧委会制定了多个单项援助豁免条例以补充和完善上述条约规定，取消了对国家援助的全面禁令，从而纳入了《欧盟运行条约》第107(1)条的例外。根据这些单项法律文本的适用范围和特点，可将其归类为两种不同的例外类别：即横向国家援助制度和特定部门国家援助制度。欧盟国家援助规则适用的豁免标准，即基于由上述条约规定及各项援助豁免条例共同确定的豁免制度来实施的。

一、欧盟国家援助豁免概述

符合《欧盟运行条约》第107(1)条标准的非法国家援助，需要依据条约第108(3)条通知欧委会。欧委会的任务是审查政府授予的国家援助是否合法，如果一项措施被归类为第107(1)条范畴，则需进一步确定其是否满足第107条第2款或该条第3款中的任何豁免标准。当欧委会确定某项措施构成非法国家援助，又不满足援助豁免标准的情况下，有权禁止实施该援助。

（一）欧盟国家援助豁免

1. 豁免的概念

英语语境下，"豁免"的动词形式为"except"，《布莱克法律词典》（第10

版）将其翻译为"豁免，免除（他人的义务或责任）"。相对应的，豁免的名词形式为"exemption"，《布莱克法律词典》（第10版）将其翻译为："（1）免除义务、责任或其他要求；例外。（2）法律赋予判定债务人的特权，允许债务人保留某些财产而不承担责任。（3）税收：从调整后的总收入中扣除的金额，用于确定应税收入。"在欧盟国家援助规则框架中，鉴于《欧盟运行条约》第107(1)条适用的例外情形的相关法律文本使用了"exempted""exemption""exemption regulation"等词语，本书统一将这些规则称为欧盟国家援助豁免制度。书中使用的"援助豁免""国家援助豁免"均指欧盟国家援助规则适用的例外情形。

2. 欧盟设立国家援助豁免的意义

欧委会多次强调激烈的竞争是竞争力和经济增长的关键驱动力，认为国家援助措施可能是竞争的严重障碍，但同样不可否认，在一些情境下，成员国依然需要考虑提供一些援助措施。

成员国援助措施的需求通常受两个因素的影响：外部和内部。其一，就外部因素来说，贸易混乱可能会引发国内生产企业的救济和补偿要求。[1] 生产企业可能效率低下并出于政治或国家安全原因寻求援助，或者它们可能会因为其他国家企业的不公平收益而寻求和呼吁公平竞争。这方面，贸易混乱造成的损失越大，国家政府在援助保护方面的压力就越大，[2] 此时的国家援助是一项可以保护国内产业免受贸易不利影响的措施。其二，从内部因素来看，内部宏观经济状况恶化可能会引发保护需求以阻止失业，特别是在经济下行的时期，政府特别容易受到此类需求的影响，[3] 民众和企业家更有可能要求政府提供援助以抵消损失。在这种背景下，为了平衡多方利益及简化欧委会审查程序，欧盟设立一些类别的援助豁免规则是十分有必要的。

为此，一方面，欧委会提出，控制国家援助旨在为活跃在内部市场上的所有企业维持公平竞争环境，无论它们在哪个成员国成立。最不受欢迎的国家援助措施是那些为某些企业提供不必要的选择性优势，阻止或延迟市场力量奖励最具竞争力的企业，从而降低欧洲整体竞争力的措施。另一方面，欧委会声称，国家援助有时可以成为实现共同利益目标的有效工具：改善市场运作、提高欧

---

[1] Carles Boix, *Between Redistribution and Trade,* University of Chicago, 2004.
[2] Nikolaos Zahariadis, *State Subsidies in the Global Economy,* Palgrave Macmillan, 2008.
[3] Colin Wren, *Industrial Subsidies: the UK Experience,* St. Martin's, 1996.

洲竞争力等。欧盟各国元首和政府首脑也都支持欧委会这一立场，同意促进竞争并降低国家援助的总体水平，将重点从支持个别企业或部门转向解决共同利益的横向目标，例如就业、区域发展、环境以及研发。但是，有学者发现，即使欧盟条约授权欧委会以发展单一市场的名义监督国家援助，但欧盟成员国使用横向或部门援助的国家偏好和优先事项仍然各不相同，欧盟较小国家和较大国家之间的区别在部门援助方面表现得最为明显，例如德国通常更愿意提供横向援助，而西班牙则更喜欢部门援助。[①] 因此，欧委会需要平衡援助措施和强权政治之间的关系。

为此，欧委会采用了一种新方法解释和证明援助豁免的合理性。它选择了针对市场失灵而精心设计的援助计划，计划符合共同利益的目标，并尽量减少扭曲。这种国家援助被称为"良好援助"，所有其他审查标准保持不变。[②] 欧委会侧重于批准那些能够刺激创新、绿色技术、人力资本开发，避免环境危害并最终促进欧盟增长、就业和竞争力的援助，针对这类援助的豁免是有必要的。

(二) 欧盟有关援助豁免标准的条约规定

1. 条约规定的一般例外

《欧盟运行条约》第107(2)条明确了三类自动免于国家援助规则限制的援助类型，并宣称这三类援助与"内部市场相一致"，包括：(a) 具有社会性质的援助；(b) 弥补自然灾害或特殊事件造成的损失；(c) 授予受德国分裂影响的德意志联邦共和国某些地区。

2. 条约规定的特殊例外

条约第107(3)条则重点补充了"可能被视为与共同市场一致"的五类援助措施：(a) 促进生活水平异常低下地区的经济发展；(b) 推动欧洲共同利益的重要项目，纠正成员国经济中的严重动荡；(c) 促进某些活动或某些经济领域的发展；(d) 促进文化和遗产保护；(e) 以及理事会决定规定的其他援助类别。质言之，该条款第 (a) 至 (d) 项规定了四类获得欧委会批准后可以豁免的援助类型，而该条款第 (e) 项则规定了，理事会经由欧委会提议通过的决定，可

[①] Pierre-André Buigues & Khalid Sekkat, *Public Subsidies to Business: an International Comparison,* Journal of Industry, Competition and Trade, Vol. 11: 1, p. 1-24 (2011).

[②] Adam A. Ambroziak, *State Aid Policy and Industrial Policy of the European Union,* in A. Ambroziak ed., The New Industrial Policy of the European Union. Contributions to Economics. Springer, 2017.

以确定其他可豁免的援助类型。譬如，理事会第 994/98 号（EC）条例（后经 2013 年 7 月 22 日第 733/2013 号理事会条例修订）使得欧委会得以通过国家援助集体豁免条例，宣布符合条约规定的特定类别的国家援助。

3. 对条约例外规定的评析

当援助措施的目标属于以上这些范围时，成员国政府可以向所有企业和部门提供国家援助，并对其在内部市场和全球市场中的竞争力和地位产生直接或间接的影响。条约第 107 条第 2 款和第 3 款均为援助豁免条款，二者的区别在于：第 2 款规定的欧委会自由裁量权范围，通常被理解为小于第 3 款规定的范围。① 在前者中，欧委会仅限于确认一项措施是否实现了目标之一。在后者中使用动词"可能（may）"则为欧委会提供了更大的自由度，确定援助措施必须满足哪些条件才能获得豁免。

尽管如此，学界和实务界均认为《欧盟运行条约》第 107 条的三款规定中，不论是该条第 1 款关于非法国家援助的概念，抑或是第 2 款或第 3 款中规定政策目标的概念都没有得到准确阐述。② 这种不完整性使得仅根据条约的语言，很难知道在任何特定情况下应如何适用这些规定。并且，缺乏清晰度的条约规定，也给欧盟成员国带来了合规性挑战：在条约条款不明确的情形下，可能很难准确地知道哪些行为构成非法国家援助。而条款解释的自由度越大，条约规定就越容易受到操纵、误用或其他可能破坏条约规定的预期政策目标的行为影响。③ 因此，为确保欧盟对提供国家援助的一般限制仍然有效，欧委会制定了许多管理上述豁免的法规、指南和通知。它们是根据欧委会的经验编写的，源自欧委会就成员国通知的国家援助措施的一致性形成的意见，厘清这些文本之间的关系对于理解和适用欧盟国家援助规则是十分必要的。

二、横向国家援助豁免标准

欧盟横向国家援助豁免标准是对《欧盟运行条约》第 107 条第 2-3 款的进一步细化。"横向国家援助"是与"选择性"相对的一个概念，即成员国政府的国家行为、公共政策的实施是针对所有行业而非某行业，从而可被豁免。通过

---

① Hussein Kassim & Bruce Lyons, *The New Political Economy of EU State Aid Policy*, Journal of Industry, Competition and Trade, Vol. 13, p. 1-21 (2013).

② Thomas J. Doleys, *Managing the Dilemma of Discretion: The European Commission and the Development of EU State Aid Policy*, Journal of Industry, Competition and Trade, Vol. 13, p. 23-38 (2013).

③ Supra, Hussein Kassim & Bruce Lyons, 2013.

梳理欧委会和欧盟理事会关于减少和重新定位国家援助以实现横向目标的所有政治宣言，不难发现欧委会和欧盟理事会在援助豁免制度领域主要关注以下关键优先事项：(1) 创新和研发以加强知识型社会；(2) 促进创业的更好环境，尤其是创新型中小企业和初创企业；(3) 人力资本（包括加强工人和企业的适应性和技能升级，以及提高教育和培训质量）；(4) 具有普遍经济利益的高质量服务；(5) 重新调整区域政策；(6) 改善环境条件等。适用于这些领域的豁免规则便是横向国家援助规则（horizontal state aid rules）。横向国家援助类型包括：区域援助、对中小企业的援助、研发与创新援助、对弱势及残疾工人的援助、环境保护与能源援助、培训辅助援助、弥补自然灾害造成的损害的援助以及偏远地区交通援助。[①]

由于横向国家援助规则几乎适用于社会大多数部门的广泛措施，为了保持对这种影响深远的控制机制的可控性，欧委会通过了三项重要的法规：微量援助豁免条例、一般集体豁免条例和普遍经济利益服务条例。

（一）欧委会关于微量援助的法规

微量援助（De Minimis aid）是指欧盟国家不必通知欧委会便可对企业（主要是公司）提供的少量的国家援助，该援助金额通常是小额度的，并且不会影响欧盟内部市场的竞争和贸易。微量援助豁免法规提供了非常详细的标准，涉及符合条件的受益人、最大援助强度以及符合条件的成本。这些条件基于欧委会在评估成员国通知的国家援助项目方面的经验。在确定某些阈值、符合条件的成本和支出清单以及政府干预的潜在接受者的类型和规模之后，欧委会建立了一个国家援助框架，该框架可以被认为是合乎条约第 107(1) 条规定的情形。

2006 年，欧委会通过了 (EC) 第 1998/2006 号微量援助条例，有效期为 2007 年至 2013 年。它将每家公司每 3 年 10 万欧元的豁免援助金额上限提高至 20 万欧元。这一增长不仅考虑了 2006 年之前欧盟通货膨胀和国内生产总值的演变，还考虑了这些因素从 2007 年到 2013 年的发展。

为了保证欧盟法律的确定性以及减轻欧委会的行政负担，欧委会于 2013 年 12 月 18 日通过了 (EU) 第 1407/2013 号微量援助条例（以下简称微量援助条

---

① Giorgio Barba Navaretti & Anthony J. Venables, *Multinationals and Industrial Policy*, Oxford Review of Economic Policy, Vol. 29: 2, p. 361-382 (2013).

例），[①]修订并取代了第1998/2006号条例，进一步简化了对小额援助措施的处理。特别是，遇到财务困难的公司不再被排除在监管范围之外，因此将被允许获得微量援助。新法规自2014年1月1日起施行，有效期至2023年12月31日。[②]按照微量援助条例，成员国授予的微量援助无需正式通知欧委会或事先获得批准。该法规提供了详细且明确的标准清单，允许少量的援助，即连续三个会计年度内，每个成员国向单个企业提供的微量援助总额不得超过20万欧元。

（二）一般集体豁免条例

欧盟国家援助规则虽然主要关注避免内部市场的竞争扭曲，但也承认："政府干预经济可能出于各种原因，并且在这种情况下可能符合欧盟利益。"从理论上讲，对国家经济政策或社会价值的考虑有时会占上风，从而为保护竞争的规则的例外提供了理由。[③]一般集体豁免条例（General Block Exemption Regulation，简称GBER）为这种例外提供了法律依据，该条例是一项复杂的法规，包含143个定义和近60条条款，涵盖了众多援助豁免类别，如地方基础设施、文化遗产保护、救灾、体育、宽带、创新集群、视听作品、区域城市发展、研究基础设施等，并规定援助措施的通知阈值和援助强度。

根据一般集体豁免条例规定，实施该条例的责任在于成员国，即援助的授予者。因此，欧委会需要对其权力下放适用的规则进行广泛的监督和事后控制。对于监督工作的执行，成员国有严格的报告义务，例如成员国应通过欧委会的电子系统，上报有关每项免税援助的摘要信息和年度报告；根据透明度规则，成员国还应公布每项援助措施的全文，以促使援助授予方遵守。此外，国家援助现代化也对一般集体豁免条例的适用和解释具有重大影响。因为国家援助现代化的主要目标不仅会扩大一般集体豁免条例的范围，而且还会为评估超出该条例范围的措施提供更好的方案。

[①] Commission Regulation (EU) No 1407/2013 of 18 December 2013 on the application of Articles 107 and 108 of the Treaty on the Functioning of the European Union to de minimis aid, OJL 352, 24.12.2013, p. 1-8.

[②] 新法规原本有效期至2020年12月31日，但鉴于COVID-19疫情对企业的经济和财务影响，并为确保与欧委会通过的总体政策应对措施的一致性，2020年7月2日，欧委会通过第2020/972号条例将（EU）第1407/2013号法规的有效期延长至2023年12月31日。

[③] Aurora Donato, *Public Enterprises as Policy Instruments in the Intersection of the EU and WTO Legal Frameworks on State Aid,* Queen Mary Law Journal, Vol. 7: Special Conference Issue, p. 37-52 (2016).

特别是考虑到在程序层面，欧委会的事前审查非常耗时，一般集体豁免条例不仅减轻了欧委会的负担，而且使成员国从繁琐的通知程序中解放出来。通过将重点放在对国内市场影响最大的案件上，许多不太扭曲竞争的援助措施可以纳入一般集体豁免条例的规定之下。如此，在一般集体豁免条例实施之初，大约70%的援助措施将被该条例所涵盖。如果成员国能够充分利用一般集体豁免条例的潜力，这一数字甚至可以增加到90%。[1] 这反过来又会导致大量资源分配给对市场影响更大的个案的审查，例如财政援助案件的审查。最后，成员国越来越多地实施条例范围内的国家援助，从而使国家政策趋于一致。

（三）普遍经济利益服务援助条例

为了简化一致性标准并减轻成员国的行政负担，欧委会2012年4月25日通过了第360/2012号条例，[2] 适用于《欧盟运行条约》第106(2)条[3]所指的提供"普遍经济利益服务之企业（Services of General Economic Interest，以下简称SGEI）"的援助，以补偿受托向（弱势群体）人口提供此类服务的企业。普遍经济利益服务援助条例是对《欧盟运行条约》第106(2)条的具体适用，在欧委会关于援助豁免的政策框架中是作为单独的法规文件出现的。该条例承认社会卫生服务具有需要考虑的特定特征，认为对这些服务的较大补偿不会产生更大的竞争扭曲风险，不必将其视为非法国家援助。

普遍经济利益服务，指的是国家希望为公众提供的服务，但仅靠市场力量无法充分提供，从而需要服务提供者在国家定义的条件下，为公共利益而实施的服务。国家定义的条件一般会对提供者施加所谓的公共服务义务，如运输网

---

[1] Commission Regulation (EU) No 651/2014 of 17 June 2014 declaring certain categories of aid compatible with the internal market in application of Articles 107 and 108 of the Treaty, OJL 187/1, 26.6.2014.

[2] Commission Regulation (EU) No 360/2012 of 25 April 2012 on the application of Articles 107 and 108 of the Treaty on the Functioning of the European Union to de minimis aid granted to undertakings providing services of general economic interest, OJL 114, 26.4.2012, p. 8-13.

[3] 《欧盟运行条约》第106条（原《欧共体条约》第86条）

对于国有企业及成员国授予特别或专有权利的企业，成员国不得指定也不得保留与两部条约中包含的规则，特别是第18条及第101–109条规定的规则相抵触的任何措施。

受托从事具有为普遍经济利益服务意义的活动之企业或具有产生财政收入之垄断性质的企业，只要两部条约包含的规则在法律上或事实上不妨碍这些企业完成指派给它们的特定任务，则这些企业应遵守两部条约包含的规则，尤其是竞争规则。贸易的发展所受的影响不应导致违反联盟利益。

欧委会应保证本条的实施，并且在必要的情况下通过针对成员国的适当的指令或决定。

络、邮政服务以及社会卫生服务。其中，社会卫生服务是每个成员国福利体系的重要组成部分，对公民至关重要。它包括由医院和其他医疗服务提供者提供的医疗服务、长期护理、托儿服务、进入劳动力市场、社会住房以及弱势群体的照顾和社会包容。由于这些服务可能无法为提供商带来足够的利润，因此需要适当水平的公共补偿以抵消其提供公共服务义务时所产生的额外费用。

依照前文对企业概念的分析，提供普遍利益服务的实体是否被视为"企业"是国家援助规则适用的基础。欧盟官方将普遍经济利益服务定义为一种经济活动，不会由市场力量单独产生，或者至少不会以向所有人非歧视地提供负担得起的服务的形式产生，而是在国家规定的条件下为公共利益而实施的，并且国家对一个或多个供应商规定了公共服务义务。SGEI 的概念是一个不断发展的概念，除其他外，取决于有关成员国的公民需求、技术和市场发展以及社会和政治偏好。欧洲法院已经确定，与其他经济活动相比，SGEI 是具有特殊特征的服务。[1] 在没有具体的欧盟规则来定义 SGEI 范围的情况下，成员国具有很大的自由裁量权，可以将特定服务定义为 SGEI 以及向服务提供商提供补偿。欧委会在这方面的权限仅限于检查成员国在将服务定义为 SGEI 时是否犯了明显错误，[2] 以及审查评估涉及补偿的任何国家援助。普遍经济利益服务不仅根植于欧盟的共同价值观，而且在促进社会和领土凝聚力方面也发挥着核心作用。

三、特定部门国家援助豁免标准

特定部门国家援助规则（Sector-specific state aid rules），顾名思义，是适用于特定部门和行业援助类别及其豁免的规定，包括农林业和农村地区、渔业和水产养殖业、电影及其他视听作品、宽带网络行业、公共服务广播、煤炭电力行业、造船行业、运输行业（航空运输、海洋运输、铁路和公路运输）等部门的援助及其豁免规则。

与涵盖所有行业部门的欧盟横向国家援助规则不同，由于管理传统敏感产业（煤炭、钢铁、造船）生产的规则以及其他一些非常具体的规则具有其特殊性，成员国对某些特定部门提供公共资助的行为仍然是允许的。这类规定被列

---

[1] Cases C-179/90, Merci convenzionali porto di Genova [1991], ECR I-5889, para 27; Case C-242/95, GT-Link A/S [1997], ECR I-4449, para 53; and Case C-266/96, Corsica Ferries France SA [1998], ECR I-3949, para 45.

[2] Case T-289/03, BUPA and Others v. Commission [2008], ECR II-81, paras 166-169, 172; Case T-17/02, Fred Olsen [2005], ECR II-2031, para 216.

入特定部门国家援助规则中，并与横向国家援助规则共同构成了基于《欧盟运行条约》第 107(2) 条和第 107(3) 条例外规定的欧盟国家援助豁免规则。

尽管一些特定行业部门由于其特殊性可获得援助豁免，但与横向国家援助相比，对特定部门提供国家援助确实具有更大的扭曲竞争和影响成员国间贸易的风险。因而目前欧委会开始逐步取消各类针对具体部门的援助豁免指南，并将其纳入相应的横向援助规则范畴，以降低其影响贸易的风险，例如关于汽车行业的单项援助豁免条例已经取消，该行业相应的援助授予及豁免规定已全部被纳入研发援助、区域援助等横向援助规则中。

第四章　欧盟国家援助审查程序机制

根据欧盟理事会 2015 年《程序条例》，欧盟国家援助审查程序机制包括欧委会行政审查、成员国法院司法审查与执行、欧洲法院对欧委会援助决定的司法审查四大流程。① 可见，欧盟有关国家援助审查及国家援助规则的执行机制，是一个可能涉及多个行动者参与的过程，包括欧委会、成员国及其法院、欧洲法院、私人主体以及其他利益相关者等。②

第一节　欧盟委员会对国家援助的行政审查

欧盟关于国家援助措施的行政审查主要指欧委会对成员国政府及其公共机构授予援助的行政行为进行的审查。从欧盟国家援助规则的历史沿革不难发现，欧盟对国家援助的行政审查向来都是欧盟国家援助规则及其执行的重要内容，关系到该规则的法律确定性和可预测性，也是每个阶段审查规则改革的重要领域。

一、欧盟国家援助行政审查机构及审查对象

欧盟成员国关于国家援助的国内立法必须符合国家援助规则，其国内监管机构的部分权力也移交给了欧委会，但引入了相关执行程序规则。③

---

① Council Regulation (EU) 2015/1589 of 13 July 2015 laying down detailed rules for the application of Article 108 of the Treaty on the Functioning of the European Union, OJL 248, 24.9.2015, p. 9-29.

② Paul Adriaanse, *Public and Private Enforcement of EU State Aid Law,* in Blanke HJ., Mangiameli S. eds., The European Union after Lisbon. Springer, Berlin, Heidelberg, 2012.

③ Caroline Buts et al., *State Aid Policy in the EU Member States: It's a Different Games They Play*, European State Aid Law Quarterly, Vol. 2013: 2, p. 330-340 (2013).

(一) 欧盟国家援助行政审查主体

国家援助规则的监督和审查机构是欧委会。欧委会在竞争和对外贸易等政策方面拥有立法主动权和重要执法权，负责监督欧盟法的适用及成员国对两部条约的遵守，是欧盟的主要执法机构。从《里斯本条约》生效至2014年10月31日期间，欧委会由成员国各一名公民组成，从2014年11月1日起，欧委会的委员人数为成员国数量的2/3。

欧委会的任务之一是确保条约条款的适用以及各机构根据条约采取相关措施的实施，包括欧盟国家援助规则领域，尤其是条约第107-109条的条款规定及其相关配套措施的执行。因此，欧委会应根据其权力并在欧洲法院监督下，审查国家援助措施的合法性，以确保成员国和私人当事方遵守国家援助规则；同时，在成员国和私人主体未正确遵守这些规则的情况下，欧委会要发布各项决定来确保其注意执行这些规则。

(二) 欧盟委员会的构成

欧委会由33个总局组成，负责制定、管理和实施欧盟的政策、法律和资金，如欧盟竞争总局、能源总局、欧盟统计局等；另有20个专门机构，负责处理临时或横向问题，包括欧洲反欺诈办公室、法律服务处、历史档案馆、出版办公室、欧洲政治战略中心以及与英国进行第50条谈判的特别工作组等。欧委会还有6个执行机构，例如研究执行机构，执行欧委会委托给它们的任务，但具有自己的法人资格。上述机构中负责处理欧盟国家援助相关事宜的是欧委会竞争总局国家援助部，主要审查和调查国家援助的申报案件以及作出处罚决定。

(三) 欧盟国家援助行政审查对象

欧委会国家援助审查指向的审查对象是成员国政府行为。在这一审查过程中，成员国需要承担一系列责任和义务。

首先，欧委会审查一项措施与内部市场的一致性以及能否被豁免时，举证责任由成员国承担。

其次，成员国需就其准备实施的援助计划履行通知义务和停止义务。其中，通知义务是指，除可免于通知的援助措施之外，根据《欧盟运行条约》第108(3)条，成员国必须向欧委会通知任何满足条约第107(1)条标准的新援助计划。停止义务指的是在欧委会完成通知援助的一致性评估之前，成员国不能实施新援助。对于豁免的援助措施而言，在该援助措施实施后的20个工作日内，成员国还应向欧委会提交一份关于该措施的信息摘要，以便欧委会对其实施事后控制。

再次，除履行通知义务和停止义务外，欧盟成员国还需履行其另一项义务，即遵守欧委会追回援助决定的义务。这是因为，根据《欧盟运行条约》第288条规定，欧委会决定对其所针对的国家和个体具有全部约束力。

二、欧委会的审查权限及援助追回决定

前已述及，欧委会的任务之一是确保条约条款以及各机构采取措施实施这些条款。具体来说，欧委会通常在欧洲法院监督下，借助其权力来确保成员国和私人主体遵守和执行国家援助规则。

（一）欧委会的援助审查权限

欧委会主要负责审查任何来源的非法援助措施或滥用援助措施是否与内部市场相一致；或者批准可能符合一致性标准的援助措施；抑或对成员国授予的免于通知义务的援助措施进行事后审查。

《程序条例》详细规定了欧委会在进行调查时应采取的上述若干措施。对于新援助而言，在收到成员国的援助计划通知后，欧委会应立即审查该援助计划（即初步审查）。初步审查完成以后，欧委会将就援助计划与欧盟国家援助规则的一致性发布不具有法律约束力的一致性意见，并依据审查结果作出以下决定之一：(1) 如果援助计划构成《欧盟运行条约》规定的非法援助，则发布"不提供援助的决定"；(2) 如果对援助计划与内部市场的一致性没有疑问，则发布"不提出异议的决定"；(3) 如果欧委会发现有人对援助计划与内部市场的一致性评估提出质疑，则发布"启动正式调查程序的决定"。一旦启动对援助计划的正式调查程序，相关成员国和所有相关方还需提交意见。该程序结束后，欧委会发布下列决定之一：(1) 不构成非法国家援助的决定；(2) 积极的决定（援助与内部市场一致）；(3) 有条件的决定（援助与内部市场一致，但须满足某些条件）；(4) 消极的决定（援助与内部市场不一致，且任何国家援助豁免都不能适用）。[①]

[①] Caroline Buts, Marc Jegers & Tony Joris, *Determinants of the European Commission's State Aid Decisions,* Journal of Industry, Competition and Trade, Vol. 11: 4, p. 399-426 (2011).

(二) 欧委会的援助追回决定

当欧委会作出以上决定前，意味着新援助计划有可能不会获得欧委会批准，因此，成员国必须在决定作出前停止实施该援助。一旦成员国违反通知义务或停止义务而实施国家援助措施时，援助将变为非法的。如果欧委会收到关于非法援助实施的投诉，并宣布其非法且与内部市场不一致，则会发出援助追回决定。①

援助追回是指对已实施的非法援助措施及其利息的追回（追缴）。依据欧委会援助追回决定，成员国必须将已实施的非法援助及其利息从受援者处追回。此外，假如受援者违反不提出异议的决定、积极或有条件的决定而使用援助时，欧委会也会启动正式调查程序来确定援助是否被滥用，如果答案是肯定的，则欧委会将就滥用国家援助作出消极决定，同时命令成员国追回该援助及其利息。

根据2015年《程序条例》，欧委会对现有援助的行政审查主要是通过事后监督和评估来完成的，其审查标准同新援助的审查标准相同，都是通过审查其与内部市场是否相一致来确定其合法性的。一旦欧委会发现现有援助不再与内部市场相一致，并提议成员国对其进行实质性修改或废除时，如果成员国不接受该提议，则欧委会将启动正式调查程序，并可能作出消极的决定。但与新援助不同的是，欧委会对现有援助的消极决定，并不需要成员国将已实施的援助及其利息追回。因为现有援助已经实施的部分被视为是合法的，不能作为追回决定的对象。②

第二节 成员国法院的司法审查与执行

在欧委会对成员国援助措施进行行政审查的过程中，成员国的配合也非常关键。从援助实践来看，每一成员国基本上都能根据各自的权力，自愿遵守相关规定并履行其通知和停止等各项义务。成员国法院也都能在私人主体提起的追回援助诉讼以及对欧委会追回决定的公共机构执行中，对国家援助有关争议进行司法审查，③以便为受影响的利益攸关方提供相应的国内司法救济。

---

① 书中"追回非法援助""追回援助"或"援助追回"均指对已实施的非法援助措施及其利息的追回；"追回决定"是指欧委会发布的关于追回已实施的非法援助措施及其利息的决定。

② Ibid, Caroline Buts, Marc Jegers & Tony Joris, 2011.

③ Paul Adriaanse, *Public and Private Enforcement of EU State Aid Law*, in Blanke HJ. & Mangiameli S. eds., The European Union after Lisbon. Springer, 2012.

一、对私人提起追回援助的司法审查

如前所述，对于违反停止义务而实施的援助被视为非法援助，欧委会在审查之后将作出追回决定。但在欧委会追回决定发布之前，受影响的私人主体也可以在其国内法院采取相应救济途径要求追回非法援助（以下简称"追回援助"），以此来维护自己的权益，即成员国法院的"私人执行（private enforcement）"。这种援助的追回是基于私人主体的诉讼请求，不同于欧委会追回决定中的援助追回。

在 SFEI 案中，欧洲法院承认第 108(3) 条具有横向直接效力，"成员国法院参与国家援助程序是条约第 108(3) 条所涉停止义务直接影响的结果"，[1] 即任何受影响方，都可以向成员国法院请求追回因违反停止义务而实施的非法援助。成员国法院在私人执行中拥有以下司法审查权：即下令追回非法援助及其利息、临时措施、裁定损害赔偿以及下令偿还为资助非法援助而支付的税款等。

（一）追回非法援助及其利息

为了确保有效地追回非法援助，成员国法院应下令追回受援者所赚取的利息。[2] 换句话说，追回不应仅限于援助的名义价值，还应涵盖受援者从援助中获得的利息。追偿利息的目的在于没收受援者所享有的时间优势，该"优势"等同于受援者在市场上可能获得的收益，和其在相关援助措施中获得的融资成本之间的差额。计息期应从受援者支配援助的那一刻起，到有效追回援助为止。[3] 成员国法院可根据国家规则来计算适用利率。[4] 然而，由于对等和有效性原则，与类似情况下欧委会所计算的利率相比，[5] 国家规则的应用不应导致更低的适用利率。这里需要指明的是，根据欧洲法院在 CELF 案中的判定，[6] 利息的追回独立于一致性评估；即使欧委会已宣布非法援助是一致的，也应始终追回利息。

---

[1] Case C-39/94, SFEI and Others v. La Poste and others [1996], ECLI:EU:C:1996:285.
[2] Commission notice on the enforcement of State aid law by national courts, OJC 85, 9.4.2009, p. 1-22, para 37.
[3] Ibid, 2009 Enforcement Notice, paras 38-41.
[4] Supra, 2009 Enforcement Notice, para 61.
[5] 在其追回决定中，欧委会根据第 794/2004 号条例第 9 条规定的公式计算非法/不兼容援助的适用利率。See Commission Regulation (EC) No 794/2004 of 21 April 2004 implementing Council Regulation (EC) No 659/1999 laying down detailed rules for the application of Article 93 of the EC Treaty, OJL 140, 30.4.2004, p. 1-134.
[6] Case C-199/06, CELF/SIDE [2008], ECLI:EU:C:2008:79, paras 52-55.

（二）采取临时措施

为了能够在法院诉讼程序中充分有效地保护索赔人的权利，[①] 成员国法院可采取临时措施，暂停实施非法援助（如命令授予机构中止实施援助）。[②] 例如，在西班牙关于大型零售企业纳税案中，[③] 最高法院发现下级法院驳回临时措施要求的推理有误，认为援助的存在以及批准临时措施的所有要求都已符合批准条件，因此撤销了下级法院的命令，并在提交保证金的情况下准予暂停缴纳税款。[④] 但由于在程序中难以确定案件所涉措施的援助性质，举证责任成为申请临时措施的法律程序中几乎无法克服的障碍。

另一个妨碍批准临时措施的因素是平衡测试中对公共利益的重视。从概念上讲，国家措施几乎与公共利益挂钩，而公共利益系统性地高于单个企业的利益。在成员国法院的私人执行案件中，这些临时措施主要表现为：补助金/补贴（24%的案件）、减税/退税（18%的案件）、以比市场更优惠的条件特许/私有化国有土地/财产（8%的案件）、以比市场更优惠的条件提供担保（6%的案件）、以比市场更优惠的条件提供贷款（1%的案件）以及其他临时措施（43%的案件）。[⑤]

（三）受理对第三方的损害赔偿

除追回利息外，受援者的竞争对手有权因非法援助造成的损害而获得赔偿，且此类赔偿应由授予机构而非受援者支付，因为受援者不需要履行通知义务，故不对此承担责任。[⑥] 实际上，向欧委会发出通知完全是由国家机构承担的义务，所以，违反国家援助规则获得损害赔偿的条件，等同于违反欧盟法的国家责任。

[①] Case C-368/04, Transalpine Ölleitung in Österreich GmbH and Others v. Finanzlandesdirektion für Tirol and Others [2006], ECLI:EU:C:2006:644, para 46.

[②] Case C-39/94, SFEI and others v. La Poste and others [1996], ECLI:EU:C:1996:285.

[③] Case summary E.S1, ECLI:ES:TS:2009:2061. 案件详情可在"2019年执行研究报告"的案例数据库中查询：https://state-aid-caselex-accept.mybit.nl/search。

[④] 德国国家报告，可从此网站下载：https://state-aid-caselex-accept.mybit.nl/report，转引自European Commission et al., *Study on the Enforcement of State Aid Rules and Decisions by National Courts: Final Study*, Publications Office, 2019, p. 80.

[⑤] European Commission et al., *Study on the Enforcement of State Aid Rules and Decisions by National Courts: Final Study*, Publications Office, 2019, p.67.

[⑥] Case C-39/94, SFEI and Others v. La Poste and others [1996], ECLI:EU:C:1996:285, paras 72-74.

在 Francovich 案中，①欧洲法院首次承认，由于未执行欧盟指令而造成的损害，成员国有责任向个人支付赔偿。该案填补了欧盟关于保障个人权利制度体系中的空白，但赋予个人索赔权的目的，是为了确保欧盟法规定优先于成员国的国内规定，在任何情况下，都不能确保个人从欧盟法赋予他们的权利中受益。因为赔偿的目的，只是为了纠正成员国未能执行欧盟指令所造成的损害性后果，以及避免由于成员国违反欧盟法而造成的持续损害。一旦个人的权利因违反欧盟法而受到侵犯却无法获得救济，那么欧盟法的全部效力都将受到损害。

但向国家法院提起索赔诉讼，现实层面上仍存在困难。在这种情况下，潜在的索赔人可能更愿意直接向受援者索赔。如果成员国的国内法律允许采取此类索赔行为，则潜在的索赔人可能会从受援者那里成功获得损害赔偿。②

（四）追回构成非法援助的减免税款

最后一类救济措施，涉及成员国的税收措施构成非法援助的情形。欧洲法院在 Streekgewest 案中③指出，当税收"构成了非法国家援助措施的组成部分"时，第三方可以质疑其税收负担。即使索赔人不是该国受援者的竞争对手，也没有受到非法援助的直接影响，但依然可以对非法援助提出质疑。只不过，第三方无法从成员国法院获得与非法援助相当的税收减免，因为有纳税义务的人，不能以其他企业享有的豁免构成非法国家援助为由逃避纳税，援助非法性的事实并不影响税收本身的合法性。④事实上，假如一项税收豁免（或退税）因为违反《欧盟运行条约》第 108(3) 条通知义务而构成非法援助措施，即使这种豁免的潜在受援者范围，可以扩大适用于其他企业，也不可能消除该援助的影响；相反，因为受援者数量和范围的扩大，反而会导致非法援助影响的增加。⑤

由于欧盟法没有制定统一的成员国法院遵循的程序规则，因此，根据程序自治原则，每个成员国的国内法体系，应规定对追回程序和损害赔偿请求具有

---

① Case C-6/90, Andrea Francovich and others *v.* Italian Republic [1991], ECLI:EU:C:1991:428.
② Supra, 2009 Enforcement Notice, Section 2.2.5.
③ Case C-174/02, Streekgewest Westelijk Noord-Brabant *v.* Staatssecretaris van Financiën [2005], ECLI:EU:C:2005:10, para21.
④ Joined cases C-393/04 and C-41/05, Air Liquide Industries Belgium SA *v.* Ville de Seraing (C-393/04) and Province de Liège (C-41/05) [2006], ECLI:EU:C:2006:403, paras44-45.
⑤ Case C-368/04, Transalpine Ölleitung in Österreich GmbH and Others *v.* Finanzlandesdirektion für Tirol and Others [2006], ECLI:EU:C:2006:644, para 49.

管辖权的法院，并确定详细的诉讼程序规则。①前提是，首先这些规则不低于源自国内法管辖权的规则（对等原则）；其次，这些规则不会使欧盟法赋予的权利在实践中无法行使或过于困难（有效性原则）。②然而，鉴于对等和有效性原则，成员国法院可以搁置某些使国家援助规则实际无法执行的国家程序规则。③

二、对欧委会提起追回援助的司法审查

成员国法院必须执行欧委会在特定情形下发出的追回援助决定，即成员国法院的公共机构执行（public enforcement）。然而，在执行过程中面临的问题是，追回非法援助是否需要以国内法律为依据？欧委会认为没有必要，因为《程序条例》第16条已作出明确规定，当欧委会通过一项援助追回决定时，有关成员国"……应采取一切必要措施，从受援者那里追回援助"④。也就是说，欧委会不要求成员国法院作出任何决定，后者只需执行欧委会的追回决定即可。成员国法院通常会就执行欧委会追回援助决定，作出相应的追回令。

此外，在成员国执行欧委会追回决定过程中，受援者可在成员国法院对法院追回令或其他任何执行法案提出质疑，以获得相应救济。在此过程中，成员国法院的司法审查权限包括：

（一）审查待追回非法援助数额

欧委会无需在其决定中量化待追回援助的确切数额，这通常是留给成员国法院的任务。追回期限应包括从援助交由受援者处置之日起至有效追回之时的时间，待追回的金额应包括有效追回之前的利息。⑤成员国法院可就受援者与国家之间由此产生的任何争议作出裁决。

---

① Ibid, Case C-368/04, para 45.

② Case C-300/04, Eman and Sevinger [2006], ECR I-0000, para 67, and Joined Cases C-392/04 and C-422/04 i-21, Germany and Arcor [2006], ECR I-0000, para 57.

③ Case C-106/77, Amministrazione delle Finanze dello Stato v. Simmenthal SpA [1978], ECLI:EU:C:1978:49.

④ Council Regulation (EU) 2015/1589 of 13 July 2015 laying down detailed rules for the application of Article 108 of the Treaty on the Functioning of the European Union, OJL 248, 24.9.2015, p. 9-29, Article 16(1). (2015 State aid Procedural Regulation)

⑤ Ibid, 2015 State aid Procedural Regulation.

（二）审查受援者身份

成员国法院必须确定受援者。① 如果受援者被另一家公司收购或被分成不同的公司，执行工作就会变成一项复杂的任务，这时国家机构需要确定直接或间接受援者，从而向其追回援助。② 如果在确定受援者身份方面存在争议，也可以向成员国法院提起诉讼。

（三）审查破产程序中的援助追回

全面追回非法援助的另一种方案是对受援者进行清算。③ 破产程序是根据国家法律执行的，但欧洲法院已制定了一些一般原则，指导成员国法院进行涉及追回非法援助的破产程序：（1）受援者的资产应以公开透明的方式出售。④ （2）破产程序必须导致受援者停止其业务活动。⑤ （3）在破产程序中，国家援助债权应根据适当的排序进行登记。⑥ （4）成员国法院必须确保与继任公司之间不存在经济连续性。继任公司只有在与受援者保持经济连续性的情况下才有责任偿还该援助。除非原始受援者偿还了全部援助，否则该数额应在债务表中登记并在破产程序中予以追回。⑦

（四）评估追回援助的可能性

如上所述，受援者的破产并不是其避免执行追回决定的正当理由。就非法援助的追回而言，欧洲法院给成员国法院留了一定的余地。欧洲法院指出，在特殊情况下，追回援助可能是不适当的（即"绝对不可能"情形）。⑧ 成员国法院的任务是在与欧委会密切合作的背景下确定和解释这些特殊情形，并向欧洲法院提出问题的初步裁决请求。根据欧洲法院判例，只有在"绝对不可能"情形下才允许成员国法院不执行追回决定，但成员国在追回程序中面临的"政治

---

① Supra, 2015 State aid Procedural Regulation, Article 16(2).
② 关于间接受援者的概念，具体参见 Case T-424/05, Italy v. Commission [2009], ECLI:EU:T:2009:49.
③ Case C-42/93, Spain v. Commission [1994], ECLI:EU:C:1994:32.
④ Case C-277/00, Germany v. Commission [2004], ECLI:EU:C:2004:238.
⑤ Commission Notice on the enforcement of State aid Law by national courts, OJC 85/1, 9.4.2009, para 66.
⑥ Case C-142/87, Belgium v. Commission [1990], ECLI:EU:C:1990:125.
⑦ Supra, 2009 Enforcement Notice, para 67.
⑧ Joined Cases C-261/01 and C-262/01, Van Calster and Cleeren [2003], ECLI:EU:C:2003:571, paras 53-54; Joined Cases C-34/01 to C-38/01, Enirisorce [2003], ECLI:EU:C:2003:640, para 45; Case C-174/02, Streekgewest Westelijk Noord-Brabant [2005], ECLI:EU:C:2005:10, paras 16-17.

和法律困难"不属于"绝对不可能"的范畴,因此不构成避免执行欧委会决定的正当理由。①

(五) 评估追回期限

根据法律确定性原则,《程序条例》将追回非法援助的时效期限定为 10 年。该期限是从向受援者提供非法援助之日起计算的;如果欧委会开启对非法援助的调查,则时限将被中断,且每次中断都将重新开始计时。② 因此,成员国法院需要评估受援者就 10 年期限届满提出的援助无法追回的索赔。

表 4-1 成员国法院对于追回援助的司法审查

诉讼类型	享有司法审查权的领域	欧盟相关法律法规
对私人主体提起追回援助的司法审查	▪ 采取临时措施 ▪ 追回非法援助及其利息 ▪ 受理对第三方的损害赔偿 ▪ 追回构成非法援助的减免税款	▪ 欧洲法院判例 ▪ 一般集体豁免条例(GBER) ▪ 微量援助条例 ▪ 欧委会执行通告 ▪ 欧委会关于国家援助概念的通告
对欧委会提起追回援助的司法审查	▪ 审查待追回非法援助数额 ▪ 审查受援者的身份 ▪ 审查破产程序中的援助追回 ▪ 评估援助追回的可能性 ▪ 评估追回期限	▪ 欧洲法院判例 ▪ 程序条例 ▪ 欧委会追回决定 ▪ 欧委会追回通告

资料来源:根据欧委会竞争总局 2019 年就成员国法院执行国家援助规则研究报告整理。

总之,成员国法院在执行追回决定时,一方面,就适用的欧盟法而言,成员国法院主要遵循欧委会关于非法援助的追回决定。其次,成员国法院以欧洲法院判例为指导,确定其与公共机构执行有关的任务。最后,成员国法院也可以参考欧委会的追回通知。③ 另一方面,从程序角度来看,追回是"根据有关成

---

① Case 94/87, Commission v. Germany [1989], ECLI:EU:C:1989:46, paras 7-10.
② Council Regulation (EU) 2015/1589 of 13 July 2015, laying down detailed rules for the application of Article 108 of the Treaty on the Functioning of the European Union, Article 17.
③ Notice from the Commission, Towards an Effective Implementation of Commission Decisions Ordering Member States to Recover Unlawful and Incompatible State Aid, OJC 272/4, 15.11.2007.

员国国内法规定的程序进行的"（程序自治原则），①只是，对执行欧委会追回决定的争议具有管辖权的国内法院，可能因国家而异，但基于对等和有效性原则，国家程序规则不能妨碍成员国法院对追回决定的有效执行。②

综上，成员国法院在私人执行和公共机构执行程序中可以依据相关欧盟法规，为成员国当局及私人主体提供各类司法救济途径（如表4-1所示）。

三、成员国法院追回援助裁判的执行障碍

为确保欧盟法律的确定性以及国家援助规则的有效实施，欧委会竞争总司于2019年7月31日发布了成员国法院执行国家援助规则的研究报告（以下简称"2019年执行研究报告"）。③这是自2009年对2006年国家援助规则执行评估的更新研究以来，④又一次更大范围的评估。这项审查评估是由Spark法律网络、欧洲大学研究所佛罗伦萨竞争计划、Ecorys和Caselex共同组成的联合研究小组（以下简称"研究小组"）负责的，并得到了国家法律专家网络⑤的支持。审查评估涵盖了2007年1月1日至2017年12月31日期间裁定的766项强制执行案件以及2018年裁决的重要案件。该研究报告全面概述了欧盟28个成员国法院执行国家援助规则的情况，确定了新的趋势和挑战，代表了迄今为止对国家援助规则执行情况进行的最全面的审查评估研究。

从2019年执行研究报告不难看出，欧盟基本条约规定、理事会和欧委会法规以及欧洲法院大量的国家援助判决，导致国家援助规则体系复杂且不透明。毫不奇怪，欧盟这套规则在实践中并不总能得到正确执行。⑥

---

① Council Regulation (EU) 2015/1589 of 13 July 2015, laying down detailed rules for the application of Article 108 of the Treaty on the Functioning of the European Union, OJL 248, 24.9.2015, p. 9-29, Article 16(3).

② Case C-368/04, Transalpine Ölleitung in Österreich GmbH and Others v. Finanzlandesdirektion für Tirol and Others [2006], ECLI:EU:C:2006:644, para 45.

③ European Commission, Directorate-General for Competition, G. Monti, P. Bas, L. Meindert et al., *Study on the Enforcement of State Aid Rules and Decisions by National Courts: Final Study*, Publications Office, 2019, https://state-aid-caselex-accept.mybit.nl/report.

④ Lovells J. Derenne, *2009 Update of the 2006 Study on the enforcement of State aid rules at national level*, 2009, http://ec.europa.eu/competition/state_aid/studies_reports/enforcement_study_2009.pdf.

⑤ 该网络负责收集和分析各成员国执行国家援助规则的法律数据、编写案例摘要和国家报告。

⑥ See the State Aid Scoreboard, Autumn 2009 update (COM(2009) 661), p. 12.

（一）基于私人追回援助请求的执行障碍

欧洲法院判例早已确定，当欧盟法律授予私人主体的权利出现问题时，私人主体可以诉诸其国内法院，国内法院必须充分保护私人主体的这些权利。[①] 不难看出，成员国法院在追回决定作出之前提供的救济措施，主要侧重于应相关私人主体请求而开展的国内法院司法审查，同时可能对违反国家援助规则的行为者及其行为产生威慑作用。[②] 考虑到国家援助规则不对企业施加义务，如果私人主体打算起诉受援企业，只能依据其国内法向其国内法院提起诉讼。并且，在这类由私人主体提起的援助诉讼案件中，即使成员国法院已普遍了解欧盟法律，但在适用"援助"的法律概念时仍面临诸多困难，以致于要么出现误判，要么概念事实判定面临各种复杂又易产生争议的情形。

1. "企业"概念较难判定

成员国法院在认定"企业"概念时容易出现误判。在立陶宛一个与破产程序相关的案件中，原告声称将被告的债务列入较高级别的债权人，相当于国家援助。立陶宛上诉法院驳回了这一主张，因为被告是一家国有企业，为在立陶宛注册的银行中持有的所有存款提供强制性保险。根据欧盟法，不能将其视为"企业"。[③]

2. 经济活动判定标准复杂

经济活动的判定经常面临各种复杂情形。例如，在丹麦法院受理的一起案件中，[④] 受援者的竞争对手向丹麦法院提起损害赔偿诉讼，声称一个国家机构从丹麦政府那里获得了非法的国家援助，涉及用于合成、更新和提供数字地图的公共融资。成员国法院认为，由于该机构的活动是根据执行欧盟法律的丹麦法律进行的，进而得出结论：该机构的活动是在行使公共权力机构的任务，而非经济活动，因此，不构成任何援助，并驳回原告主张。

3. 一般集体豁免条例或微量援助条例的事实判定困难

涉及一般集体豁免条例或微量援助豁免条例的事实判定情况复杂。一家德国健身房支付的租金低于市场价格，德国法院在处理这种价格优惠是否构成非

[①] Case 26/62, Van Gend & Loos [1963], ECLI:EU:C:1963:1.

[②] Kent Roach & Michael J. Trebilcock, *Private Enforcement of Competition Laws*, Osgood Hall Law Journal, Vol. 34: 3, p. 471 et seq (1997). See also Wendy Naysnerski & Tom Tietenberg, *Private Enforcement of Federal Environmental Law*, Land Economics, Vol. 68:1, p. 46 (1992).

[③] Case summary LT3, 2-2205/2014, https://state-aid-caselex-accept.mybit.nl/search.

[④] Case summary DK5, B-2750/13, https://state-aid-caselex-accept.mybit.nl/search.

法援助的问题时，发现无法追溯适用一般集体豁免条例。该援助属于一般集体豁免条例第 55 条中关于向体育基础设施提供援助的规定范畴。但是，由于该措施是在一般集体豁免条例通过之前实施的，因此本应将其通知欧委会。法院因此驳回了受援者的请求。①

4. 市场经济运营商原则适用分歧较大

成员国法院在处理市场经济运营商测试（Market Economy Operator Test，简称 MEO），或确定出售 / 租赁房地产的市场价值方面面临着困难。例如，在斯洛伐克一个案件中，②社会保险局请求成员国法院撤销破产债务人的重组计划，因为该计划强加了注销先前债务的要求，构成了非法国家援助。法院支持了这一主张，认为社会保险局在破产程序中可能获得了更高排名，故债务的注销不符合市场经济运营商原则。同样，在德国一起纠纷案件中，③原告和被告对于评估农用地市场价格的方法存在分歧。法院强调，根据国家援助规则，市场价值的概念代表任何"可获得"的价格，即私人投资者在市场条件下可以确定的价格。

5."优势"概念及 Altmark 标准适用困难

在涉及普遍经济利益服务的案件中，许多成员国法院在"优势"概念以及 Altmark 判例的适用方面都遇到了困难。④例如，在芬兰的一个案件中，⑤一名竞争对手声称，向救援部门支付的赔偿构成了非法国家援助。一审行政法院裁定，必须将紧急医疗服务视为普遍经济利益服务，应通过 Altmark 标准进行评估。与一审法院的观点相反，最高行政法院认为，由于救援部门在提供紧急医疗服务方面负有特殊的法律义务，紧急医疗服务不是普遍经济利益服务。所以，这些运营商无法与市场上提供类似服务的其他服务提供商相提并论。另一方面，该案所涉国家措施不是《欧盟运行条约》第 107(1) 条所指的选择性措施，并且

---

① Case summary DE3, ECLI:DE:OV. GBEBB:2017:1218.6B3.17.00, https://state-aid-caselex-accept.mybit.nl/search.

② Case summary SK2, ECLI:SK:KSTT:2016:2114222717.1, https://state-aid-caselex-accept.mybit.nl/search.

③ Case summary DE5, ECLI:DE:LGBE:2011:0314.90O107.08.0A, https://state-aid-caselex-accept.mybit.nl/search.

④ Case C-280/00, Altmark Trans GmbH and Regierungspräsidium Magdeburg v. Nahverkehrsgesellschaft Altmark GmbH, and Oberbundesanwalt beim Bundesverwaltungsgericht [2003], ECLI:EU:C:2003:415.

⑤ Case summary FI1, ECLI:FI:KHO:2018:28, https://state-aid-caselex-accept.mybit.nl/search.

救援部门也不应被视为"企业"。最终,最高行政院驳回了原告关于中止执行援助的请求。

(二)基于欧委会追回援助决定的执行障碍

遵守欧委会决定的义务,意味着欧盟各成员国必须采取一切必要措施确保追回非法援助。但由于欧盟各成员国适用不同的国内程序规则,从而导致了国家援助案件在执行追回决定时的不同结果,甚至可能使国家援助规则无法执行。从欧委会对成员国执行追回决定的评估研究报告中可以看出,成员国追回非法援助的公共机构执行仍面临许多障碍。[1]

1. 追回利息计算存在困难

根据欧委会(EC)第794/2004号法规[2]规定并经欧委会(EC)第271/2008号法规[3]修订,由于计算追回利息方面存在的困难,许多成员国在援助追回立法中纳入了有关追回利息的具体规定,以致出现了计息方式因国家而异的情况。如荷兰和斯洛伐克通过的追回立法就涵盖了关于计算追回利息的具体规定。在最高法院批评西班牙没有一个具体的国家程序来追回国家财政援助之后,西班牙在其追回立法中也加入了类似的条款。[4]

2. 受援者破产情形下的款项追回困难

国家立法可能会影响国家作为债权人的地位,或对在破产程序中提出的索赔施加时间限制从而阻止援助的全面追回,或者对索赔的类型施加限制。在SCM案中,[5]法国SCM公司受益于一项免税措施,该措施后来被欧委会宣布与内部市场不一致。当SCM已进入清算程序时,法国法院发布了一项追回令。SCM的清算人拒绝偿还国家援助,声称根据法国破产法,报告债务的截止日期已经到期。该案法院最终指出,法国法律没有规定任何例外情形,允许在法国

---

[1] European Commission et al., *Study on the Enforcement of State Aid Rules and Decisions by National Courts: Final Study,* Publications Office, 2019.

[2] Commission Regulation (EC) No 794/2004 of 21 April 2004 implementing Council Regulation (EC) No 659/1999 laying down detailed rules for the application of Article 93 of the EC Treaty, OJL 140, 30.4.2004, p. 1-134.

[3] Commission Regulation (EC) No 271/2008 of 30 January 2008 amending Regulation (EC) No 794/2004 implementing Council Regulation (EC) No 659/1999 laying down detailed rules for the application of Article 93 of the EC Treaty, OJL 82, 25.3.2008, p. 1-64.

[4] 西班牙国家报告,转引自2019年执行报告,第56页。

[5] SCM case in France, Case summary FR11, ECLI:FR:CCASS:2012:C00012535. 案件查询:https://state-aid-caselex-accept.mybit.nl/search。

破产程序法规定的一年期限届满后,从破产企业收回债务。在 SKLM 案中,[①] 由于公共机构依照错误程序向破产的受援者提出索赔,德国法院拒绝了全面追回援助,但裁定可以将索赔重新提交给破产受托人。值得注意的是,并非所有成员国都认可国家破产程序规则是全面追回的障碍。[②]

3. 对已破产受援者的识别耗时

成员国法院对已破产受援者的识别可能会很耗时,而且会导致冗长的诉讼程序。在比利时的 Plastini Operations 案中,法院进行了深入分析,并下令提供一份专家报告,以确保公司收购原受援者的股份所支付的价格符合市场价格,从而不必向收购方追回任何援助。芬兰最高法院在一起相关案件中完全驳回了原告的论点,即破产和成立继任公司后,强制性重组计划的要求可能是追回的合法障碍。法院认为,欧盟法凌驾于国家措施之上。[③] 在 Venezia/Chioggia 案中,意大利国家援助欧委会驳回了一项主张:即除了欧委会决定中确定的应向其追回国家援助的受援者之外,有关公共机构还应进行额外的调查。[④] 在德国 SKLM 案中,由于没有遵循有关破产的正当程序,法院实际在一定程度上拒绝了追回援助,尽管法院裁定,公共机构在遵循正当程序后可以重新提交追回援助的索赔请求。

4. 追回决定和追回令规定不明确

成员国法院在其裁决中,需要澄清欧委会决定和国家追回令中一些被指认为不明确的方面:(1)待追回援助的数量。在法国的一起相关案件中,由于受援者无法计算应付款项,国家追回令只能被撤销。该案法院在裁决中裁定,公共行政部门可以纠正缺陷,并发布新的行政决定。[⑤](2)利息(单利还是复利)。尽管一些成员国法院拒绝了基于复利计算法的追回利息(法国),[⑥] 但在西班牙(无息贷款),最高法院裁定必须追回复利,并撤销了西班牙民法和行政法的相关规定。[⑦] 特别是在前者(法国)所涉案例中,欧委会发布了两项追回决定,

---

① Case summary DE11, SKLM IXR22105, https://state-aid-caselex-accept.mybit.nl/search.
② For example, Case summary ES 6, the Valencian football cases, 47617, https://state-aid-caselex-accept.mybit.nl/search.
③ Case summary FI5, KHO/2015/7, https://state-aid-caselex-accept.mybit.nl/search.
④ Case summary IT9, 2401/2015, https://state-aid-caselex-accept.mybit.nl/search.
⑤ Case summary FR 11, ECLI:FR:CECHR:4420/70224, https://state-aid-caselex-accept.mybit.nl/search.
⑥ Case summary FR07, NT00572, https://state-aid-caselex-accept.mybit.nl/search.
⑦ Case summary ES7, ECLI:ES:AN:2011:5805, https://state-aid-caselex-accept.mybit.nl/search.

要求偿还国家援助金额及其利息。受援者认为，政府只应追回单利，法国南特行政上诉法院支持了该诉讼观点，并撤销了追回令。(3) 确定援助追回的期限。在 Alcoa 案中，① 区域行政法庭发现，意大利电力行业均衡基金针对 Alcoa 发布的追回令（即授权），在 2007 年 1 月 19 日至 2009 年 11 月 19 日期间，部分是非法的。成员国法院指出，欧委会决定仅明确提及 2006 年 1 月 1 日至 2007 年 1 月 18 日期间援助的不一致性。亦即，追回令将追偿义务扩大至欧委会决定所指上述期限之外，因此，成员国法院部分撤销了追回令。

5. 中止执行欧委会决定的各国立法不一致

一些欧盟成员国的国内法会作出规定，成员国法院可以在针对法院追回令废止的上诉程序中，中止有关执行欧委会决定的命令。例如波兰《国家援助程序法》第 25 条规定，成员国法院在等待上诉期间，可以暂时中止执行欧委会决定的追回令。② 克罗地亚《一般行政程序法》第 12 条规定，针对行政行为（如追回令）的上诉对其执行具有中止效力。③ 这里需要明确的是，根据《欧盟运行条约》第 278 条："向欧洲法院提起的诉讼不具有中止效力。"因此，在欧洲法院上诉待决期间，不能中止欧委会决定的执行。但是，上述克罗地亚和波兰的程序规则，是针对执行欧委会决定的成员国法院追回令提起的上诉，根据国内法规定可以中止。对此，有关成员国辩称，鉴于程序自治原则，此类程序规则符合欧盟法，因为它们旨在维护受援者在法院诉讼程序中的合理期待。但也可以抗辩称，此类规则阻碍了追回决定的及时执行，即成员国法院基于国内法阻碍了欧盟法的有效执行，从而不予适用，中止仅涉及法院追回令这一事实并不会改变这一原则。

综上，在国家援助案件中，欧盟国家援助规则的实际执行必须在国家层面进行，具体取决于相关成员国的国内适用程序。质言之，国家援助规则的执行有效性，在很大程度上取决于成员国是否具备适用和有效的程序规则。④ 成员国

---

① Case summary IT8, 2297/2014, https://state-aid-caselex-accept.mybit.nl/search.

② Polish Act on State Aid Procedure, Article 25, Ustawazdnia 30 kwietnia 2004 ropostępowaniu w sprawach dotyczących pomocy publicznej, Dz.U. 2004 nr 123 poz. 1291 ze zm. 转引自 European Commission et al., *Study on the Enforcement of State Aid Rules and Decisions by National Courts: Final Study*, Publications Office, 2019.

③ Croatia General Administrative Procedure Act, Article 12.

④ Paul C. Adriaanse et al., *Implementation of EU Enforcement Provisions: between European Control and National Practice*, REALaw, 2008, p. 83-97.

法院可以自由选择哪些机构将负责国家层面的实际执行以及应采用的程序规则。然而，成员国法院在执行时存在一些问题，证明成员国国内法律的程序障碍可能是正确实现欧盟目标的真正风险。①欧盟及其成员国也逐步认识到，一个良好的国内程序规则对于提高国家援助规则执行有效性的重要性。为此，欧委会提出了关于成员国法院追回援助的最佳做法规划。

四、成员国法院追回援助的最佳做法规划

成员国法院在追回援助过程中的最佳做法，主要涉及成员国的国内程序规则和司法实践，可以在欧委会作出决定后缩短援助追回程序的时间。

（一）成员国法院追回援助的最佳做法

1. 最佳做法的概念及性质

成员国法院追回援助的"最佳做法（best practices）"（以下简称"最佳做法"），是指成员国法院确保有效解决当前问题，并在执行追回决定以及追回决定作出前提供的私人救济措施中，最接近实现国家援助规则目标的做法。②最佳做法的性质可能有所不同。有些做法是在适用某些可以加速索赔的国家程序规则时发现的；也有些做法可能涉及司法系统，并且与权限、案件管理或其他程序规则有关；或者，只要可以增加法院适当处理和解决案件的能力，这些做法还可以以行政或立法措施为基础。此外，最佳做法不一定需要适用于整个欧盟，但有可能只在一个成员国中发现。

2. 最佳做法的"可复制性"

最佳做法是否"可复制（replicability）"，或是否可推广至其他成员国，首先需要仔细分析每种最佳做法存在的原因，这意味着要充分了解与执行国家援助规则有关的立法框架以及各个国家的传统法律，进而才有助于探索每种实践是否以及在多大程度上可以推广到其他成员国。

因此，这里的问题是，最佳做法是否是源于不同国家背景的内生或外生因素相互影响和作用的结果？其中，每个成员国在欧盟内部保留的程序自治也是要考虑的相关因素。具体而言，以上研究可以从成本效益分析的角度，并根

---

① Paul Adriaanse, *Public and Private Enforcement of EU State Aid Law*, in Blanke HJ. & Mangiameli S. eds., The European Union after Lisbon. Springer, Berlin, 2012.

② European Commission et al., *Study on the Enforcement of State Aid Rules and Decisions by National Courts: Final Study*, Publications Office, 2019.

据成员国在设计国家援助执行制度时的程序自治性，来评估最佳做法的"可复制性"。

此外，有些最佳做法是管理程序性或实质性问题的一种特别有效的方法，而另一些做法则是成员国为弥补国家法律框架与充分执行国家援助规则之间的不足、薄弱环节或摩擦而采取的措施。换言之，最佳做法既可以是增强性能的方法，也可以是解决现有问题的有效方法。值得澄清的是，不是所有"预期的（excepted）"行为都可以被视为最佳做法，例如，成员国或成员国法院仅遵循相关法律框架的行为（尊重欧盟法的优先地位或是与欧委会的合作）。

（二）最佳做法的具体设计

最佳做法主要涉及成员国法院可以轻松应用的司法实践，但又不会涉及立法干预。这些最佳做法共计七种，可分为以下三个类别：

1. 与追回援助有关的最佳做法

与追回援助有关的最佳做法包括：具体立法、国家援助文书中的追回说明以及国家对延迟追回的处罚。近年来，许多成员国通过了关于执行援助追回决定的具体法律框架。尽管这些法律在适用范围、追回过程中涉及的行政机构和程序步骤方面存在很大差异，但它们代表了在国家层面执行国家援助规则的最佳做法。采用特定的追回法律框架，有助于加快援助追回程序，提高法律确定性并减少诉讼，以及保护受援者的辩护权，从而确保有效执行追回决定。

除此之外，与援助追回有关的更进一步的最佳做法包括：在援助授予行政法规中涵盖相关追回程序的指示，以及在不适当执行欧委会决定的情况下，对国家机构采用内部惩罚措施。

2. 国家筛选机制的最佳做法

在欧盟成员国引入筛选机制也是一种最佳做法。这种机制既包括事前控制（即国家机构向授权机构提供无约束力的一致性评估，从而可以在援助措施通知之前预见欧委会对援助措施的评估），也包括事后控制（即国家机构对援助措施进行监控）。其中，事前控制机制是国家机构根据《欧盟运行条约》第107(2)条、第107(3)条、第108(2)条以及第108(4)条，向援助授权机构提供的关于援助措施是否符合国家援助规则的评估意见，该一致性评估不具有约束力。事后控制机制则与一般集体豁免条例、微量援助豁免条例和援助概念相一致，并最终可以命令收回非法援助，而无需欧委会作出决定。

3. 最佳制度做法

最佳制度做法，指的是明确成员国法院在国家援助纠纷中的管辖权和调查原则所适用的规则。在法院机构层面上的最佳做法，应阐明和澄清国家援助纠纷中法院管辖权规则，以及法院诉讼程序中的调查原则。前者的最佳做法是使成员国法官对国家援助规则更加熟悉；而后者的目的是支持原告根据国家援助规则规定的救济措施提出索赔，以便提高在成员国法院中成功提出索赔的概率。

实践证明能够在不同成员国推广和实施的追回援助最佳做法，往往是那些能使成员国法院的司法审查和执法更加顺畅的工作实践。换言之，欧盟目前能够采纳的最佳做法，主要是可以由成员国法院轻易采用的司法惯例，而非立法干预。如此背景下，成员国可以相互协助，完善现有政策，并考虑这些最佳做法可以在多大程度上改善对欧委会审查结果和追回援助的执行力度。

与此同时，欧委会在近两年更新和修订各类援助法规时，还将成员国法院在追回非法援助中的执行障碍的解决对策纳入新修订的文件中。例如，在对《2009年欧委会关于成员国法院执行国家援助规则的通告》的修订过程中，欧委会就参考了在国家援助规则执行中发现的问题，最终于2021年7月30日通过了《2021年欧委会关于成员国法院执行国家援助规则的通告》（也称"2021年执行通告"）。这也体现了欧盟法律秩序和成员国的国内法律秩序在国家援助领域的密切互动。由此可见，针对规则或制度的审查执行情况进行监督和研究，并据此构建反馈机制，对于未来的修法及制度完善具有十分重要的研究和参考价值。

第三节　欧洲联盟法院在国家援助案件中的司法审查

欧洲法院的作用对于国家援助控制的程序规则演变和构建至关重要。特别是自2018年以来，欧洲法院在国家援助领域作出了多项判决，法院的注意力似乎集中在欧委会对所评估援助措施的相关法律要素和事实的分析，以及程序规则的适用上面。近年来，国家援助规则无论是在一致性规则的制定、欧委会的评估工作、受审查的措施和一般集体豁免条例的实施等方面都发生了深刻的变化。这使得欧洲法院的关注不仅体现在国内法官层面提高国家援助意识后的初步裁决机制方面，而且还体现在撤销欧委会有关国家援助决定的直接行动方面。

一、欧洲联盟法院的司法审查机构

欧盟的司法审查机构是欧洲联盟法院,包括欧洲法院和欧盟普通法院。[①]

(一) 欧盟法院体系

欧盟法既不是国内法,又不同于国际法。由于欧盟法的自治性原则,需通过同质性解释方可保证欧盟法律体系的连贯性和完整性,因此,欧盟需通过欧洲联盟法院(The Court of Justice of the European Union,CJEU,以下简称"欧盟法院")行使初步裁决权,以实现对欧盟法的同质性解释以及对成员国的强制性约束力。欧洲联盟法院包括欧洲法院(the Court of Justice)[②]和普通法院(the General Court),[③] 其中欧洲法院是普通法院的上诉法院,也是欧盟最高法院,负责审查普通法院的管辖权、违反程序规则或适用欧盟法律错误问题。1986年以前,欧洲法院需审查所有与欧盟法规定相关的案件,为了减轻其负担,欧盟于1986年设立了普通法院。普通法院作为初审法院,负责审理由自然人或法人直接提起的诉讼,以及欧盟机构与其员工之间的争议。

(二) 欧洲联盟法院的审查机制

根据欧盟两部条约的规定,欧洲联盟法院的审理权限包括:(1)对成员国、机构、自然人或法人提出的诉讼作出裁决;(2)应国家法院的要求,就欧盟法律解释或欧盟机构行为(法令)的合法性进行审查评估并作出初步裁决;(3)确保成员国遵守条约规定的义务;(4)对条约规定的其他案件作出裁决。具体而言,欧洲联盟法院一般处理针对成员国或欧盟机构、团体、办公室等的直接诉讼,以及基于初步裁决机制的由成员国法院或法庭提出有效性(合法性)问题的间接诉讼。前者包括针对未履行欧盟法义务的成员国提起的诉讼、针对欧盟机构撤销和不作为的诉讼以及其他直接诉讼程序。后者主要是考虑到成员国法院通常负责在案件需要时适用欧盟法律,当涉及与欧盟法律解释有关的问题

[①] 为与全文保持一致,此处及下文对涉及国家援助的欧洲法院判例和欧盟普通法院判例统一为"欧洲法院判例",单独介绍二者专属管辖权时再作区分。

[②] 欧盟的三类法院统称为欧洲联盟法院(CJEU),为了防止混淆,不能直接将the Court of Justice翻译为欧洲联盟法院、欧盟法院或联盟法院;如果直接翻译为"法院",在书中也容易产生混淆。因此,本书沿袭对该法院的旧译,将the Court of Justice翻译为"欧洲法院"。参见程卫东、李靖堃译:《欧洲联盟基础条约——经〈里斯本条约〉修订》,社会科学文献出版社2010年版,第41页注释。

[③] 欧盟法院体系下原本还设有一个公务员法庭(the Civil Service Tribunal),成立于2004年,后来在欧盟司法结构改革的背景下,其管辖权移交给普通法院后,于2016年停止运作。

时，成员国法院可以向欧洲法院寻求初步裁决。成员国法院一般依据其国内程序规则，提请欧洲法院作出有关欧盟法律规定的解释或合法性问题（具体审查内容详见表4-2）。

表4-2 欧洲联盟法院的审查对象及裁决结果

案件类型	审查裁决结果	具体审查内容
侵权诉讼	执行法律	此类案件因成员国政府未遵守欧盟法律而被提起，可由欧委会或其他欧盟成员国启动。如果发现该国有过错，它必须立即纠正，否则将面临提起第二起案件诉讼的风险，这可能会导致罚款。
撤销诉讼	撤销欧盟法律行为	如果认为欧盟的行为违反了欧盟条约或基本权利，欧盟理事会、欧委会、（在某些情况下）欧洲议会或欧盟政府可要求欧洲法院将其取消。个人也可要求欧洲法院撤销直接关系到他们的欧盟法案。
不作为的诉讼	确保欧盟采取行动	成员国、欧洲议会、理事会和欧委会必须在某些情况下作出决定。如果它们不这样做，欧盟政府、其他欧盟机构或（在某些情况下）个人或公司可以向法院起诉。
损害赔偿诉讼	制裁欧盟机构	任何因欧盟或其工作人员的作为或不作为而使其利益受到损害的个人或公司，都可以通过法院对其采取行动。
初步裁决请求	解释法律	成员国法院需要确保欧盟法的正确适用，但不同国家的法院可能会有不同解释。如果国家法院对欧盟法的解释或有效性有疑问，可要求法院澄清。该机制也适用于确定国家法律或实践是否与欧盟法兼容。

资料来源：根据《欧盟运行条约》以及欧盟官方网站关于"欧盟机构简介"整理。

其中，《欧盟法院规约》第51条规定了欧洲法院的专属管辖权：欧洲法院对欧盟机构之间的诉讼以及成员国对欧洲议会或理事会提起的诉讼具有专属管辖权。根据该条规定，成员国或欧盟机构依据《欧盟运行条约》第263条和第265条对欧洲议会、理事会或者这两个机构共同的作为或不作为提起的诉讼，司法管辖权应保留给欧洲法院；成员国或欧盟机构依据《欧盟运行条约》第331(1)条针对欧委会的作为或不作为提起的诉讼，司法管辖权应保留给欧洲法院；以及欧盟机构针对欧洲中央银行的作为或不作为提起的诉讼，司法管辖权也应保留给欧洲法院（具体详见表4-3）。

表 4-3 欧洲法院的专属管辖权

欧盟法律依据	起诉方	诉讼事由	例外情形
《欧盟运行条约》第 263 条和第 265 条;《欧盟法院规约》第 51 条	成员国或欧盟机构	*欧洲议会的作为或不作为 *欧盟理事会的作为或不作为 *欧洲议会和理事会共同的作为或不作为	i. 理事会根据《欧盟运行条约》第 108(2)(c) 条作出的决定; ii. 理事会根据《欧盟运行条约》第 207 条所指保护贸易措施的理事会条例通过的理事会法案; iii. 理事会根据《欧盟运行条约》第 291(2) 条行使执法权的理事会法案。
《欧盟运行条约》第 331(1) 条;《欧盟法院规约》第 51 条	成员国或欧盟机构	*欧委会的作为或不作为	无
《欧盟运行条约》第 265 条;《欧盟法院规约》第 51 条	欧盟机构	*欧洲中央银行的作为或不作为	无

资料来源：根据《欧盟运行条约》和《欧盟法院规约》相关条款规定整理。

《欧盟运行条约》第 256 条规定了普通法院的专属管辖权：普通法院在初审时对除上述欧洲法院管辖之外的所有其他类别的诉讼具有管辖权，特别是有关个人和成员国对欧委会提起的诉讼（具体详见表 4-4）。根据该条规定，① 普通法院有权审理《欧盟运行条约》第 263 条、第 265 条、第 268 条、第 270 条

---

① 《欧盟运行条约》第 256 条
普通法院有权在初审时审理和裁定第 263 条、第 265 条、第 268 条、第 270 条和第 272 条所述的诉讼，但由根据第 257 条设立的专门法院负责的诉讼，以及《欧盟法院规约》为欧洲法院保留的诉讼案件除外。《欧盟法院规约》可规定普通法院对其他类别的诉讼或程序拥有管辖权。就普通法院根据本款作出的裁决而言，可根据《欧盟法院规约》规定的条件和限度，仅就法律问题向欧洲法院提出上诉。
普通法院有权审理和裁定针对专门法院判决提起的诉讼或程序。如果欧盟法的统一性或一致性具有受到影响的严重风险，则普通法院基于本款作出的裁决可在例外情况下，根据《欧盟法院规约》规定的条件和限制，由欧洲法院进行审查。
在《欧盟法院规约》规定的具体领域，普通法院有权审理和裁定根据第 267 条提起初步裁决的问题。如果普通法院认为该案件需要作出可能影响欧盟法律统一性或一致性的原则性决定，则可将该案件提交欧洲法院裁决。如果欧盟法的统一性或一致性存在严重威胁，则普通法院就提交初步裁决的问题作出的决定可在例外情况下，根据《欧盟法院规约》规定的条件和限制，接受法院的审查。

和第 272 条所指的初审诉讼，特别是在以下领域享有司法管辖权：(1) 撤销欧盟机构、团体、办事处机构的行为，或者自然人或法人对机构不作为提起的诉讼；(2) 成员国对欧委会提起的诉讼；(3) 对欧盟机构或团体、办事处机构或其工作人员造成的损害采取赔偿的诉讼；(4) 由欧盟或代表欧盟签订的明确赋予普通法院管辖权的合同的争议诉讼；(5) 联盟与其雇员之间的纠纷，一方面包括所有机构和所有团体、办事处机构之间的纠纷，另一方面包括其雇员之间的纠纷。

表 4-4 普通法院的专属管辖权

序号	欧盟法律依据	具有专属管辖权的领域
1	《欧盟运行条约》第 263 和 265 条；《欧盟运行条约》第 256 条	撤销欧盟机构、团体、办事处机构的行为，或者自然人或法人对机构不作为提起的诉讼。
2	《欧盟运行条约》第 263 和 265 条；《欧盟运行条约》第 256 条	成员国对欧委会提起的诉讼。
3	《欧盟运行条约》第 268 条；《欧盟运行条约》第 256 条	对欧盟机构或团体、办事处机构或其工作人员造成的损害采取赔偿的诉讼。
4	《欧盟运行条约》第 272 条；《欧盟运行条约》第 256 条	由欧盟或代表欧盟签订的明确赋予普通法院管辖权的合同的争议诉讼。
5	《欧盟运行条约》第 270 条；《欧盟运行条约》第 256 条	联盟与其雇员之间的纠纷，既包括所有机构和所有团体、办事处机构之间的纠纷，又包括其雇员之间的纠纷。

资料来源：根据《欧盟运行条约》相关条款规定整理。

二、欧洲法院的初步裁决机制

（一）初步裁决机制的法律渊源

依据《欧盟运行条约》第 256(3) 条规定，欧洲联盟法院有权在《欧盟法院规约》规定的特定领域，对根据《欧盟运行条约》第 267 条提交的问题进行审查并作出初步裁决。因此，《欧盟运行条约》第 267 条详细规定了欧洲联盟法院这一初步裁决机制。①

为了确保能够保留欧盟本质特征，欧洲法院必须在解释欧盟法律以及界定欧盟及其成员国之间权限分配方面维持其专属解释权。②例如在建立欧洲经济区法院时，欧洲法院认为欧洲经济区法院有权解释欧洲经济区协定所设想的"缔约方"一词，这等同于确定了欧盟及其成员国之间各自的权力分配。③无独有偶，欧洲法院在 Mox Plant 案中也确认了相同的观点。该案涉及爱尔兰和英国之间的海洋污染争端问题，欧洲法院认为欧盟法涵盖了这一主题，但爱尔兰却依据《联合国海洋法公约》发起了针对英国的海洋污染争端解决，从而判定爱尔兰未能遵守欧盟法律中关于欧洲法院专属管辖权的规定，违反了欧盟法自治性原则。④

(二) 对初步裁决机制的述评

欧盟的初步裁决机制是欧洲法院的最后武器，一旦启动该机制，就意味着某个争端解决机构对欧盟法律的解释存在问题，不论此争端解决机构是国际法院，抑或是成员国国内法院，这种司法冲突下的控制权即可通过该机制交由欧洲法院处理。例如在 Vodafone 案中，欧洲领先的四家移动运营商对英国通过的关于实施第 717/2007 号条例（即"漫游条例"）的规定提出质疑，漫游条例规定了移动运营商对用户在其自身网络之外拨打和接听的语音呼叫征收的最高费用，同时还规定了消费者在使用外国运营商的网络时必须向外国运营商支付的最高价格。英国高等法院就此向欧洲法院提交了关于漫游条例有效性的初步裁决请求，主要涉及《欧共体条约》第 95 条（现为《欧盟运行条约》第 114 条）

---

① 《欧盟运行条约》第 267 条

欧洲联盟法院对下列事项拥有初步裁决权：条约的解释；联盟机构、团体、机关或办事机构之法令的有效性及其解释。

任何成员国法院或法庭在遇到此类问题时，如认为关于该问题的裁决对于其作出判决是必需的，则可请求欧洲联盟法院就此问题作出裁决。

如此类问题出现在成员国法院正在审理的案件中，而根据国内法，对该法院或法庭的裁决不存在司法救济，则该法院或法庭应将该事项提交欧洲联盟法院。

如此类问题出现在成员国法院正在审理的案件中，而该案件涉及人员拘押，则欧洲联盟法院应在最短期限内采取行动。

② F.A. Duarte, *Autonomy and Opinion 1/17 – a Matter of Coherence?*, https://europeanlawblog.eu/2019/05/31/autonomy-and-opinion-1-17-a-matter-of-coherence/.

③ Opinion 1/91 of the Court, ECLI:EU:C:1991:490, paras 34-35.

④ Case C-459/03, Commission of the European Communities v Ireland, ECLI:EU:C:2006:345.

是否可以作为漫游条例通过的法律依据，以及通过征收欧元关税，欧盟立法者是否违反了相称性和辅助性原则。①

综上，欧盟根据条约建立的这一司法审查制度，其特征在于欧洲法院对欧盟法律作出明确解释的专属管辖权，保证了欧盟法律体系的一致性和统一性解释，②对于维护欧盟法律秩序的自治性特征至关重要。③欧洲法院的初步裁决机制强调其对欧盟法的排他性解释权，有助于平衡成员国法院和欧盟法院之间的关系，强化二者之间的司法合作，并在一定程度上弥补欧盟法的不足，保证其优先于成员国法的法律地位，从根本上保护了欧盟的一体化进程。可以说，欧盟法院的初步裁定机制和欧盟法的自治性原则是欧盟司法一体化的"基石"。④

三、欧洲法院对欧委会援助决定的司法审查

《欧盟运行条约》第107—109条并未涉及欧洲法院对欧委会决定的司法审查议题，规范该议题的是《欧盟运行条约》第263条。其中，该条第1款授予欧洲法院对欧委会决定的合法性进行审查的专属管辖权。如果欧洲法院认定欧委会决定无效，则有权撤销这些决定。

（一）欧委会决定的可诉性

《欧盟运行条约》第288条明确指出，欧盟机构为行使欧盟权能而通过的条例、指令、决定、建议和意见中，建议和意见均不具有约束力。因此，有学者认为，在欧盟法律体系中，软法包括建议、意见和其他未在《欧盟运行条约》第288条中提及的文书，如通告、通讯或指南。⑤然而，由于欧委会在竞争和国家援助领域的参与度较高，并发布了许多建议、意见、通告、通讯或指南等软法文书，还会针对国家援助的合法性发布相应的决定，从而导致欧委会决定的性质很容易被混淆。因此，在涉及欧盟对相关法案的司法审查问题上，明确欧委会决定的可诉性十分有必要。

由于欧委会决定只对其指向对象有约束力，从而在性质界定上有别于欧委

---

① Case C-58/08, Vodafone and Others [2010], ECLI:EU:C:2010:321.
② Opinion 1/17 of the Court, ECLI:EU:C:2019:341, paras 108-110.
③ Treaty on European Union (consolidated version), Article 19.
④ Case C-2/13, Accession to the European Convention of Human Rights [2014], ECLI:EU:C:2014:2454, paras 196-200.
⑤ Mariolina Eliantonio & Oana Stefan, *Soft Law Before the European Courts: Discovering a "Common Pattern"?*, Yearbook of European Law, Vol. 37, p. 457-469 (2018).

会建议和意见等软法律文书。依据《欧盟运行条约》第 263 条规定，欧委会决定应属法令的范畴。欧委会决定在援助诉讼中具有多重作用，可作为司法审查的基础，或废止诉讼之标的物等。例如，欧委会有关援助的消极决定，对于成员国及其公共机构的不合规行为产生了停滞影响，并影响了第三方（利益相关方）的合法权利和义务。所以一些援助诉讼的前提是成员国及其公共机构或利益相关方就废止这些决定而提起的，这也是欧洲法院对欧委会决定进行司法审查的基础。

(二) 欧洲法院司法审查的法律依据

《欧盟运行条约》第 263 条明确界定了欧委会决定的可诉性，同时还明确了起诉范围和起诉资格等问题。根据该条规定，欧洲法院对于由成员国、欧洲议会、理事会或欧委会等提出的诉讼拥有司法管辖权，诉讼理由包括缺乏权能、违反基本程序要求、违反两部条约或违反与两部条约适用有关的法令规则、滥用权力等。除欧盟成员国和欧盟机构拥有起诉资格之外，该条第 4 款规定，任何自然人或法人也可就规范性法令提起诉讼，前提是这些规范性法令是针对其本人的或与其有直接的和个别联系的，或直接关系到其本人但未包含实施措施的。①

可见，《欧盟运行条约》第 263 条规定直接赋予欧洲法院审查规范性法令（除建议或意见外）的权限。前文的分析也早已表明，欧委会对成员国的援助措施进行行政审查之后作出的各项决定，均属于规范性法令的范畴，因此，其有效性和合法性理应受到欧洲法院的司法审查，决定约束的对象以及利益相关方均有权就决定的合法性问题或废止问题向欧洲法院提起诉讼。

除此之外，欧洲法院对于成员国拒不履行有关义务也享有专属裁决权。如果成员国不遵守欧委会关于批准/禁止授予援助或追回非法援助的各项决定，则欧委会可依据《程序条例》，将有关事项提交给欧洲法院。依照《欧盟运行条

---

① 《欧盟运行条约》第 263 条。

约》第260(2)条规定,①欧洲法院对成员国拒绝遵守欧委会决定方面享有专属裁决权。一旦欧洲法院认定成员国未履行该义务,便可作出判决要求成员国采取必要措施遵守欧委会决定。如果欧委会随后发现有关成员国也没有采取必要措施,遵守欧洲法院的这一判决,则可以在向该国提交意见后,将案件提交到欧洲法院;若法院发现有关成员国确未遵守其判决,则可能会对其课以一次性罚款或罚金。

---

① 《欧盟运行条约》第260条(原《欧共体条约》第228条)
如欧洲联盟法院裁决其某一成员国未能履行两部条约规定的某项义务,则应要求其采取必要措施以执行法院的判决。
如欧委会认为有关成员国未采取必要措施执行本条第1款提及的判决,它可在给予其提交意见的机会后将案件提交欧洲联盟法院。欧委会应具体说明其认为在相应条件下有关成员国应付罚款的总额或罚金的数额。如法院发现该成员国未遵守其裁决,可对其课以一次性罚款或罚金。该程序不应影响第259条的规定。
如欧委会以有关成员国未履行通报其转化一项根据立法程序通过的指令的措施之义务为由,根据第258条将案件提交到法院,如认为合适,欧委会可列明其认为合理的该成员国应支付的一次性罚款或罚金的数额。如法院认为存在此种违反情况,可判处有关成员国支付一次性罚款或罚金,其金额不得超过欧委会所列数额。支付罚款的义务由法院在裁决中规定的日期其生效。

第五章　欧盟国家援助审查规则对我国相关规则借鉴的可能性

市场经济体制的形成是一个历史发展过程，市场经济竞争机制便是在这一过程中逐渐形成并完善起来的。市场经济不仅要有竞争性，更要有公平性。竞争机制崇尚"优胜劣汰、适者生存"，同时也离不开政府有形之手对市场高效、平等且适当的干预。哈耶克曾提道："竞争发挥功能不仅要求诸如资金、市场和信息渠道之类的充分组织与特定的制度……而且首先取决于适当的法律制度存在，这种法律制度既能维护竞争，又能使其以最有益的方式运行。"[1] 我国公平竞争审查制度和欧盟国家援助审查规则等，都是以制度的形式，从形式意义层面或实质意义层面开展公平竞争审查，以维护内部市场的公平竞争，因此，二者的审查理念可以说是同质的。[2]

第一节　欧盟国家援助审查规则对我国的外溢效应

在经济全球化背景下，越来越多的企业实现了跨国经营和兼并交易，这些活动具有明显的国际性，甚至还可能组成卡特尔或实施反竞争行为，影响了多个国家的市场。欧委会在竞争规则和执法问题上非常注重与欧盟以外的竞争主管机构合作，其目标之一便是促进不同国家在竞争规则和竞争执法方面的趋同。因此，欧盟的这种做法，不仅确保了其可在全球环境中有效执行欧盟竞争政策（含国家援助规则），还直接影响了国际经贸制度变革，并对我国产生了一定的

---

[1] [英]哈耶克：《通往奴役之路》，王明毅等译，中国社会科学出版社1997年版，第122页。

[2] 翟巍：《欧盟公平竞争审查制度研究》，中国政法大学出版社2019年版，前言第1—5页。

外溢效应。

一、中欧在竞争审查领域制度安排的合作

欧盟对促进全球公平竞争市场有着浓厚的兴趣，而我国作为世界第二大经济体，也是欧盟第二大贸易伙伴，欧盟对与我国在竞争审查规则领域的合作十分期待，并与我国一起建立了在该领域的协商机制和对话合作。

（一）中欧在竞争审查规则方面的协商机制建立

中欧双方竞争主管部门十分强调在竞争审查领域合作的重要性，为了进一步增进相互了解和促进合作，2017年6月2日，我国国家发展和改革委员会（以下简称"发改委"）与欧盟竞争总局签署了关于国家援助审查规则对话的谅解备忘录，将国家援助规则与公平竞争审查制度联系了起来，并为中欧在竞争审查领域建立了协商、合作和透明的机制。该机制一方面用于同我国分享欧洲在国家援助审查规则实施方面的经验，另一方面将用于交流讨论我国2016年新构建的公平竞争审查制度实施情况。同年10月16日至20日，"第15届中欧竞争政策周"还就我国公平竞争审查制度的实施情况，以及欧盟国家援助审查规则的发展近况展开了讨论，这两个主题是对发改委与欧委会竞争总司签署的上述协商机制下展开的国家援助审查对话的补充。

（二）中欧在竞争审查规则领域的持续深入对话

2019年4月7日至11日，国家市场监督管理总局（以下简称"总局"或"市场监管总局"）局长张茅率团访问欧盟委员会，与欧委会竞争事务委员玛格丽特·维斯塔格女士共同签署竞争领域合作协议。同时，作为第二十一次中欧领导人会晤的配套活动，市场监管总局代表团与欧委会竞争总司召开了中欧竞争政策对话，以及中欧国家援助与公平竞争审查制度对话。此次对话活动中，中欧双方分别介绍了各自在公平竞争审查、国家援助控制等方面的最新进展，充分沟通和讨论了双方共同关心的议题。张茅在致辞中表示，希望双方以此次对话为契机，深化竞争领域的交流与合作，推动中欧竞争政策合作取得新成果，携手打造公平竞争的国际营商环境。

与此同时，在中欧领导人的见证下，张茅代表总局与欧委会竞争事务委员签署了新的《中国与欧盟竞争政策对话框架协议》以及《关于在公平竞争审查制度和国家援助控制制度领域建立对话机制的谅解备忘录》。新的对话框架协议及谅解备忘录旨在为包括中欧双方企业在内的所有国家的经营者营造市场公平竞争环境，促进双边和全球经贸关系健康发展。

二、欧盟推行竞争中立规则对我国的影响

尽管欧盟有严格的规则来限制成员国补贴欧盟企业的情况，但世界其他地区却没有。欧委会认为这种差异是不公平的，因为它会扭曲欧盟和全球市场的竞争。而完善国际补贴规则向来是欧委会的优先事项之一。

（一）基于竞争中立的欧盟外国补贴新政策

欧委会于 2020 年 6 月 17 日通过了一份关于欧盟外国补贴的白皮书（以下简称"白皮书"），[1] 其目标是在外国补贴方面"公平竞争"并确保"竞争中立"。该框架旨在解决在欧盟市场上的企业因获得外国补贴而造成的扭曲，并将审查扩张至从外国补贴中受益的欧盟企业收购及招投标领域。[2] 与此同时，白皮书强调，在欧盟对全球贸易和投资保持开放的同时，它将奉行开放的战略自主模式，以确保欧盟内部市场的所有经济运营商的公平竞争条件和"公平竞争环境"。[3]

在白皮书基础上，2021 年 5 月 5 日，欧委会与利益相关者进行广泛磋商之后，通过了一项关于扭曲内部市场的外国补贴法规的提案（以下简称"提案"）。[4] 据此，欧委会将有权调查非欧盟国家政府向活跃在欧盟的企业提供的财政补贴。如果欧委会发现此类财政补贴构成扭曲性补贴，就可以采取措施纠正其扭曲影响。[5] 提案赋予了欧委会新的自由裁量权，从而再次使得提案的法律确定性蒙上阴影。提案在评估外国补贴时提出了一个平衡规定：欧委会必须平衡扭曲方面的负面影响和对相关经济活动发展的积极影响。在决定是否采取救济（即纠正）

---

[1] European Commission: White Paper on Levelling the Playing Field as Regards Foreign Subsidies, Brussels, 17 June 2020, COM(2020) 253 final.

[2] Jones Day, *The EU "Club" Gets More Exclusive: Closing the Doors on Foreign Subsidies?*, July 2020, https://www.jonesday.com/en/insights/2020/07/the-eu-club-gets-more-exclusive-closing-the-doors-on-foreign-subsidies.

[3] Herbert Smith Freehills, *The European Commission Adopts White Paper on How to Address Foreign Subsidies in the EU Internal Market*, June 19, 2020, https://hsfnotes.com/crt/2020/06/19/the-european-commission-adopts-white-paper-on-how-to-address-foreign-subsidies-in-the-eu-internal-market/.

[4] European Commission, Proposal for a Regulation of the European Parliament and of the Council on Foreign Subsidies Distorting the Internal Market, COM/2021/223 final, May 5, 2021.

[5] Herbert Smith Freehills, *EU Proposal to Address Foreign Subsidies*, June 21, 2021, https://www.herbertsmithfreehills.com/latest-thinking/eu-proposal-to-address-foreign-subsidies.

措施或承诺，以及确定此类最终措施或承诺的性质和水平时，必须考虑这种平衡，并列出了可能的承诺或救济措施清单。值得注意的是，措施清单包括向第三国追回外国补贴。①

几乎可以肯定的是，如果理事会和欧洲议会通过上述提案，受益于外国补贴或国家支持的企业将很快在欧盟面临更多审查，这可能会影响美国、英国、加拿大、中国、印度、日本或韩国的企业。欧盟国家援助规则很可能成为未来中欧之间任何深度和特殊贸易关系的关键性条款，必须确保在竞争和国家援助方面的公平竞争环境，因为这对于欧盟而言是一条"不可逾越的红线"。

虽然目前欧盟与第三国之间的自由贸易协定中不涉及国家援助条款，但包含基于WTO的反补贴条款。简言之，当欧盟意识到，其企业无法获得同等补贴时，欧委会将无法向其公众解释为什么他们自己的企业，会面临来自可能享受政府补贴和税收优惠等援助措施的外国企业的竞争。为确保欧盟企业的公平竞争环境，欧盟对外国补贴的管控规则必然会逐步加大审查力度。

(二) 欧盟最新贸易与竞争政策下的竞争中立

鉴于全球经贸环境的变化为欧盟带来的挑战，在2015年共享贸易（Trade for all）政策报告发布后，欧委会于2021年2月18日发布了贸易政策审查报告（Trade Policy Review），作为欧盟在经济转型和地缘政治不稳定期间的因应策略，同时为2030年欧盟贸易政策提前作准备。新报告将若干全球重要转变与趋势列入考量，如全球化、技术升级、中国崛起、气候变化、数字转型等，并提出了雄心勃勃的WTO改革议程，包括更广泛的补贴和扭曲市场做法的进一步工作。欧盟更于该报告中阐述期望于WTO第十二届部长会议（Ministerial Conference, MC 12）达成六项目标，其中一项便是针对竞争中立制定规则。②

欧盟和美国继2021年6月15日在布鲁塞尔举行的欧盟—美国峰会之后，发表了一份内容广泛的联合声明，题为"迈向新的跨大西洋伙伴关系"，详细阐述了后疫情时代的跨大西洋联合议程，包括双方计划建立"联合技术竞争政策对话"（以下简称"对话"）。对话重点关注竞争政策和执法的方法，旨在加强欧

---

① Jones Day Commentary, *Reining In Foreign Subsidies Distorting the EU Market: The European Commission Takes One Step Closer,* June 4, 2021, https://www.jonesday.com/en/insights/2021/06/reining-in-foreign-subsidies-distorting-the-eu-market-the-european-commission-takes-one-step-closer.

② European Commission, *Facing the Challenges of Globalization of Competition Policy,* https://ec.europa.eu/competition-policy/international_en.

盟和美国在技术领域的合作研究和创新交流，促进双方研究资助机构之间的人员交流计划，并探索新的研究计划以制定共同标准和促进创新。不难看出，欧盟将继续致力于将其竞争中立推向贸易政策及跨境技术竞争领域。

（三）欧盟推动 WTO 规则体系纳入竞争中立

对于欧盟推行其竞争中立规则的立场，有学者认为欧盟国家援助法律制度和法律程序的设计均遵从了这一立场，[①] 也有学者指出了国家财政补贴干扰市场供求破坏公平竞争等体制性的弊端，因此，应重点强化对补贴规则的竞争中立审查，促进产业政策与竞争政策之间的协同。[②] 还有学者指出经合组织关于竞争中立目标的实现，可以考虑借鉴欧盟国家援助规则。[③] 可见，欧盟国家援助规则的许多见解可以帮助设计一个实现竞争中立的规则，特别是在评估政府干预措施是否符合市场条件方面，以减轻其对竞争的负面影响。

然而，不是所有国家和地区都有类似国家援助规则这样的制度框架来确保竞争中立，相比较而言，欧盟以外的国家和地区几乎都受到 WTO 补贴规则的约束。尽管现有的 WTO 补贴规则也部分涉及实现竞争中立，但相较于欧盟规则而言，前者对于竞争中立的维护力度依然较弱，使得欧盟企业在与其他 WTO 成员的竞争对手相比处于劣势。因此，近几年，在美国力推之下，欧盟也逐渐开始在国际舞台推行竞争中立规则，为 WTO 规则体系中纳入竞争中立埋下了伏笔。[④]

2020 年 1 月 14 日，在华盛顿特区举行的一次会议上，欧美日贸易部长就如何加强 WTO 关于产业补贴的现行规则问题，发布了《欧美日贸易部长三方会议联合声明》（以下简称"联合声明"）。[⑤] 欧美日贸易部长一致认为，目前 WTO 规则禁止的补贴清单不足以解决某些司法管辖区存在的扭曲市场和贸易的

[①] 沈伟、黄桥立：《竞争中性原则的欧盟实践和经验——兼议对我国国有企业改革的启示》，《德国研究》2020 年第 35 卷第 4 期，第 111–129 页。

[②] 冯辉：《新能源汽车产业政府补贴的法律规制研究》，《政治与法律》2017 年第 12 期，第 22–34 页。

[③] Nicole Robins, *Competitive Neutrality and the Role of the State in The Market: Could There Be Any Parallels with EU State Aid Rules?*, 26 January 2022, CPI Columns OECD.

[④] 沈伟、黄桥立：《竞争中性原则的欧盟实践和经验——兼议对我国国有企业改革的启示》，《德国研究》2020 年第 35 卷第 4 期，第 111–129 页。

[⑤] Trade/WTO, *EU, U.S. and Japan Agree on New Ways to Strengthen Global Rules on Industrial Subsidies,* January 14, 2020, Brussels, https://trade.ec.europa.eu/doclib/docs/2020/january/tradoc_158567.pdf.

补贴问题。从而得出结论，必须在 WTO《补贴和反补贴措施协定》中增加新类型的无条件禁止的补贴。这些补贴包括：(1) 无限担保；(2) 在没有可信的重组计划的情况下，向无力偿债或处于困境的企业提供补贴；(3) 为无法从产能过剩行业或行业的独立商业来源获得长期融资或投资的企业提供补贴；(4) 直接免除债务。

另外，欧美日贸易部长们讨论了如何努力扩大其他有害补贴的实例和范围，提议授予补贴的成员必须证明其没有对贸易或产能产生严重的负面影响，并且补贴具有有效的透明度。[①] 欧盟的贸易部长 Phil Hogan 声称，对 WTO 进行结构性改革并在全球贸易中创造公平竞争环境，是欧委会的首要任务。为了达到上述改革趋势，欧盟表示将与美国寻求共识进行合作，并与非洲国家、中国及印度进行 WTO 改革对话。鉴于美欧均为 WTO 改革的重要推手，双方立场的趋同将左右未来 WTO 改革的成果，因此，可以大胆预测的是，WTO 补贴规则纳入竞争中立规则只是时间问题。

三、欧盟国家援助规则与我国竞争规则的共性

改革国际竞争规则最有力的支持者是欧盟，多年来，欧盟一直主张将竞争规则纳入国际条约。目前，欧盟正在通过自由贸易协定中的补贴条款，寻求在单一市场内运营的所有企业之间实现公平竞争。另外，一些双边协定开始借鉴欧盟国家援助规则，并加强了执法机制，例如独立的国家援助机构、经济复苏、单边措施等；而其他双边协定则规定禁止最具扭曲性的补贴类型以及更多有限的执行机制，例如透明度、协商和争端解决机制。

（一）双边或区域贸易协定纳入竞争条款的背景

过去在 WTO 改革议程中，许多发展中国家坚决反对就国际竞争规则而开启谈判。这些国家争辩说，首先，他们在竞争法方面缺乏经验，制定有意义的竞争政策将耗费时间和金钱。其次，在政治决策层面，他们担心基于美国或欧盟模式的国际竞争规则会干扰其偏好的产业政策和投资筛选技术。坦率地说，许多国家都希望借助"政策空间"来培育特定行业的垄断行为。[②]

---

① Ibid, Trade/WTO, January 14, 2020.
② Gary Clyde Hufbauer & Jisun Kim, *International Competition Policy and the WTO*, Peterson Institute for International Economics, April 11, 2008, https://www.piie.com/commentary/speeches-papers/international-competition-policy-and-wto#_ftn7.

随着经济全球化的持续推进，越来越多的国家意识到其在反竞争行为中的脆弱性，特别是他们当中很少有国家具备应对大型跨国企业的法律或经济影响力。因此，虽然 WTO 关于国际竞争规则的谈判和改革还未结束，一些国家已经开始通过双边或区域协定来解决竞争规则问题。这些国际协定的蓬勃发展，显然已成为 WTO 解决竞争规则问题的有效替代方案，并且许多竞争条款都显示出与欧盟国家援助规则的趋同。

(二) 国际贸易协定涉竞争条款的现状

许多国际条约，尤其是近年来的区域自由贸易协定中几乎都包括竞争政策章节。欧盟在其签订的几乎所有自由贸易协定中均纳入了竞争政策章节，推行其包含国家援助规则在内的竞争规则及其竞争中立理念。譬如，在欧盟—加拿大全面经济贸易协定（CETA）中，第 17 章"竞争政策"即强调了"自由和不受扭曲的竞争在双方贸易关系中的重要性"①。欧盟—哈萨克斯坦加强伙伴关系和合作协定第 11 章"竞争"和欧盟—新加坡自由贸易协定第 11 章"竞争及相关事宜"中也强调了这一重要性。特别是欧盟—哈萨克斯坦加强伙伴关系和合作协定第 11 章明确指出："包括补贴在内的限制竞争行为和国家干预可能会扭曲市场的正常运作并破坏自由贸易带来的好处。"②

大多数双边或区域贸易协定中的竞争条款不具有强制约束力，而是取决于各缔约方的善意遵守才能产生有意义的效果，③但这毕竟代表了国际竞争规则的一个变化趋势，并为各缔约方提供了一个可以构建或提升其竞争规则或竞争政策的机会。并且这些国际协定都标志着，"竞争中立"已成为国际竞争规则变革的必然趋势。

(三) 我国竞争规则对接国际标准

我国近几年新加入或正在申请加入的国际贸易投资协定几乎全部包含竞争

---

① Text of the Comprehensive Economic and Trade Agreement, Chapter 17: Competition policy, Article 17.2 (1).

② Enhanced Partnership and Cooperation Agreement between the European Union and its Member States, of the one part, and the Republic of Kazakhstan, of the other part, Chapter 11: Competition, Article 156.

③ Gary Clyde Hufbauer & Jisun Kim, *International Competition Policy and the WTO*, Peterson Institute for International Economics, April 11, 2008, https://www.piie.com/commentary/speeches-papers/international-competition-policy-and-wto#_ftn7.

条款或竞争政策章节。以中欧 BIT 为例，虽然其批准程序目前被欧洲议会冻结，但协定部分内容可以作为我国竞争政策及国企改革未来走向的信号。中欧 BIT 虽未涉及"竞争中立"一词，但在序言中出现了"公平竞争"之语，并且中欧双方在谈判中多次申明就公平竞争规则达成了一致意见。2020 年 11 月 15 日，我国签署的《区域全面经济伙伴关系协定》（以下简称 RCEP）的正式生效，协定文本中没有明确使用"竞争中立""公平竞争"等措辞，但在第十三章"竞争"的条款规定中，要求各缔约方引入和制定竞争监管法律法规，并可配套制定适当的豁免规则，不难发现其中所体现的"竞争中立"理念。2021 年 9 月，我国正式申请加入 CPTPP。该协定在第 13 章"电信"以及第 17 章"国有企业和指定垄断"中提及竞争中立，多处涉及"公平竞争"；第 16 章"竞争政策"要求各缔约方将国内竞争法适用于领土内所有商业活动，并允许缔约方规定某些免于适用国内竞争法的情况，前提是"透明的且基于公共政策或公共利益理由"①。

我国积极加入上述国际协定，不仅体现了我国对确保市场公平竞争环境的信心，也彰显了我国深化经济改革发展、强化竞争政策基础性地位的决心，同时还有利于我国积极参与国际经贸规则制定以及提高国际话语权。因此，为更好地适应上述国际趋势并对接国际标准，构建和实施公平竞争审查制度无疑是非常重要的一环。问题是，由于上述双边或区域贸易协定尚未积累较丰富的涉竞争规则的例证，如何理解和适用这些规则可能存在一定困难。欧盟国家援助审查规则同国际竞争规则的对接，也带来了中欧竞争规则的趋同，因此，欧盟丰富的国家援助规则理论和审查经验，或可为我国参与国际规则制定提供适当的启示和思路。

第二节　中欧竞争审查规则比较

尽管中欧双方的决策者越来越关注双方的竞争审查规则，但学界专门研究比较这两个系统的科学文献仍然较少。已有的文献主要关注两种规则之间的相似性、欧盟国家援助规则作为我国公平竞争审查制度的参考，以及我国向欧盟学习的潜力，尤其是在竞争政策和产业政策之间的关系方面。从上述研究成果

---

① Comprehensive and Progressive Agreement for Trans-Pacific Partnership, Article 16.1 (2).

来看，学界对于我国公平竞争审查制度参考欧盟经验的可行性基本持肯定观点。

一、规则顶层设计比较

（一）规则创立模式

从横向比较角度分析，虽然世界上只有少数国家或国家联盟创设了以"公平竞争审查"或类似措辞冠名的形式意义上的独立的公平竞争审查制度，但实质意义上的公平竞争审查制度则是在大多数国家普遍存在的一种制度性公共产品。据此，公平竞争审查制度包括两种类型：一是以欧盟国家援助规则为代表的混合型设立模式，二是以我国公平竞争审查制度为代表的独立型设立模式。混合型设立模式是指审查制度不具有自成体系的特征，而是依附于或内置于其他制度，这种设立模式下的审查制度可能属于某一制度或某几个制度的构成部分的汇总；独立型设立模式则指审查制度不依附或不内置于其他制度，而是自成体系。①

随着2013年党的十八届三中全会提出"让市场在资源配置中起决定性作用""确立竞争政策基础性地位"等重要论断，加强市场竞争机制和竞争政策作用成为我国当前深化经济改革的重中之重。公平竞争审查制度产生于政府对市场竞争秩序维护、规制其不当干预市场和限制竞争的行为之基本职能。2016年的《意见》即昭示了我国公平竞争审查制度的正式创建，2021年的实施细则又进一步对《意见》所涉审查标准、审查程序、例外规定等进行了补充解释和说明。自此，我国具有了形式和实质层面上的公平竞争审查制度。

不难看出，我国的公平竞争审查制度自成体系，属于独立型设立模式。与我国公平竞争审查制度创立模式不同，欧盟不存在形式意义上的公平竞争审查制度，它并没有直接以"公平竞争审查""公平竞争审查制度"命名的规范性文件，但其拥有实质层面的公平竞争审查制度，即欧盟国家援助规则所确立的国家援助审查规则。因此，从审查的实质意义看，欧盟国家援助规则作为欧盟竞争规则的一部分，旨在限制国家援助措施的负面影响，从而为所有成员国创造一个公平的竞争环境。② 中欧两种审查制度在实质性层面具有可比性。

---

① 翟巍：《欧盟公平竞争审查制度研究》，中国政法大学出版社2019年版，前言第3页。
② 自2015年以来，欧委会已将几个成员国的税收裁决确定为国家对企业的非法国家援助，如卢森堡对菲亚特、荷兰对星巴克、爱尔兰对苹果以及卢森堡对亚马逊的非法援助等。See all the final decisions from European Commission's website, http://ec.europa.eu/competition/state_aid/register/.

（二）审查原则和目标

我国的公平竞争审查制度与欧盟国家援助规则在原则和立法目标方面具有可比性。从规则制定上看，二者均以公平竞争原则为基础，尝试纳入竞争中立规则，制度和规则的构建都强调了竞争政策相较于其他经济政策的基础性地位，目的都是为了维护市场的公平竞争，以及构建统一的市场。

《意见》指出，我国实施公平竞争审查制度就是为了建设全国统一市场和公平竞争，并要求各地区和各部门制定政策措施时，要考虑到竞争政策基础性地位。[1] 国务院"十三五监管规划"中也明确了，加强市场监管是维护市场公平竞争的重要保障，强调本规划是为了维护全国统一大市场、维护市场公平竞争，以及强化竞争政策在国家政策体系中的基础性地位。[2] 由此可见，我国公平竞争审查制度是以公平竞争原则为基础，其目标是为了构建全国统一大市场和维护公平竞争，以及强化竞争政策基础性地位。上述原则和目标基本上与欧盟国家援助规则相一致。欧盟在国家援助规则实施过程中，涉及经济发展的路径选择时，也坚持竞争政策优先于产业政策，事实上也是强调竞争政策的基础性地位。[3] 同时，欧盟希望其成员国尊重国家援助规则，以公平竞争原则为基础，从而维护内部市场统一以及确保市场的公平竞争环境，防止不必要的竞争扭曲（详见表5-1）。

表5-1 中欧相关规则在一般性规定方面的比较

我国公平竞争审查制度	欧盟国家援助规则
以公平竞争原则为基础，尝试纳入竞争中立	以公平竞争原则为基础，尝试纳入竞争中立
强化竞争政策基础性地位	竞争政策优先于产业政策
目标：构建全国统一大市场	目标：维护内部市场统一
审查政府政策措施（政府行为），包括行政法规和国务院制定的政策措施	审查成员国措施（政府行为），但不包括欧盟机构授予的援助措施

---

[1] 《国务院关于在市场体系建设中建立公平竞争审查制度的意见》，国发〔2016〕34号，2016年6月14日发布。

[2] 《国务院关于印发"十三五"市场监管规划的通知》，国发〔2017〕6号，2017年1月23日发布。

[3] 周海涛：《欧盟国家援助制度的现代化及其借鉴》，《河北法学》2016年第34卷第8期，第11页。

续表

我国公平竞争审查制度	欧盟国家援助规则
不针对企业行为	不针对企业行为
效果规则（政策措施具有排除、限制竞争的效果）	效果规则（援助措施扭曲或威胁扭曲竞争，影响成员国贸易）

资料来源：根据我国《意见》、《"十三五"市场监管规划》及欧盟国家援助规则框架整理。

此外，2017年1月23日的"十三五监管规划"在第四章"健全市场监管体制机制"中明确提出，把竞争政策作为制定经济政策的重要基础，"实行竞争中立制度"，避免扭曲市场机制。这是我国官方文件首次提出"竞争中立"的理念，显然与欧盟国家援助规则近年来纳入竞争中立的立场也十分趋同。

二、具体审查内容比较

我国的公平竞争审查制度和欧盟国家援助规则在具体规则内容上具有较多相似之处（如表5-1所示）。

（一）两种审查制度均不针对企业行为

我国公平竞争审查制度和欧盟国家援助规则都不针对企业行为，因此企业主体涉及排除、限制竞争的行为规制主要依赖于其他法律制度。例如，我国规范企业行为的主要法律依据是《反不正当竞争法》和《反垄断法》，而欧盟则主要是依据《欧盟运行条约》第101–106条，尤其是第101–102条。

（二）审查对象均为政府行为

二者针对的审查对象均为政府行为。《意见》中明确了公平竞争审查制度针对的对象是政府的相关行为，一旦发现政策制定机关有排除、限制竞争的政策措施，要逐步清理和废除。可见，我国公平竞争审查制度针对的是政府发布的规章、规范性文件和其他政策措施，欧盟国家援助规则针对的则是成员国或通过国家资源授予的援助措施。

（三）我国公平竞争审查制度适用范围更广泛

在审查对象范围上，最值得关注的一点是，我国公平竞争审查制度的审查对象范围明显大于欧盟。我国公平竞争审查制度不仅包括审查地方政府制定的地方性法规等政策措施，还包括行政法规和国务院制定的其他政策措施。《意见》明确指出，这些法规和政策措施的起草部门应当在起草过程中进行公平竞争审查；未进行自我审查的，不得提交审议。[①]

而在欧盟国家援助规则框架下，由成员国或通过国家资源授予的援助措施通常是被禁止的；但如果该援助是由欧盟机构授予的，则不构成非法援助。例如，欧盟、欧洲投资银行或欧洲投资基金直接授予的援助，在成员国对其没有自由裁量权的情况下，不构成非法援助。这是因为，在欧盟看来，这些机构授予援助的行为通常是基于维护欧洲共同利益目标和内部市场的统一，因此，并不会扭曲内部市场的竞争。在这方面，欧盟近期正在考虑推出一项价值 1000 亿欧元的主权财富基金计划（也称作"欧洲未来基金"计划），以资助欧洲龙头企业与美国的苹果、谷歌、微软以及中国的阿里巴巴、百度、腾讯等企业竞争，因为欧洲目前没有这样的企业。除对互联网领域的支持外，"欧洲未来基金"计划还准备投资欧洲落后于全球竞争对手的其他战略领域。[②] 欧盟这一计划的顺利推出，正是由于欧盟国家援助规则不适用于欧盟机构的援助措施。由此可见，欧盟近年来在联盟层面上，对国家援助规则适用和其他经济政策之间的关系协调越来越灵活，体现了欧盟开始倾向于贸易保护主义的趋势。

（四）审查标准的相似性

首先，从审查标准上，很容易发现二者蕴含的理念是一致的。公平竞争审查制度和国家援助规则都是基于"效果规则"来审查政府措施的合法性。我国公平竞争审查制度的效果规则体现在政策措施"具有排除、限制竞争的效果"；欧盟国家援助规则的效果规则体现在援助措施"扭曲或威胁扭曲竞争，并影响成员国间的贸易"。只是，目前我国对于效果规则的运用尚不够深入和灵活。

其次，其他细分标准上，二者也存在类似的情形。例如公平竞争审查制度的关于"影响生产者经营成本标准"下列规定：（1）不得违法向特定经营者提供优惠政策；（2）财务支出安排通常不得与企业缴纳的税收或非税收收入挂钩；（3）不得违法免除特定经营者需缴纳的社会保险费；（4）不得在没有法律依据的情况下，要求经营者提供或者扣留经营者的各类保证金。以及"影响生产经

[①] 《国务院关于在市场体系建设中建立公平竞争审查制度的意见》，国发〔2016〕34号，2016年6月14日发布。

[②] Bjarke Smith-Meyer, Lili Bayer & Jakob Hanke Vela, *EU Officials Float €100B Boost for European Companies,* POLITICO, August 22, 2019, https://www.politico.eu/article/exclusive-european-commission-leaked-plans/.

营行为标准"关于干预价格机制的行为等。^① 这些标准均涉及非法给予企业"优惠",明显对应于欧盟认定非法援助的构成要件之"经济优势"概念;而这些优惠都是通过政府的"政策""要求""安排"等提供的,又对应于国家援助规则中的"成员国或通过国家资源"这一非法援助构成要件。^② 其他审查标准中,如"市场准入和退出标准"和"商品和要素自由流动标准"几乎都涉及区域性地方保护行为,更对应于欧盟国家援助规则认定非法援助时的"区域选择性优势标准"。

最后,与欧盟国家援助规则相比,我国实施细则第 16 条为上述概念提供了更详细的解释,明确了优惠政策包括但不限于:财政奖励和补贴;税款减免;优惠价格或零地价出让土地;分配、作价出资方式供应土地;环保标准、排污权等方面的特殊待遇;对行政事业性收费、政府性基金、住房公积金等的减免、缓征或停征。^③ 这些类别也出现在欧盟关于非法援助类型的范畴中,即积极的援助措施(如财政奖励、补贴、优惠价格)和消极的援助措施(如税款减免、债务减免)。

三、例外规定比较

（一）二者在例外规定方面具有广泛共同点

我国的公平竞争审查制度与欧盟国家援助规则的豁免具有十分广泛的共同点。（具体详见表 5-2）

表 5-2 中欧相关规则关于例外规定的相似性比较

我国公平竞争审查制度	欧盟国家援助规则框架
经济安全	《欧盟运行条约》第 107(3)(b) 条所述经济动荡
文化安全	《欧盟运行条约》第 107(3)(d) 条所涉文化遗产保护及其援助豁免条例

---

① 《国务院关于在市场体系建设中建立公平竞争审查制度的意见》,国发〔2016〕34 号,2016 年 6 月 14 日发布。

② Shuping Lyu et al., *Comparing China's Fair Competition Review System to EU State Aid Control*, European State Aid Law Quarterly (ESTAL), Vol. 18: 1, p. 37-60 (2019).

③ 《公平竞争审查制度实施细则》,国市监反垄规〔2021〕2 号,2021 年 6 月 29 日发布,第 15 条第 1 款。

续表

我国公平竞争审查制度	欧盟国家援助规则框架
扶贫开发	《欧盟运行条约》第107(3)(c)条所述区域发展；欧盟的公共服务补偿援助豁免
救灾救助	《欧盟运行条约》第107(2)(b)条所涉自然灾害或特殊事件造成的损失的援助豁免
节约能源资源及保护生态环境	欧盟 GBER 中的环境保护援助豁免
其他社会公共利益	《欧盟运行条约》第107(3)(b)条所述欧洲共同利益
法律、行政法规规定的其他情形	《欧盟运行条约》第107(3)(e)条所述欧盟理事会规定的其他类型的援助

资料来源：根据我国《意见》及欧盟国家援助规则框架整理。

首先，二者的例外规定都承认，在这些特殊情形下，哪怕一项政府措施具有限制竞争的效果，只要符合豁免规定，依然可以实施。

其次，二者的例外情形都包括经济安全（《欧盟运行条约》第107(3)(b)条所述经济动荡）、文化安全（《欧盟运行条约》第107(3)(d)条所涉文化遗产保护及其援助豁免条例）、扶贫开发（《欧盟运行条约》第107(3)(c)条；欧盟的公共服务补偿援助豁免）、救灾救助（《欧盟运行条约》第107(2)(b)条所涉自然灾害）、节约能源资源及保护生态环境（欧盟 GBER 中的环境保护援助豁免）、社会公共利益（《欧盟运行条约》第107(3)(b)条所述欧洲共同利益）以及我国法律、行政法规规定的其他领域（《欧盟运行条约》第107(3)(e)条所述欧盟理事会规定的其他领域）。

（二）公平竞争审查制度豁免范围更宽泛

从二者关于例外情形的比较来看，我国公平竞争审查制度的豁免范围明显更大一些。除表5-2所列例外情形外，《意见》及实施细则中还明确提到国家安全、科技安全、维护公共卫生健康安全或与国防建设有关的例外情况。

而欧盟的国家援助豁免规则中目前尚未涉及这几方面的援助豁免规定，但欧盟关于国家援助审查的豁免制度已自成体系，既包括适用于所有行业部门的横向国家援助规则，又包括一系列适用于特定部门的部门国家援助规则。并且，这些豁免法规并非一成不变。随着时间推移及经济环境的变化，欧盟也建立了动态调整机制，不断地更新和修订其中一些豁免法规。从近期的立法趋势来看，未来欧盟可能也会基于能源安全、科技安全等考虑，将其援助豁免的范围扩大。

例如，欧盟认为，对可再生能源援助措施的严格审查，可能会导致未来供应安全出现问题，以及无法满足减缓气候变化和实现碳中和的预期时限。但如果考虑到现有的科学和能源相关技术的发展，将竞争政策与气候和能源政策相协调，这一领域国家援助规则的持续"健康审查"将带来积极的发展。就此而言，欧委会在关于"加速清洁能源创新"进度报告中[①]承认了国家援助在这方面的关键作用，并将其列为第一项行动。与此相关，欧委会又于2020年11月启动了对《2014—2020国家环境保护和能源援助指南》的修订（目前正在进行公众咨询），允许政府投资于减少碳排放的技术，并使其与欧洲碳中和和能源供应安全的目标保持一致。

四、规则实施机制比较

我国的公平竞争审查制度在实施了一段时间之后，引起了理论界和实务界的广泛关注和热议。针对制度实施过程中存在的问题，国务院"十四五监管规划"肯定了我国在十三五期间的公平竞争审查和市场监管成效，又进一步提出了新的目标和要求。[②]首先，规划提出实行机关内部统一审查，开展独立审查试点，这也是我国学者热议的问题之一，即为保证公平竞争审查制度的刚性约束，自查机制外还应设立一个独立审查机构，对应于具有独立专属审查权限的欧委会。

其次，该规划还提出建立市场监管指导性案例发布机制和宏观经济政策公平竞争后评估机制，并推广各地区各部门关于该规划实施的典型经验做法。欧盟国家援助规则框架下也都包含这些机制，且欧盟经验较为丰富。例如，欧委会审查的援助案件所形成的决定、欧洲法院审查欧委会决定合法性的判决书等，一般都会通过欧盟官方公报向社会公布，并可通过案例号进行查阅。欧盟早期的援助审查多是事前审查，后来欧委会发现，一些援助措施实施之后也可能扭曲竞争并影响贸易，从而制定了事后审查机制，就成员国实施援助措施和执行国家援助规则的情况进行事后监督与评估，并据此建立了反馈机制。在上述事后监督与评估过程中，欧委会还提出了国家援助规则执行的最佳做法规划，通

---

① Commission Staff Working Document, Progress in Accelerating Clean Energy innovation 2018, SWD(2019) 157 final, April 9, 2019.

② 《国务院关于印发"十四五"市场监管现代化规划的通知》，国发〔2021〕30号，2022年1月27日发布。

过总结成员国的典型做法，评估其推广的可行性，进而确立是否将这些最佳做法向成员国进行推广。

最后，"十四五监管规划"还提出建立公平竞争审查例外规定动态调整机制，这对应于欧盟庞大且详尽的援助豁免制度：即欧盟横向国家援助规则以及特定部门国家援助规则（具体参见表5-3）。

表5-3 中欧相关规则在实施机制方面的相似性比较

我国公平竞争审查制度	欧盟国家援助规则框架
实行内部统一审查，开展独立审查试点	欧委会具有独立专属的审查权
建立市场监管指导性案例发布机制	欧盟官方公报及案例库
建立宏观经济政策公平竞争后评估机制	事后审查与监督机制
开展规划实施动态监测，总结推广典型经验做法	最佳做法规划与推广
建立公平竞争审查例外规定动态调整机制	横向国家援助规则+部门国家援助规则（豁免制度）

资料来源：根据我国《"十四五"市场监管现代化规划》及欧盟国家援助规则框架整理。

第三节 我国可借鉴的欧盟国家援助审查规则

欧盟对国家援助的行政审查和"非法援助"的事实判定非常复杂，即使是成员国法院有时也无法完全正确理解和适用。特别是当成员国法院对于欧委会各项援助决定存在质疑时，这种对规则理解上的偏差更为明显。在此背景下，成员国法院通常会将上述异议提交欧洲法院审查，并请求其作出初步裁决。欧洲法院对欧委会决定进行司法审查过程中，通常会就国家援助措施以及欧委会决定的合法性进行事实判定，由此产生了大量关于国家援助审查规则及其理论解释的法院判例。正是由于条约规定、欧盟理事会和欧委会制定法规、欧洲法院判定不断地对国家援助规则体系进行丰富和完善，使得这套规则越来越专业和体系化。

虽然国家援助规则不是解决所有公平竞争问题的灵丹妙药，①但是，如果将维持内部市场公平竞争的目标作为评估标准，控制政府补贴和优惠激励措施损害内部市场的审查规则，是相当有效的。②这一规则体系拥有系统地控制政府补贴和优惠激励措施对内部市场产生危害的规则和程序，并且欧盟各项软法文书和欧洲法院判例，较为详尽地解释了该规则的程序机制如何在保护市场效率和公平方面发挥作用，其中所蕴含的审查规则以及欧盟对这些审查规则的具体适用，具有重要的理论研究和借鉴价值。

一、竞争中立规则

竞争中立规则核心理念是竞争中立（competitive neutrality）原则，一般被认为是指民营企业与国有企业应在公平竞争的环境中竞争。这个理念源于市场上的任何参与者都不应受到无根据的竞争优势或劣势的影响。

（一）竞争中立概念

经济合作与发展组织（OECD）将"竞争中立"广泛定义为："根据竞争中立，所有企业，无论是国有企业还是私营企业、国内企业还是外国企业，都面临着相同的规则，政府在市场中的联系、所有权或参与，无论是事实上还是法律上，都不会给市场参与者带来不正当的竞争优势。"③这意味着竞争中立规则不仅涉及国有企业和私营企业之间的相互作用，还可以涵盖国家给予特定私营企业的优势，如国家龙头企业。④奥地利联邦竞争管理局在 2020 年 10 月 19 日第八次联合国竞争和消费者保护审查圆桌会议上提出，竞争中立理念最简单地说就是一项政策，旨在为所有商业参与者提供公平竞争的环境，无论它们是国有

---

① Wolfgang Schoen, *Tax Legislation and the Notion of Fiscal Aid-A Review of Five Years of European Jurisprudence*, Working Paper of the Max Planck Institute for Tax Law and Public Finance No. 2015-14, December 22, 2015, https://ssrn.com/abstract=2707049.

② 例如，欧委会在 2015 年决定，根据欧盟国家援助规则，对卢森堡菲亚特和荷兰星巴克的选择性税收优惠是非法的。2016 年 5 月 19 日，欧委会发布了一份关于 TFEU 第 107(1) 条所述国家援助概念的通告，解释了为何将税收裁决和税收结算确定为非法国家援助。

③ OECD, Roundtable on Competition Neutrality, DAF/COMP(2015)5 (2015), 4 http://www.oecd.org/oflicialdocuments/publicdisplaydocumentpdf/?cote=DAF/COMP(2015)5&docLanguage=En.

④ Maria Joao Melicias, *Policy Considerations on the Interplay between State Aid Control and Competition Law*, Market and Competition Law Review, Vol. 1: 2, p. 179-194 (2017).

企业还是私营企业。①不难看出，所有关于竞争中立定义的核心思想都是，参与商业活动的企业，无论其所有权状况如何，都应面临相同的法律规则。换言之，竞争中立规则是"一项旨在消除竞争优势和劣势的政策，这些优势和劣势可能仅仅因为国有企业和私营企业之间的所有权差异而产生"②。

根据欧盟国家援助规则，只有在某些情况下，欧盟成员国才能根据欧盟法律给予援助，特别是如果援助有助于实现欧盟共同利益的明确政策目标，而又不会过度扭曲企业之间的竞争和成员国之间的贸易。具体包括：（1）具有社会性质的援助；（2）为抵消自然灾害造成的损失而提供的援助；（3）某些文化和遗产保护援助；以及（4）为某些生活水平异常低下的地区经济发展提供的援助。

显然，欧盟强加给自己的国家援助规则是独有的。它对成员国资助企业的能力施加了重大限制，这些规则通常远远超出了 WTO 的补贴制度。事实上，欧盟国家援助规则设计的初衷，就是为了避免国家对特定企业的支持引发其他成员国的报复性支持，而这可能导致"补贴竞赛"。③欧委会在 2020 年 3 月通过的《欧洲新产业战略》中指出，国家援助规则有助于确保欧洲内部的公平竞争环境，避免自相残杀的补贴竞赛，同时支持重要的公共利益目标。欧委会将确保于 2021 年在包括能源和环境援助在内的多个优先领域制定修订后的国家援助规则。④欧盟这一新产业政策的制定及其国家援助规则的修法趋势，也无一不在证明其对于竞争中立规则的重视。

（二）竞争中立与公平竞争的关系

公平和平等待遇的概念历来都是欧盟国家援助规则的主要目标。然而，在

---

① Contribution of the Federal Competition Authority of Austria, *Competitive Neutrality: the Way Forward After COVID-19*, in Round Table - Competitive Neutrality, 8th United Nations Review Conference on Competition and Consumer Protection, October 23, 2020.

② UNCTAD, *Report on Competitive Neutrality Strategies to Enhance Synergies Between Industrial and Competition Policies in the MENA Region*, July 2019, https://unctadmena.org/wp-content/uploads/2019/07/Competition-Neutrality.pdf.

③ Kelyn Bacon QC, *European Union Law of State Aid, Third Edition*, Oxford University Press, 2017, para 1.04.

④ Communication from the Commission to the European Parliament, the European Council, the Council, the European Economic and Social Committee and the Committee of the Regions a New Industrial Strategy for Europe, COM/2020/102 final.

欧盟，所有法律制度中均未规定"公平竞争"的定义。① 虽然欧委会在其关于国家援助概念通告中提到了"公平竞争"，但也没有对这一术语给出正确的定义，只是将其作为一种手段，保护内部市场的自由竞争及市场经营者的公平竞争环境。欧委会的许多政策文件经常宣称，作为促进一体化的手段，国家援助规则旨在确保整个欧盟的公平竞争（fair competition）和平等市场（equitable market）；而在反垄断法或合并控制指南中则很少发现类似的声明，这与消费者福利最大化推动的政策领域有关。欧盟的国家援助规则与（狭义的）竞争规则在这一点上有很大的不同。有学者认为，（狭义的）欧盟竞争规则关注的不是"公平（fair）"，而是"自由（free）"（合法）竞争，它作为保护消费者福利的一种手段，确保以更低的价格、质量、创新和选择的形式为消费者提供最好的性价比权衡。②

欧盟国家援助规则虽属于欧盟竞争规则的范畴，二者也均以确保内部市场公平自由的竞争环境为目标，但在规则的基础理念上略有区别。即欧盟竞争规则更偏向于"自由合法竞争"，而国家援助规则则更侧重于"公平竞争"；经合组织又将后者进一步引申为"竞争中立"。国家援助和其他形式的市场公共干预一样，都可能导致竞争扭曲，这些由国家引起的对市场的扭曲可以归类为所谓的竞争中立（competition neutrality）的行为。故而，竞争中立规则是确保欧盟内部市场公平竞争的关键，是欧盟竞争规则（含援助规则）中的重要内容。③从欧盟近几年关于外国补贴的国家援助审查立场来看，欧盟也已将"竞争中立"同"公平竞争"一起作为其监管规则制定的基础理念。

二、一致性规则

（一）一致性概念

一致性（compatibility）是欧盟国家援助规则中的一个非常核心的概念，一项国家措施是否被视为非法国家援助的判断标准，便是评估其是否与欧盟内部

---

① Fausta Todhe, *The Rise of an (Autonomous) Arm's Length Principle in EU State Aid Rules*, European State Aid Law Quarterly (ESTAL), Vol. 2019: 3, p. 249-263 (2019).

② Maria Joao Melicias, *Policy Considerations on the Interplay between State Aid Control and Competition Law*, Market and Competition Law Review, Vol. 1: 2, p. 179-194 (2017).

③ Gert-Jan Koopman, *Competitive Neutrality - Focus on EU State Aid Policy*, Forum on Competition, Paris, February 16-17, 2012.

市场相一致（compatible）。《元照英美法律词典》中将"compatibility"定义为："（1）（尤指夫妻间的）和谐关系；（2）（职务的）一致性：指两种职务不相冲突而互相协调，可以由一个人来完成。"

（二）欧盟对一致性规则的适用

欧盟国家援助审查的一致性规则通常体现为不同公共利益目标之间的一种平衡，这些公共利益目标有时甚至是相互冲突的。① 这就意味着，欧委会无法确定哪一个公共利益目标应优先于另一个目标，从而也不存在以一个绝对的标准来评判该措施是否与欧盟内部市场（或欧盟法）相一致。

如何判断一致性，欧委会采用"平衡测试（balancing test）"方法予以考量：（1）国家援助是否追求欧洲共同利益目标，例如通过解决市场失灵或股权问题（是否合适）；（2）援助措施是否以符合目标的方式影响受援者的行为（援助是否存在激励效应）；（3）援助是否导致竞争和贸易扭曲（相称性）；以及（4）鉴于正面和负面影响的程度，总体平衡是否为正面的（权衡影响）。② 简言之，欧盟国家援助审查的一致性规则本质上是基于对不同公共利益考虑的一系列权衡。

三、可归责性规则

关于援助措施对国家的可归责性问题，学界和实务界在理解和适用《欧盟运行条约》第107(1)条规定的这一构成要件时存在争议，即"通过国家资源直接或间接授予优势"以及"这种措施可归责于国家"是择其一即可，还是需满足累积性？欧洲法院总法律顾问 Jacob 曾对该问题发表观点：认为满足累积性条件将会增加法律的确定性，并确保成员国保持必要的监管权。③ Paul Davies 教授也持同一立场。④ 欧委会关于国家援助概念的通告中，同样采取了累积性

---

① Maria Joao Melicias, *Policy Considerations on the Interplay between State Aid Control and Competition Law,* Market and Competition Law Review, Vol. 1: 2, p. 179-194 (2017).

② Vincent Verouden, *EU State Aid Control: The Quest for Effectiveness,* European State Aid Law Quarterly (ESTAL), Vol. 2015: 4, p. 460 (2015).

③ Opinion of Mr Advocate General Jacobs delivered on 19 February 1998, Epifanio Viscido (C-52/97), Mauro Scandella and Others (Case C-53/97) and Massimiliano Terragnolo and Others (Case C-54/97) v. Ente Poste Italiane [1998], ECR I-02629, para 11.

④ Paul Davies, *Market Integration and Social Policy in the Court of Justice,* Industrial LawJournal, Vol. 24, p. 49-77 (1995). 转引自刘伟：《欧盟国家援助法研究》，湖南大学 2019 年博士学位论文，第 44—45 页。

的解释方法，即《欧盟运行条约》第107(1)条意义上的援助存在两个独立且累积的条件：通过国家资源直接或间接给予优势，以及这种措施对国家的可归责性。① 只是，在审查措施是否违反条约第107(1)条规定的援助规则时，二者因其均与相关措施的公共起源有关，所以通常会一起考虑。

（一）可归责性及责任主体

"可归责性"（imputability）主要用以判定国家行为是否导致直接的国家责任。根据《国家对国际不法行为的责任条款草案》，并非所有的国际不法行为都必然引起国家责任，只有那些可归责于国家的不法行为才会直接产生国家责任。② 可归责性是指，在成员国公共机构给予受援者利益的情形下，该措施根据定义应归责于国家，即使有关机构享有其他公共机构的法律自治权。这些国家机构包括成员国政府和其他公共机构。另外，一个国家的国内法院及其指定的执行者和法警也被认为是该国的机构。例如，Micula 案 ICSID 裁决生效后，罗马尼亚主动提出执行裁决方案，同时罗马尼亚法院指定的执行人和法警曾强制执行该裁决，支付 ICSID 仲裁庭裁定给予申请人的赔偿金，故欧委会在其决定中指出："罗马尼亚国家机关的一举一动都归责于罗马尼亚，这些国家机关包括成员国政府和其他公共机构。"③ 此外，如果公共机构指定一个私营或公共机构来管理授予利益的措施，可归责性也同样适用。

因此，可归责性的责任主体包括国家政府、公共机构、成员国法院及其执行人员、公共机构控股企业、公共机构指定的私营/公共机构，以及特定情形下的国有企业。

（二）欧盟对国有企业可归责性的适用

国有企业（state-owned enterprise）通常是指政府全部或部分拥有的商业企业。国有企业在欧盟成员国的国民经济中发挥着重要作用，成员国有时授予特定企业特殊或排他性权利，或向委托经营普遍经济利益服务的特定企业付款或给予某种其他形式的补偿。这里的排他性权利是指成员国通过任何立法、监管

---

① Case C-482/99, France v. Commission (Stardust) [2002], ECLI:EU:C:2002:294, para 24.
② 罗剑雯：《论国家责任的免除》，《中山大学学报》1996 年第 3 期，第 158—159 页。
③ Commission Decision (EU) 2015/1470 of 30 March 2015 on State aid SA.38517 (2014/C) (ex 2014/NN) implemented by Romania — Arbitral award Micula v. Romania of 11 December 2013, OJL 232, 4.9.2015, para 120.

或行政文书授予一个企业的权利，保留其在特定地理区域内提供服务或开展活动的权利。① 国有企业的概念可参考 2006 年 11 月 16 日欧委会关于成员国与国有企业之间以及某些企业内部的财务关系透明度的第 2006/111/EC 号指令进行定义，即国有企业是指公共机构可通过其所有权、财务参与或管理规则直接或间接对其施加支配性影响的任何企业。②

国有企业拥有双重身份，既可能是受援助的企业，也可能协助国家政府授予其他实体优势。由此导致的问题是：当国有企业在扮演授予援助的角色时，它在多大程度上可归责于国家是一个较难确定的命题。这是因为国家与国有企业之间的关系密切，存在着国家通过这些企业以不透明的方式提供援助的实际风险。同时，正是由于国家与国有企业之间存在特权关系，第三方很难在特定情况下证明，国有企业所采取的援助措施实际上是根据公共机构的指示采取的。因此，国有企业采取的援助措施对国家的可归责性，取决于案件情况和采取该措施的背景。

欧委会在其国家援助概念通告中指出，判定国有企业所采取的援助措施是否应归责于国家，可以从案件情况和采取该措施的背景所产生的一组指标中推断出来，特别是其与公共行政结构的整合、其活动的性质和实施情况。这些可归责性指标应包括以下内容：(1) 将该国有企业纳入公共行政结构；(2) 该企业活动的性质及其在正常条件下在市场上与私营企业的竞争；(3) 企业的法律地位（基于其受公法或普通公司法的约束）；③ (4) 公共机构对企业管理的监督力度；(5) 在不考虑公共机构要求的情况下，国有企业无法作出有争议的决定；(6) 存在将国有企业与国家有机联系的因素；(7) 提供援助的企业必须考虑政府机构发布的指令；或 (8) 其他任何指标，表明国有企业在特定情形下参与（或其不太可能不参与）采取一项措施以及参与设计该措施的范围、内容或包含的条件。④ 国有企业如果满足上述指标，则其行为应归责于国家。

---

① Commission Directive 2006/111/EC of 16 November 2006 on the transparency of financial relations between Member States and public undertakings as well as on financial transparency within certain undertakings (Codified version), OJL 318, 17.11.2006, p. 17-25, Article 2(f).

② Official Journal of the European Union, L 318, 17 November 2006, OJL 318, 17.11.2006, p. 17-25.

③ 这里需要说明的是，尽管国有企业根据普通公司法以资本公司的形式成立，考虑到该法律形式赋予它的自治权，这一事实也不能被视为排除可归责性的充分理由。

④ Case C-482/99, France v. Commission (Stardust) [2002], ECLI:EU:C:2002:294, paras 51-52, 55-56.

四、效果规则

欧盟国家援助审查的另一重要法理依据是"效果规则",即评估一项国家援助措施是否构成非法援助,主要是看其是否造成了扭曲或威胁扭曲竞争的效果。

(一)效果规则缘起

效果规则最早起源于美国的"效果原则"。所谓"效果原则",是指当外国企业在国外所为行为对国内产生效果时,就对该外国企业行使管辖权,[①]以维护本国利益。这一原则最早是美国法院在1945年的"阿尔科案"中提出的,法院认为,在美国国外订立的合同或行为如果意图影响并实际上也影响到了美国的商业贸易,对美国商业贸易有重大影响效果的,美国法院就对该国外的行为享有管辖权,可以追究有关企业的反托拉斯行为的责任。效果规则虽未获得国际社会的一致认可,但此后,美国依然根据该规则将其相关法律广泛地域外适用,追究外国企业的法律责任。随着时间的推移,欧盟和其他一些发达国家也纷纷效仿,利用效果规则将其竞争法适用于域外。

(二)欧盟对效果规则的适用

欧盟国家援助规则虽未明确提及"效果""效果原则""效果规则"之类的词语,但欧盟机构在其发布的各类文书中已较为明确主张"效果规则"在国家援助审查领域的适用。例如1989年欧共体理事会关于控制企业集中的第4064/89号法规就采纳了效果规则,即只要共同体市场外的行为影响了共同体内部贸易,就可以适用欧盟竞争法。欧委会在一系列竞争和援助案件报告中也确认了该规则。

效果规则虽然可以解决境外一些行为扭曲本国境内市场公平竞争的问题,但也同样面临较大困境:容易导致对他国内政的干涉。基于效果规则将本国法律适用于他国境内,不可避免地会有侵犯他国主权的嫌疑,从而遭到他国强烈反对,甚至有可能引发国家间的摩擦和冲突。因此,欧洲法院对于此规则的适用一直持谨慎态度,并且一直以来,都没有明确支持欧委会的上述主张。但值得一提的是,欧洲法院在最近的因特尔案判决[②]中明确接受了该理论,认为效

[①] 姚梅镇:《国际经济法概论》(修订版),武汉大学出版社1999年版,第321页。

[②] Case C-413/14 P, Intel v. Commission [2017], ECLI:EU:C:2017:632, para 46.

果规则为欧盟竞争法背景下确立管辖权提供了合适的理论工具。①

五、团结规则

2008年的全球金融危机对欧盟成员国的国家经济体系以及欧盟的经济治理提出了非同寻常的挑战。此后几年之内，（欧洲）经济和货币同盟（Economic and Monetary Union，简称 EMU）不得不进行根本性的改革，以抵御从美国开始并最终影响整个国际经济和金融秩序的破坏性浪潮。只有坚定地致力于团结（a strong commitment to solidarity），EMU 乃至整个欧盟才能得救。②

（一）团结规则的法律地位

团结规则在欧盟法中具有非常广泛的范围，并且很早就被欧洲法院确定为："从共同体的性质推断的一般原则。"③ 团结规则（或价值）具有强烈的政治意义，这与欧盟决策的功能和运作原则有关，而欧盟成员国之间显然需要表现出团结，即使这种法律义务不能从适用的欧盟法律中衍生出来。④

团结规则是欧盟的基本价值观之一。《欧盟条约》第 2 条（关于欧盟的价值观）明确规定："欧盟建立在某些价值观之上，这些价值观对于一个社会中的成员国来说是共同的，其中……团结……盛行。"根据相关文献，这意味着在国家层面上，团结规则是欧盟成员国社会建设进程的驱动力之一。⑤《欧盟条约》第 3 条（关于欧盟的目标和任务）进一步明确规定："欧盟应促进成员国之间的经

---

① Zelger Bernadette, *EU Competition Law and Extraterritorial Jurisdiction – a Critical Analysis of the ECJ's Judgement in Intel,* European Competition Journal, Vol. 16: 2-3, p. 613-637 (2020).

② Peter Hilpold, *Understanding Solidarity within EU Law: An Analysis of the "Islands of Solidarity" with Particular Regard to Monetary Union,* Yearbook of European Law, Vol. 34: 1, p. 257-285 (2015).

③ Joined Cases C-63/90 and C-67/90, Portuguese Republic and Kingdom of Spain *v.* Council [1992], ECLI:EU:C:1992:381, para 51; Case C-335/09, P Republic of Poland *v.* Commission [2012], ECLI:EU:C:2012:385, paras 30ff. See Peter Hilpold, *Understanding Solidarity Within eu Law: An Analysis of the "Islands of Solidarity" With Particular Regard to Monetary Union,* Vol.34, p. 257 (2015).

④ Jenő Czuczai, *Chapter 7 The Principle of Solidarity in the EU Legal Order-Some Practical Examples after Lisbon,* The EU as a Global Actor - Bridging Legal Theory and Practice, Studies in EU External Relations, Vol.13, p. 145-165 (2017).

⑤ Irina Domurath, *The Three Dimensions of Solidarity in the EU Legal Order: Limits of the Judicial and Legal Approach,* Journal of European Integration, Vol. 35, p. 459 (2013); Andrea Ott, *Unity in Diversity? Differentiation in eu Law and Policy in an Enlarged EU,* Working paper, European Center Natolin, 2004.

济、社会和领土凝聚力和团结。"可见，团结规则是欧盟的一项明显的法律义务。这里需补充说明的是，团结规则在《欧盟条约》和《欧盟运行条约》的多处规定中得到了充分体现，涵盖欧盟能源和气候变化政策，欧盟庇护、移民和难民共同政策，以及欧盟人道主义政策和公民保护（或更广泛意义上的欧盟外部行动）等。① 虽然《欧盟条约》第2条和《基本权利宪章》的序言都将"团结"称为欧盟法律的"价值（value）"，且《欧盟条约》和《欧盟运行条约》的相关条款中也提到了"团结原则（principle of solidarity）"，但欧盟法律并未阐明"原则"和"价值"之间的差异，或这种差异是否存在。② 上述条约和欧洲法院的判例都没有给出"团结"的定义，③ 但团结规则的确切含义取决于其适用的政策领域，在其所涉及的各个政策领域内分别具有不同的含义和价值。④

（二）欧盟对团结规则的适用

团结规则最常见的适用情形主要体现为特殊领域的活动和危机时期，例如在公共医疗保障领域，欧元区危机和当前的新冠肺炎危机期间。涉及欧盟国家援助规则时，团结规则通常用于界定某一领域的活动或行动计划属于经济活动还是非经济活动。⑤ 欧洲法院曾使用一系列标准来确定基于团结规则的援助计划：(a) 必须加入该计划（强制性）；(b) 该计划只追求社会目标；(c) 该计划是非营利性的；(d) 支付的福利独立于所作的贡献（团结规则）；(e) 支付的福利不一定与被保险人的收入成正比（团结规则）；以及 (f) 该计划受国家监督。

根据欧洲法院判例，基于团结规则的计划应不构成非法援助。例如，在

---

① 这些条款分别是：《欧盟条约》(TEU) 第2条，第3.3和3.5条，第21.1条，第24.2和24.3条，第31.1条，第32条；《欧盟运行条约》(TFEU) 第67.2条，第78.1和78.3条，第80条，第107(2) (b)、107(3) (a) 和107(3) (b) 条，第122.1条，第194.1条，第222条，第28号议定书，关于《欧盟运行条约》第222条的第27号声明。

② Anne Joppe, *EU Solidarity, Illustrated by the COVID-19 Crisis: What Does EU Solidarity Mean in the Context of Free movement of Goods and Persons and How Is This Illustrated by the Response to the COVID-19 Pandemic?*, Utrecht Law Review, Vol. 17: 3, p. 130-142 (2021).

③ Irina Domurath, *The Three Dimensions of Solidarity in the EU Legal Order: Limits of the Judicial and Legal Approach*, Journal of European Integration, Vol. 35, p. 459-460 (2013).

④ Makus Kotzur, *Solidarity as a Legal Concept*, in A. Grimmel & S. My Giang eds., Solidarity in the European Union: A fundamental value in crisis, Springer, 2017, p. 40.

⑤ Erika Szyszczak, *Services of General Economic Interest and State Measures Affecting Competition*, Journal of European Competition Law & Practice, Vol. 6: 9, p. 681-688 (2015).

Duphar 诉 Netherlands 案①中，欧洲法院指出，欧盟竞争法中关于企业的概念不包括参与公共社会保障系统管理的组织，因为这些组织仅履行社会职能并根据团结规则②开展完全非营利性的活动。公共社会保障计划的管理是由法令委托给社会保障基金，其活动受国家控制，在审查欧盟竞争法下的"企业"一词是否包括各种社会保障计划的组织时，必须考虑上述因素。这一背景下，欧盟法并未削弱成员国组织其社会保障体系的权力。综上，欧委会在审查一项援助计划是否为非法援助时，主要依据是审查这些计划的开展模式和结构方式，基于团结规则授予的国家援助不构成非法援助。

---

① Case 238/82, Duphar v. Netherlands [1984], ECLI:EU:C:1984:45, paras 6-20.
② 本案当中的团结规则体现为在疾病和生育计划的资金来源与职业收入和制定者的退休养老金成正比；争优残疾养恤金的领取者和资源非常有限的退休参保人员才可免缴款项，而所有领取者的福利都是相同的。此外，不再受该计划覆盖的人仍有权免费享受福利一年。团结意味着收入在较富裕的人和鉴于其资源和健康状况将被剥夺必要社会保障的人之间重新分配，而养老保险计划中，团结则体现为现役职工缴纳的费用被用于支付退休职工养老金的事实。因此，社会保障计划以强制缴费制度为基础，这对于应用团结规则和这些计划的财务平衡是必不可少的。

第六章 我国公平竞争审查制度概况

近年来，公平竞争审查已成为我国政府在考虑竞争政策时的一个关键优先事项，也是我国竞争政策研究机构、学术界的一个热门话题。建立公平竞争审查制度，是我国为降低国家无端干预造成的交易成本、为企业提供公平竞争环境以及顺应全球竞争政策一致性趋势所作的努力。

第一节 公平竞争制度与公平竞争审查制度

公平竞争是市场经济的核心，有助于实现资源的有效配置和提高企业效率。公平竞争制度的设计和实施对此目的的实现起到了非常关键的作用。事实上，我国相关文件中并未明确界定何为"公平竞争制度"，但可以竞争中立为视角，通过分析其与公平竞争审查制度的关系来加深理解。

一、公平竞争制度的功能定位

（一）公平竞争制度的价值

我国目前阶段存在的竞争不够充分的问题，其根源之一就是政府行为对市场公平竞争的不当影响。[1] 事实上，我国历经40多年的经济发展，能够取得如此大的成就，很大程度上得益于公平竞争原则的引入。该原则使得市场主体更加多元化，提升了各类市场主体的企业效率和发展动力。然而，由于惯性使然，政府无法完全放弃对市场的干预，一直以来都存在深度参与市场的现象。这种深度干预使得市场的公平竞争目标难以真正实现，如果市场丧失了竞争这一核

---

[1] 张骉：《实施公平竞争审查制度 有力维护市场公平竞争》，《中国价格监管与反垄断》2016年第7期，第10页。

心要素，那么当前的繁荣就难以长久维系下去。因此，我国经济转型的关键在于政府观念的改变，政府应将其定位于市场公平竞争秩序的维护者。并且，平衡好市场与政府的关系也是公平竞争制度的价值所在，这一过程主要体现为政府向市场不断地放权，越来越注重发挥市场的自我调节作用。

（二）公平竞争制度的意义

公平竞争制度，尤其是公平竞争审查制度，正确界定了政府的市场地位和职责，具有重要意义。首先，政府需以完善公平竞争制度为目标，推动竞争政策的优化，确保各类市场主体都能获得公平竞争的权利。建设与完善公平竞争制度是一项长期且复杂的工程，不可能一蹴而就，更不可能一劳永逸。其次，政府需要在切实执行现有规则基础上，结合我国市场经济体制改革的创新实践，不断优化公平竞争制度，使其既与国际经贸制度对接，又根植于我国市场经济体制中。

二、公平竞争制度引入竞争中立规则的必要性

我国实施改革开放已历经40多年，但由于政府干预的深度参与，市场的公平竞争环境仍然不够充分。市场经济实质上是通过引入竞争中立来实现公平竞争的，因此，可以借助竞争中立来解释公平竞争制度的内涵。该原则的纳入与适用是基于国际和国内两方面的现实考虑。

（一）对接变革中的国际经贸规则

关于"竞争中立"最全面的解释主要是在经合组织的《2021年竞争中立建议》中，现已成为发达国家审查各国国有企业以及政府措施的主要工具。2021年5月，经合组织理事会通过了《2021年竞争中立建议》，旨在实现国有企业和私营企业之间的公平竞争环境。[①] 该建议书确立了一套原则，以确保政府的行动在竞争中保持中立，并为所有企业提供公平的竞争环境，不论其所有权、所在地或法律形式等因素如何。该文件建议采用和维持中立的市场规则，以便政府适用于企业当前或潜在竞争市场的法律框架是中立的，并且不会过度阻止、限制或扭曲竞争。它还建议政府避免实施可能授予企业选择性优势以及可能过度提高企业市场绩效和扭曲竞争的措施，例如不符合市场条件的贷款或贷款

---

① Ibid, OECD, May 31, 2021.

担保。

"竞争中立"理念指向的是国家的一种监管框架，涉及对一项政府措施的积极影响和消极影响之间的平衡性评估。① 也就是说，该理念下的竞争规则既包括对限制竞争行为的规制，又包括对该行为的一系列合理的豁免规定。作为国际经贸秩序的重要推手，欧盟和美国近年来在竞争规则领域的逐步趋同与合作，比如，借由 WTO 改革，以及通过双边或区域贸易协定纳入竞争条款，从而直接导致了国际竞争规则变革的新趋势。与此同时，一些区域贸易协定中也逐步纳入这一规则。《全面与进步跨太平洋伙伴关系协定》（Comprehensive and Progressive Agreement for Trans-Pacific Partnership，以下简称 CPTPP）第 17 章明确提及"竞争中立"一词，并规定了与此有关的规则内容。此外，我国已加入的 RCEP 中虽未明确涉及"竞争中立"的措辞，但其"竞争"篇章规定了缔约方应当制定和实施竞争规则及其豁免规定的义务。

（二）发挥市场机制有效配置资源的决定性作用

基于竞争中立的公平竞争制度可以理解为，所有企业在国家各级行政管辖区（包括中央、地区、联邦、省、市或县）的所有权、监管或市场活动方面都享有公平的竞争环境。② 竞争中立规则的引入是基于这样的考虑：政府行为有时会阻止、限制或扭曲市场内的竞争，譬如制定采购/税收规则或监管制度，使私营企业与国家控制/支持的企业相比处于劣势；或者将市场监管职能授权给目前正在同一市场上竞争的企业，使其较之竞争企业拥有更多竞争优势。

我国官方首次正式提出"竞争中立"是国务院于 2017 年 1 月 23 日发布的"十三五监管规划"。随后在 2018 年 10 月 14 日的 G 30 国际银行研讨会上，央行行长易纲指出："为解决中国经济中存在的结构性问题，中国将考虑以'竞争中性'原则对待国有企业。"③ 2020 年 4 月 29 日，国家市场监督管理总局综合规划司在其发布的征询意向公告中再次明确提出的任务之一，便是总结澳大利亚、美国、OECD 等国家和地区有关竞争中立的理论成果以及实践经验，研究我国

---

① Healey D., *Competetive Neutrality and the Role of Competition Authorities: A Glance at Experiences,* in Europe and Asia-Pacific, RDC, Vol. 7: 1(2019).

② OECD, *Recommendation of the Council on Competitive Neutrality,* OECD/LEGAL/0462, Adopted on: 31/05/2021, Article 1.

③ 高维和、殷华为：《加快推出中国版"竞争中立"体系，助力国企改革》，澎湃新闻网 2020 年 12 月 8 日，https://m.thepaper.cn/wifiKey_detail.jsp?contid=10250925&from=wifiKey#。

竞争中立实施的思路和主要任务。[①] 因此，我国亟需一个完备的公平竞争制度，以竞争中立规则来促进我国经济转型。这意味着，基于竞争中立规则的公平竞争制度在我国的市场经济转型中具有基础性地位。

三、公平竞争制度与公平竞争审查制度的关系

公平竞争制度是市场经济的基本规则，也是加快完善社会主义市场经济体制的内在要求。其基础性地位的确立已成为必然的、不可逆转的发展趋势，公平竞争审查制度的确立更是很好地印证了这一点。[②]

（一）公平竞争制度涵盖公平竞争审查制度

党的十九届四中全会通过的《中共中央关于坚持和完善中国特色社会主义制度、推进国家治理体系和治理能力现代化若干重大问题的决定》（以下简称《决定》）系统阐述了公平竞争制度的逻辑架构，强调"完善公平竞争制度""强化竞争政策基础地位，落实公平竞争审查制度"等。可见，公平竞争制度是一个包含竞争政策、公平竞争审查等一系列制度在内的制度集合。[③]

（二）公平竞争制度价值实现有赖于公平竞争审查制度实施

确保市场的公平竞争环境，具体来说就是确保市场的竞争机制不被扭曲或损害。现实中，导致竞争机制扭曲或破坏的情形有两种，一种是经济性行为，另一种是行政性行为。经济性行为通常是指市场主体运用自身市场力量排除、限制竞争，或者采取不正当竞争手段获取竞争优势甚至垄断地位的行为。而行政性行为则指的是行政机关和具有管理公共事务职能的组织通过制定或实施排除、限制竞争的规范或政策措施，使某些市场主体获得竞争优势或垄断地位的行为。公平竞争制度便是为了防止这两种情形的出现而构建的，其中，对于行政性行为的规制是通过公平竞争审查制度来实施的，而对于经济性行为则通过其他竞争制度（如反不正当竞争法）来规制。

---

① 国家市场监督管理总局综合规划司：《关于"竞争政策在结构性改革中的重要作用和实施机制"征询意向公告》，2020年4月29日，https://www.samr.gov.cn/zhghs/zcyj/202004/t20200429_314818.html。
② 孙晋、钟原：《竞争政策视角下我国公平竞争审查豁免制度的应然建构》，《吉首大学学报（社会科学版）》2017年第38卷第4期，第67页。
③ 《公平竞争制度是市场公平竞争的基础保障》，百家号"人民网"2020年3月18日，https://baijiahao.baidu.com/s?id=1661458456652900455&wfr=spider&for=pc。

因此，从公平竞争制度规制对象和学理意义上来说，公平竞争制度可以分为"公平竞争审查制度"和"公平竞争促进制度"。其中，前者规制的对象为国家政府的行政性行为，后者规制的对象为经济性行为或不正当行为。有学者认为，与我国公平竞争审查制度相对应，欧盟实质意义上的"公平竞争审查制度"主要是指欧盟国家援助规则。①

第二节 公平竞争审查制度的内涵

法治的治理对象是权力。②为防止政府机关出台排除或限制竞争的措施，以及逐步废除阻碍统一市场和公平竞争政策措施和法规，2016年6月，我国出台了《国务院关于在市场体系建设中建立公平竞争审查制度的意见》（以下简称《意见》），③反映了竞争政策在我国公共政策中日益重要的作用。

一、公平竞争审查制度的产生背景

实施公平竞争审查制度是党中央、国务院作出的重大决策部署。该制度自实施以来，有力规范政府行为，维护市场公平竞争，极大激发了市场主体创业创新活力。为了尽可能建立一个较为完善的公平竞争审查制度，有必要对该制度的历史背景进行梳理，以便更好地了解其演变、面临的挑战及应对的方法。

（一）20世纪90年代初社会主义市场经济体制的建立

自1978年改革开放以来，我国的产业政策经历了较大波动。我国积极调整各项产业政策，以创造一个公平的市场竞争环境，但前期阶段的收效不高，我国的各项产业政策仍以政府主导为主。

1993年，中共十四届三中全会《关于建立社会主义市场经济体制若干问题的决定》提出要"创造平等竞争的环境，形成统一、开放、竞争、有序的大市场"。这一阶段，我国政府试图通过放松管制、分权、实行法治和国企改革来重塑政府与市场的关系。

---

① 翟巍：《欧盟公平竞争审查制度研究》，中国政法大学出版社2019年版，前言第2页。
② 周安平：《论法律超越国家的历史演进》，《学术界》2020年第12期，第97–104页。
③ 《国务院关于在市场体系建设中建立公平竞争审查制度的意见》，国发〔2016〕34号，2016年6月14日发布。

（二）21世纪初产业政策对竞争政策的阻碍

然而，我国政府对产业政策的高度依赖、行业利益的相互交织以及普遍存在的地方保护主义，使得这一改革进程前后摇摆，导致了"更大的政府和更小的市场"。这种依赖性、相互关联性和地方保护主义可以从国务院 2008 年宣布的 4 万亿人民币市场救助计划中得到证明。该计划旨在应对 2008 年的国际金融危机，推动国内 GDP 继续保持两位数的年增长率。

同年，我国通过了《反垄断法》，引起了广泛关注。众人对这部法律在推动上述改革进程方面发挥的作用寄予厚望，但事实证明，该法在早期的表现并不令人满意。① 造成这种差强人意结果的原因之一是来自政府的行政性限制竞争的力量非常强大，《反垄断法》对其威慑力不足。另一个原因则是我国缺乏强有力的竞争政策，特别是面对更具影响力的产业政策时显得"力不从心"。② 由于当时的产业政策以短期经济绩效和行政方式为中心，从而不可避免地带来了一些弊端，从长远来看，这些弊端阻碍了我国当前的经济改革。③

（三）公平竞争审查制度的早期设想

学术界和实务界的研究人员随后发现了反垄断法在限制产业政策方面的局限性，故而主张我国政府应在这方面采取更多措施，这一主张被政府采纳。④ 2013 年 11 月的中共十八届三中全会作出了一项雄心勃勃的决定，即建立一个更好的市场经济体制，阐明了加强竞争的必要性，并作出有突破性的决策，重点是维护公平竞争环境，改革政府与市场的关系。这被视为减少政府干预以及关于我国未来公平竞争审查制度的早期设想。同时，我国加入 WTO 以来承担了一系列与 WTO 法律制度不相适应的国际义务，需要修改国内有关经贸领域的政策和法律。

（四）全球一体化推动公平竞争审查制度的建立

随着全球经济一体化进程加快，其对一致性的要求增强了 WTO 成员之间的竞争，推动了各国国内法律和规则的趋同，并以"法治"政府、更多的财产

---

① 孙晋、李胜利：《竞争法原论》（第二版），法律出版社 2020 年版，第 258 页。
② 王晓晔：《经济体制改革与我国反垄断法》，《东方法学》2009 年第 3 期，第 74—87 页。
③ 王晓晔：《经济体制改革与我国反垄断法》，《东方法学》2009 年第 3 期，第 74—87 页。
④ Huang Yong & Wu Baiding, *China's Fair Competition Review: Introduction, Imperfections and Solutions*, CPI Antitrust Chronicle, March 2017.

保护、更少的市场干预和更公平的市场竞争为特点。依法治国成为我国的宪法原则和国家治理方略，法治政府建设构成依法治国的重要组成部分。我国公平竞争审查制度的构建，是源于 2016 年 6 月 14 日国务院发布的《关于在市场体系建设中建立公平竞争审查制度的意见》（简称《意见》）。为进一步规范和补充《意见》相关规定，2021 年 6 月 29 日，市场监管总局等五部门根据《反垄断法》和《意见》，制定并颁布了《公平竞争审查制度实施细则》（简称"实施细则"）。自此，《意见》及其实施细则便构成了我国公平竞争审查制度的核心规范性文件。

二、公平竞争审查行为的性质辨析

公平竞争审查的制度架构合理性基础是对公平竞争审查行为的定性。[①] 从语言学角度解释，公平竞争审查的目标是"公平竞争"，行为方式是"审查"。[②] 公平竞争审查是一种竞争政策工具，是指政策制定机构或者第三方评估机构通过分析、评价拟定中（或现行）的法律法规和政策可能（或已经）产生的竞争影响，提出不妨碍法律法规和政策目标实现而对竞争损害最小替代方案的制度，其目的在于规范政府有关行为，防止出台排除、限制竞争的政策措施，逐步清理废除妨碍全国统一市场和公平竞争的规定和做法。[③]

（一）公平竞争审查行为的价值

作为法追求的终极价值，公平的实现对于现代市场经济社会的地位和重要性不言而喻。从价值层面来看，公平竞争审查强调的"公平"更偏于一种法律工具，即通过规则的制定，促进利益主体的合理实现，并使竞争充分有序展开。[④] "竞争"对于市场经济的价值在于决定要素的自由流通、实现资源的合理配置，以及驱动市场主体的技术创新，因此，它在市场经济体制中处于核心地位，是市场经济的灵魂。"公平竞争"则直接体现了审查行为的核心价值。

---

① 文婧：《论行政登记——基于公私法双重视域》，武汉大学 2011 年博士学位论文，第 41 页。
② 孙晋：《公平竞争审查制度——基本原理与中国实践》，经济科学出版社 2020 年版，第 14 页。
③ 孙晋、李胜利：《竞争法原论》（第二版），法律出版社 2020 年版，第 233 页。
④ 李彦：《论公平观念的价值意义》，《中州学刊》1996 年第 6 期，第 77-81 页。

（二）公平竞争审查行为的方式

公平竞争审查制度的"审查"一词直接构成执行该制度的行为方式：通过规制政府行为，对政府不当干预市场经济的各项制度安排、公共政策措施，依照相应的审查标准和豁免标准，事前予以分析和审查。审查行为的结果则表现为，逐步清理和废除政府限制竞争的各项规范性文件和政策措施。因此，"公平竞争"是价值目标，"审查"是行为方式，公平竞争审查制度从概念和逻辑结构上看，直观地表达了该制度的目标与行为方式的统一。①

（三）公平竞争审查的行为属性

根据《意见》，公平竞争审查对象针对的是涉及市场主体经济活动的规章、规范性文件和其他政策措施。因此，公平竞争审查行为，主要是指政策制定机关依据《意见》及实施细则，对其实施的或拟实施的涉及市场主体经济活动的规章、规范性文件和其他政策措施进行自我审查的行为，以清理和废除排除、限制竞争的规章、规范性文件和其他政策措施。

1. 公平竞争审查行为是行政行为

有学者认为，公平竞争审查与其他行政机关的其他法定义务一样，也是以政策制定机关或其委托的第三方评估机构为审查主体的行政审查制度。②从这个视角分析，公平竞争审查是一种行政行为。所谓行政行为，是指行政主体为实现国家行政管理目标而依法行使国家行政权，针对具体事项或事实，对外部采取的能产生直接行政法律效果，使具体事实规则化的行为。③根据《意见》及其实施细则规定，公平竞争审查更多地表现为一种自我审查，即政策制定机关对其制定的规范性文件、公共政策措施等行政性垄断开展自我审查，而作为审查主体的政策制定机关主要指行政主体，从而公平竞争审查行为是一种行政自查。

2. 行政备案审查与公平竞争审查的区别与联系

另一个值得讨论的问题是，在行政行为体系下，审查规范性文件的行政备案审查，也称"备案审查"。在学理上，行政备案审查是发生在行政相对人与行政机关之间，通过信息收集、公示和备存以实现事中事后监管目的的行政行

---

① 孙晋：《公平竞争审查制度——基本原理与中国实践》，经济科学出版社2020年版，第15—16页。
② 孙晋、李胜利：《竞争法原论》（第二版），法律出版社2020年版，第249页。
③ 杨建顺：《行政规制与权利保障》，中国人民大学出版社2007年版，第281页。

为。① 从其行为性质来看，行政备案审查本质上是优化政府与市场、政府与社会关系背景下诞生的，广泛适用于政府规制领域（同时包括经济规制领域和社会规制领域）的新型规制手段，是行政机关采取的一种行政行为。②

行政备案审查与公平竞争审查虽然都包括对规范性文件的行政审查，但本质上存在差别。二者既有联系，又有区别。首先，审查主体不同。行政备案审查包括立法机关备案审查、司法机关备案审查、军事机关备案审查和行政机关备案审查四类。较为常见的是立法机关备案审查和行政机关备案审查。立法机关备案审查的类型包括行政法规、规章和行政规范性文件三类；行政机关备案审查的类型主要是内部行政机关备案审查和外部行政机关备案审查。上述四类行政备案审查中，又以行政机关备案审查最为常见，数量也极多。③ 其次，审查方式不同。与公平竞争审查的行政自查不同，行政备案审查主要是以外部行政审查为主，通常是政策制定机关的上级部门负责审查。④ 例如，行政法规报全国人大常委会备案，地方性法规报全国人大常委会和国务院备案。再次，审查对象范围可能存在部分重合，但审查目的和范围不同。我国《立法法》限定了行政备案审查的对象，即法律、行政法规、地方性法规、自治条例和单行条例、规章，且仅限于对行政法规或规章等文件"与宪法或法律相抵触"的合法性审查。⑤ 而公平竞争审查目的是逐步消除限制竞争的规章、规范性文件和其他政策措施，并不涉及行政规范性文件合法性审查。另外，根据《意见》，公平竞争审查范围既包括行政性规范文件，也包括政府的政策措施（如"一事一议"）。对于行政规范性文件的公平竞争审查范围仅限于"涉及市场主体经济活动"的规范性文件，不在此范围内的规范性文件无需进行公平竞争审查。

三、公平竞争审查制度的设立模式

公平竞争审查制度的设立模式是指明确责任主体应当通过何种模式开展公平竞争审查工作。⑥ 我国公平竞争审查制度属于独立型设立模式，即在现行法

---

① 章志远：《中性行政行为研究》，北京大学出版社2021年版，第117页。
② 章志远：《中性行政行为研究》，北京大学出版社2021年版，第114页。
③ 章志远：《中性行政行为研究》，北京大学出版社2021年版，第87–88页。
④ 《立法法》第98条。
⑤ 刘作翔：《论建立分种类、多层级的社会规范备案审查制度》，《中国法学》2021年第5期，第141–160页。
⑥ 丁茂中：《竞争中立政策研究》，法律出版社2019年版，第18–19页。

律制度基础上，以《反垄断法》为制度创设的基础性法律依据，以《意见》为核心制度的公平竞争审查体系框架。

（一）制度性法律基础：《反垄断法》

早在 2007 年通过的《反垄断法》已经在保护公平竞争、维护市场经济秩序方面发挥了一定的作用，尤其是第 5 章第 32 条[①]和第 37 条[②]规定，是我国控制政府干预行为的第一个重要步骤。《意见》及其实施细则第四项审查标准"影响生产经营行为标准"中明确将《反垄断法》列入其实体审查标准："不得强制经营者从事《中华人民共和国反垄断法》规定的垄断行为。"同时《意见》还明确要求行政主体："不得违反《中华人民共和国反垄断法》，制定含有排除、限制竞争内容的政策措施。"实施细则也开宗明义地指出其制定的上位法依据是《反垄断法》。因此，《反垄断法》构成了公平竞争审查制度的制度性法律基础。

《反垄断法》规定了关于垄断协议、滥用市场支配地位和合并控制（经营者集中）的规则，这些规则大致符合国际规范，与欧盟和美国的竞争法相当。我国有学者认为，公平竞争审查制度的顺利实施要基于《反垄断法》，但又不能完全拘泥于《反垄断法》。因为结合其他国家的实践，至今尚未有任何国家执行过公平竞争审查的"一票否决制"。基于《反垄断法》的公平竞争审查也总是对被审查的政府文件提出建议，而并非否决。这意味着这些国家只是将公平竞争审查作为解决行业垄断问题的考量要素之一，绝非全部。[③]即便如此，公平竞争审查制度首次尝试将所有政府行政行为纳入其中以避免影响竞争，具有重大意义，它是我国经济治理现代化的关键因素，也是使其走向更成熟市场经济发展的驱动力。

（二）核心制度规定：《意见》及其实施细则

《意见》及其实施细则关于行政权力管制的规定，比《反垄断法》第 5 章关于"滥用行政权力排除、限制竞争"要详细得多，构成了我国控制行政干预的

---

① 该条规定：行政机关和法律、法规授权的具有管理公共事务职能的组织不得滥用行政权力，限定或者变相限定单位或者个人经营、购买、使用其指定的经营者提供的商品。

② 该条规定：行政机关不得滥用行政权力，制定含有排除、限制竞争内容的规定。

③ 侯利阳：《公平竞争审查的认知偏差与制度完善》，《法学家》2021 年第 6 期，第 106–119+194 页。

第二个重要步骤。① 相比较而言，《意见》及其实施细则确立了一种预防性的制度机制，其中包含了强有力的事前控制，要求政策制定机关在起草涉及市场准入、产业发展、投资引资、招投标、政府采购、商业行为规范、资质标准等市场主体经济活动的规章、规范性文件和其他政策措施时，必须经过公平竞争审查。而《反垄断法》侧重于事后救济，主要规制滥用行政权力的行为，但缺乏必要的硬性约束。② 值得注意的是，《意见》及其实施细则提及在公平竞争审查中，发现行为涉嫌违反《反垄断法》的，反垄断执法机构要依法调查核实，并向有关上级机关提出处理建议。

第三节 公平竞争审查制度基本内容

公平竞争审查制度主要是对政府政策措施的监管，尤其是对政策措施中设置不合理的准入、退出市场的条件，违法授予特许经营，歧视性补贴政策等进行公平竞争审查，防止出台排除、限制竞争的政策措施。

一、公平竞争审查制度的审查主体

我国公平竞争审查制度的审查主体采取以政策制定机关为主、以第三方审查主体为辅的协作模式。

（一）以政策制定机关为主

《意见》中确立的公平竞争审查制度的审查主体是"行政机关和法律、法规授权的具有管理公共事务职能的组织"，并将这类主体统称为"政策制定机关"。《意见》要求这些政策制定机关在制定市场竞争政策时实行自我审查，因此，这些制定政策的行政主体同时也是公平竞争审查制度的审查主体。

---

① Yichen Yang, *The Anti-Monopoly Enforcement Authorities v.s. Administrative Agencies: It's Time to Reconstruct Their Relationship When Dealing with Administrative Monopoly in China*, Journal of European Competition Law and Practice, Vol 10: 6, p. 379 (2019); Yong Huang & Baiding Wu, *China's Fair Competition Review: Introduction, Imperfections and Solutions*, Competition Policy International—Antitrust Chronicle, Vol.3, p. 11 (2017); Shuping Lyu, et al., *Comparing China's Fair Competition Review System to EU State Aid Control*, European State Aid Law Quarterly (ESTAL), Vol. 18: 1, p. 37-60 (2019).

② 张穹：《实施公平竞争审查制度 有力维护市场公平竞争》，《中国价格监管与反垄断》2016年第7期，第10页。

（二）以第三方审查主体为辅

为了防止政策制定机关在自我审查过程中监守自盗，《意见》还引入了第三方评估机制："在条件成熟时组织开展第三方评估。"亦即，在自我审查过程中，如果审查主体（政策制定机关）认为其难以确保审查结果的完整性及其客观公正性，则可以引入第三方审查主体协助评估。

就我国公平竞争审查制度而言，上述审查主体的协作模式具有科学性。公平竞争审查制度目前尚处于起步阶段，该制度又要求审查主体高标准、高质量地完成审查工作，这对于政策制定机关来说，短期内组建具备充足执法经验的专业性审查人员难度较大。客观来说，这些审查主体还面临大量以往制定的规范性政策文件，既耗时耗力，又不利于政策落实。[①] 因此，在审查主体自查的同时，辅以第三方评估，能够较为有效地避免上述问题。

二、公平竞争审查制度的审查对象

（一）审查对象的确立原理

在探讨公平竞争审查制度的审查对象前，需要确定一个核心概念，即国家公平竞争制度保护的对象是什么？孙晋教授认为，从宽泛意义上理解，竞争制度保护对象应该是一国境内的市场公平竞争、整体经济效率、合法经营主体和消费者的利益。其法理依据便是作为公平竞争审查制度上位法的《反垄断法》相关条款规定，该法第 1 条规定："为了预防和制止垄断行为，保护市场公平竞争，提高经济运行效率，维护消费者利益和社会公共利益，促进社会主义市场经济健康发展，制定本法。"质言之，国家竞争制度的首要保护对象是该国的竞争机制。[②]

如前所述，公平竞争审查制度作为公平竞争制度的组成部分和具体制度安排，其指向的保护对象应与公平竞争制度保持一致。因此，公平竞争审查制度的保护对象应包括一国境内市场的公平竞争、整体经济效率、市场主体和消费者利益。为了实现这一目标，公平竞争审查制度的审查对象应指向政府行为，更具体地说，应该是政府在维护市场竞争秩序过程中，为维护公平竞争而对其

[①] 孙晋：《公平竞争审查制度——基本原理与中国实践》，经济科学出版社 2020 年版，第 17 页。

[②] 孙晋：《公平竞争审查制度——基本原理与中国实践》，经济科学出版社 2020 年版，第 31–32 页。

出台或即将出台的公共政策措施进行审查，以防止其不合理地排除、限制竞争，破坏市场机制的正常运行。①

(二) 审查对象

按照《意见》及实施细则规定，公平竞争审查制度的审查对象是指各地区、各部门以及法律法规授权的具有管理公共事务职能的组织，在制定市场准入、产业发展、招商引资招标投标、政府采购、经营行为规范、资质标准等涉及市场主体经济活动的规章、规范性文件和其他政策措施时，应进行公平竞争审查；对行政法规和国务院制定的政策措施、政府部门负责起草的地方性法规，由起草部门在起草过程中进行公平竞争审查，未经公平竞争审查不得提交审议。②

因此，公平竞争审查制度的审查对象包括两类：一是行政机关和法律法规授权的具有管理公共事务职能的组织制定的涉及市场主体经济活动的规章、规范性文件。二是涉及市场主体经济活动的其他政策措施，主要包括：(1) 不属于规章、规范性文件但涉及市场主体经济活动的其他政策性文件；(2) "一事一议"形式的具体政策措施等；(3) 政策制定机关负责起草的涉及市场主体经济活动的行政法规、国务院文件、地方性法规。③

三、公平竞争审查制度的审查标准

公平竞争审查制度是规范各类市场主体一致市场准入制度，是适用于各类市场主体准入的一致性管理措施和制度安排。

(一) 公平竞争审查制度的适用范围

《意见》及实施细则明确界定了公平审查制度的适用范围。具体包括：政府制定的市场准入和退出、产业发展、招商引资、招标投标、政府采购、经营行为规范、资质标准等涉及市场主体经济活动的规章草案、规范性文件、其他政策性文件以及"一事一议"形式的具体政策措施。

---

① 朱凯：《对我国建立公平竞争审查制度的框架性思考》，《中国物价》2015 年第 8 期。转引自孙晋：《公平竞争审查制度——基本原理与中国实践》，经济科学出版社 2020 年版，第 32 页。

② 孙晋：《公平竞争审查制度——基本原理与中国实践》，经济科学出版社 2020 年版，第 17，32 页。

③ 孙晋、李胜利：《竞争法原论》(第二版)，法律出版社 2020 年版，第 239 页。

(二) 一般实体审查标准

根据《意见》及其实施细则,公平竞争审查制度确定了4类审查标准:(1) 是否违反市场准入与退出标准;(2) 是否违反商品要素自由流通标准;(3) 是否违反影响生产经营成本标准;(4) 是否违反影响生产经营行为标准。这4类审查标准项下还包括若干细分审查标准,共计18条(见表6-1)。此外,《意见》还补充了两条标准:"没有法律、法规依据,各地区、各部门不得制定减损市场主体合法权益或者增加其义务的政策措施;不得违反《中华人民共和国反垄断法》,制定含有排除、限制竞争内容的政策措施。"

表6-1 公平竞争审查制度的一般实体审查标准

审查类别	具体审查标准
一、是否违反市场准入与退出标准	1. 设置不合理和歧视性的准入和退出条件 2. 未经公平竞争授予经营特许经营权 3. 限定经营、购买、使用特定经营者提供的商品和服务 4. 设置无法律法规依据的审批或者具有行政审批性质的事前备案程序 5. 对市场准入负面清单以外的行业、领域、业务设置审批程序
二、是否违反商品要素自由流通标注	1. 对外地和进口商品、服务实行歧视性价格或补贴政策 2. 限制外地和进口商品、服务进入本地市场或阻碍本地商品运出 3. 排斥或限制外地经营者参加本地招标投标活动 4. 排斥限制或强制外地经营者在本地投资或设立分支机构 5. 对外地经营者在本地投资或设立的分支机构实行歧视性待遇
三、是否违反影响生产经营成本标准	1. 违法给予特定经营者优惠政策 2. 将财政支出安排与企业缴纳的税收或非税收入挂钩 3. 违法免除特定经营者需要缴纳的社会保险费用 4. 违法要求经营者提供各类保证金或扣留经营者保证金
四、是否违反影响生产经营行为标准	1. 强制经营者从事《反垄断法》规定的垄断行为 2. 违法披露或者要求经营者披露生产经营敏感信息 3. 超越定价权限进行政府定价 4. 违法干预实行市场调节价的商品服务价格水平

资料来源:根据《意见》及《公平竞争审查制度实施细则》整理。

上述审查标准中,各地区、各部门"不得违反《中华人民共和国反垄断法》,制定含有排除、限制竞争内容的政策措施",以及第4类"影响生产经营行为标准"关于"强制经营者从事《反垄断法》规定的垄断行为",规定了公平竞争审查制度与《反垄断法》的衔接性问题。《反垄断法》第五章是有关"滥用行政权力排除、限制竞争"的规定，《意见》设立的审查标准与该法第五章第 32—37 条规定基本一致。其中，第 32 条是涉及限制交易，第 33 条涉及限制商品自由流通，第 34 条和第 35 条均涉及地方保护（限制招投标活动、设立分支机构歧视性待遇），第 36 条是对行政机关滥用行政权力强制经营者从事本法规定的垄断行为的禁止性规定，第 37 条则属于兜底条款，即"行政机关不得滥用行政权力，制定含有排除、限制竞争内容的规定"。以上有关"《反垄断法》禁止的垄断行为"，实施细则又进行了补充解释，即此类行为"主要指以行政命令、行政授权、行政指导等方式或者通过行业协会商会，强制、组织或者引导经营者达成垄断协议、滥用市场支配地位，以及实施具有或者可能具有排除、限制竞争效果的经营者集中等行为"。由此可见，《意见》与《反垄断法》相关规定共同构成了公平竞争审查制度实施的审查标准。

（三）例外规定

公平竞争审查制度并非禁止所有可能影响竞争的政府政策措施，而是规定了一些例外情形。在这些例外情形下，即使政府的政策措施具有一定限制竞争的效果，也可以实施。《意见》所列例外情形涉及"为维护国家经济安全、文化安全、涉及国防建设，为实现扶贫开发、救灾救助等社会保障目的，为实现节约能源资源、保护生态环境等社会公共利益以及法律、行政法规规定的例外情形"[1]。值得关注的是，除上述例外情形外，实施细则在例外规定的第三种情形中增加了"维护公共卫生健康安全"。

关于这一条的适用，可以广东省农业农村厅于 2022 年 4 月 13 日发布《关于进一步加强生猪及生猪产品调运管理的通知》为例。[2] 通知提道："自 2022 年 5 月 1 日期，暂停省外屠宰生猪调入我省。""获得国家非洲猪瘟无疫区、无疫小区评估认定的省外生猪养殖企业，办理生猪'点对点'调运备案后，可'点对点'调运屠宰用生猪到我省。"从这几条内容来看，该通知违反了《意见》及

---

[1]《国务院关于在市场体系建设中建立公平竞争审查制度的意见》，国发〔2016〕34 号，2016 年 6 月 14 日发布，第 3 条第 4 款"例外规定：（1）维护国家经济安全、文化安全或者涉及国防建设的；（2）为实现扶贫开发、救灾救助等社会保障目的的；（3）为实现节约能源资源、保护生态环境等社会公共利益的；（4）法律、行政法规规定的其他情形。"

[2]《关于进一步加强生猪及生猪产品调运管理的通知》，粤动防指〔2022〕1 号，2022 年 4 月 12 日发布。

其实施细则关于"不得限制外地和进口商品、服务进入本地市场或者阻碍本地商品运出、服务输出，包括但不限于：……设置专门针对外地和进口商品、服务的专营、专卖、审批、许可、备案，或者规定不同的条件、程序和期限等"之一般禁止性规定，限制了外地商品和服务在本地的自由流通。然而，该通知文件的实施是基于"统筹做好非洲猪瘟等重大动物疫病防控"的需要，显然符合公平竞争审查制度有关"维护公共卫生健康安全"的例外规定，因此，广东省农业农村厅的这一政策性文件可以出台。

《意见》及实施细则还对上述例外情形作出严格规定，明确指出上述例外情形："在同时符合以下条件的情况下可以实施：（1）对实现政策目的不可或缺，即为实现相关目标必须实施此项政策措施；（2）不会严重限制市场竞争；（3）明确实施期限。"由此可见，我国公平竞争审查制度既包括一般性禁令，又考虑了特殊情形的禁令豁免，体现了处理好一般与特殊关系的理性精神。

四、公平竞争审查制度的程序机制

在政府制定政策措施过程中，公平竞争审查制度要求根据规定的审查标准对政策措施进行严格的自我审查，没有进行公平竞争审查的政策措施，不得出台。根据审查结果，只有当计划的措施不产生消除或限制竞争的效果时，才能实施。这代表着公平竞争审查制度主要侧重于事先审查，但同时也兼顾了事后评估。《意见》明确指出："政策制定机关要逐年评估相关政策措施的实施效果。实施期限到期或未达到预期效果的政策措施，应当及时停止执行或者进行调整。"质言之，公平竞争审查制度的执行主体是政策制定机关，审查方式是自查，并确立了以事前审查为主，事后评估为辅的政策措施制定实施全过程监管模式（见图6–1）。

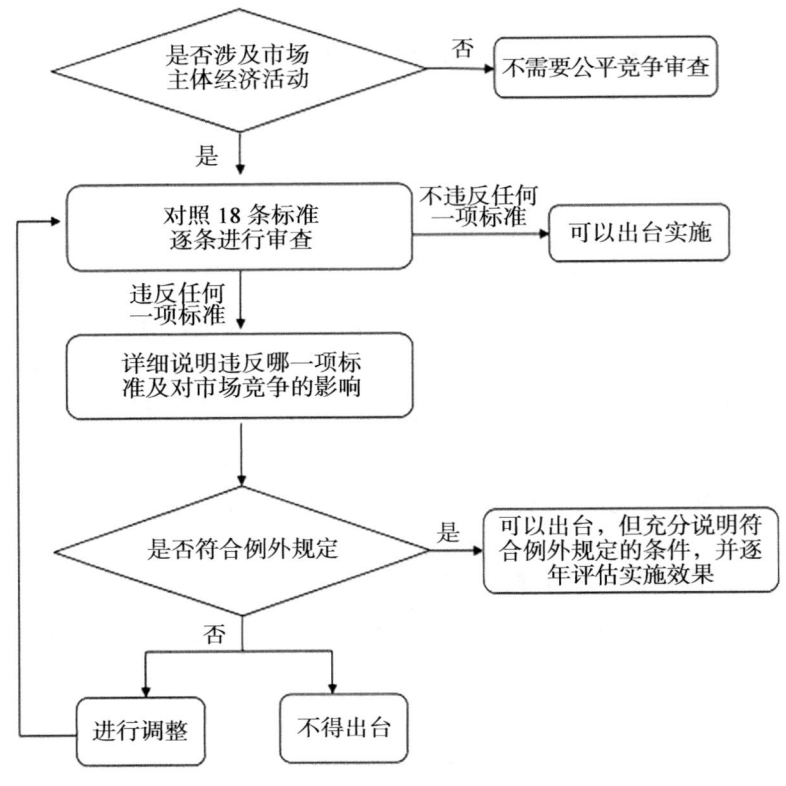

```
                ┌──────────────┐
                │ 是否涉及市场  │     否      ┌──────────────────┐
                │ 主体经济活动  ├───────────→│ 不需要公平竞争审查 │
                └──────┬───────┘             └──────────────────┘
                       │是
                       ↓
     ┌──────→ ┌──────────────┐   不违反任何    ┌──────────────┐
     │        │ 对照18条标准  │   一项标准      │ 可以出台实施  │
     │        │ 逐条进行审查  ├───────────────→└──────────────┘
     │        └──────┬───────┘
     │         违反任何
     │         一项标准
     │               ↓
     │        ┌──────────────┐
     │        │详细说明违反哪一项标│
     │        │准及对市场竞争的影响│
     │        └──────┬───────┘
     │               ↓
     │        ┌──────────────┐     是      ┌──────────────────┐
     │        │ 是否符合例外规定 ├──────────→│ 可以出台，但充分说明符│
     │        └──────┬───────┘             │ 合例外规定的条件，并逐│
     │               │否                    │ 年评估实施效果      │
     │        ┌──────┴───────┐             └──────────────────┘
     │        ↓              ↓
     │   ┌────────┐    ┌────────┐
     └───┤进行调整 │    │不得出台 │
         └────────┘    └────────┘
```

图 6-1 公平竞争审查基本流程图

资料来源：《公平竞争审查制度实施细则》附件一。

实施细则进一步规范了上述审查程序，按照"谁起草、谁审查、谁负责"的原则，进行公平竞争自我审查，审核机构进行复核审查，并对审查期限予以明确。实施细则要求公平竞争审查机构对政策措施是否违反相关标准作出详细说明。根据审查结果，若该措施不违反相关标准，则可直接实施；若违反相关标准，则不予出台，或调整至符合相关要求后出台。因此，所有政策措施应首先调整至符合公平竞争审查制度的相关要求为止，未经公平竞争审查的措施无法实施。[①]另外，对于违反审查标准的政策措施，审查机构还需就其是否适用例外规定作出说明。

---

① 《国务院关于在市场体系建设中建立公平竞争审查制度的意见》，国发〔2016〕34号，2016年6月14日发布，第3条第2款公平竞争审查方式。

在上述审查程序中，对于专业性强、影响面大的政策措施，可以引进社会力量参与，提高审查工作质效。根据实施细则，公平竞争审查机构在开展公平竞争审查时，可考虑实际需要，适时征求专家学者、法律顾问或者专业机构的意见，委托具备相应评估能力的高等院校、科研院所等第三方机构，对有关政策措施进行公平竞争评估，或者对公平竞争审查有关工作进行评估。

第七章　公平竞争审查制度实施现状及改进建议

自2016年建立公平竞争审查制度以来，国务院各部委均已建立审查机制，各省、自治区、直辖市也均印发了实施方案，阶段性成效突出。公平竞争审查制度充分激发了市场主体的创新与发展活力，截止到2021年8月底，我国市场主体数量已经增加到1.46亿户，共审查新出台政策措施文件85.7万件，发现和纠正违反审查标准的4100件；清理存量政策措施189万件，修订废止妨碍全国统一市场和公平竞争的近3万件；大力查处指定交易、妨碍商品要素自由流通、阻碍企业异地经营等滥用行政权力排除、限制竞争行为。[①]

近年来，随着经济全球化和数字经济快速发展，各国政府特别是欧盟等发达市场经济国家都高度重视竞争监管，不断强化立法、执法和司法举措。与此同时，我国国内超大规模市场已经形成，当前的市场化程度和参与全球化程度较过去相比发生了深刻变化，迫切需要强化公平竞争政策的基础性地位，强化公平竞争法治化举措，以及驱动公平竞争审查制度的更有效落实和强化制度的执行力度。

第一节　公平竞争审查制度实施现状和典型案例

我国公平竞争审查制度已经全面构建，关键是抓好实施，将《意见》及实施细则中的理念、制度落到实处，有力维护市场公平竞争环境。《意见》主要涉及四类情形：市场准入（和退出）限制、限制商品和要素自由流动、影响生产经营成本以及影响生产经营行为。其中，有关市场准入、商品和要素自由流动

---

① 《国新办举行"激发市场活力 规范市场秩序 助力全面建成小康社会"发布会图文实录》，中央人民政府网2021年9月6日，http://www.gov.cn/xinwen/2021-09/06/content_5635761.htm。

等情形的政策措施，大多带有地方保护性质（以下简称"地方保护措施"）。另一些措施涉及政府补贴或税收优惠问题，还有一些措施主要涉及《反垄断法》。相对来说，涉及《反垄断法》的措施可依据该法相关理论来实施，不存在法理适用上的困难。但从国家市场监督管理总局反垄断局公布的对"滥用行政权力限制、排除竞争"的审查案件来看，对地方保护措施、地方政府补贴或税收优惠措施的审查可能面临一定挑战。此外，公平竞争审查制度的审查标准又关系到我国国企的深化改革，因此对国企的公平竞争审查工作可能也存在一些问题。

一、关于地方保护措施的审查

有时候，各地方政府为了保护本地企业，会竞相制定一些地方保护性政策措施，从而可能引发各地区措施之间的保护竞赛问题。这类措施多见于设置市场准入标准和限制商品及要素自由流动的措施中。

（一）市场准入和退出条件

降低市场准入标准与垄断行业的改革紧密相关。大多数国家的支柱性经济行业，曾在 20 世纪 80 年代以前都以国家垄断的方式向市场提供商品，但之后的金融危机迫使这些行业部门开启了改革尝试，市场准入标准降低便是采取的主要途径。虽说如此，并非所有行业都具备引入市场机制的可能性，[1] 在此背景下，对市场准入的公平竞争审查便面临了诸多挑战。据此，国家发改委、财政部、商务部、工商总局以及国务院法制办联合印发的实施细则，对上述主题和标准进行了澄清，并为市场准入的公平竞争审查提供了一个简单的方案。

实施细则提出在处理市场准入和退出标准时，政策制定机关不能设置"不合理和歧视性的准入和退出条件"。实施细则对此设定了更加详细的禁止标准，[2] 特别是通过实施细则第 13(1) 条第 4 项"没有法律、行政法规或者国务院规定依据"，将公平竞争审查市场准入的实质性问题转化为有无"法律、行政法规或国务院规定依据"的程序性审查问题，[3] 从而防止低级别政府部门设置准入限制。

---

[1] 侯利阳：《市场与政府关系的法学解构》，《中国法学》2019 年第 1 期，第 197 页。
[2] 《公平竞争审查制度实施细则》，国市监反垄规〔2021〕2 号，2021 年 6 月 29 日发布，第 13 条第 1 款。
[3] 《公平竞争审查制度实施细则》，国市监反垄规〔2021〕2 号，2021 年 6 月 29 日发布，第 13 条。

（二）限制商品和要素自由流动

一个有序公平竞争的市场上的商品和要素必然可以自由流动，因此，《意见》明确将不得限制商品和要素的自由流动纳入公平竞争审查标准中，具体包括五类情形（见表 6-1）。实施细则更广泛深入地界定了这一标准的详细审查标准，尤其是明确规定不得限制外地或本地商品服务自由进出本地市场。[①]

除此之外，对非本地商品、服务的歧视性定价，招投标活动的地域限制，分支机构设立的地域限制等都属于此项审查标准的范畴。

（三）地方保护措施审查典型案例

根据国家市场监督管理总局反垄断局官网公布的滥用行政权力排除、限制竞争案件统计结果，关于地方保护措施的占比较高，且不少案件中的限定交易情况也涉及地方保护情况。截止到 2022 年 2 月 25 日，在国家市场监督管理总局反垄断局公布的滥用行政权力排除、限制竞争的 68 起案件中，有 41 起是关于限定交易的政府行为，40 起是关于制定排除、限制竞争的规定的政府行为，还有 25 起是涉及地方保护措施的。[②]

典型案例 1：新疆维吾尔自治区市场监管局纠正青河县人民政府滥用行政权力排除、限制竞争行为[③]

1. 基本案情

2021 年 7 月，新疆维吾尔自治区市场监管局对青河县人民政府滥用行政权力排除、限制竞争行为进行立案调查。青河县人民政府以会议纪要形式，要求阿魏灌区种植户必须使用当地农机合作社提供的农机作业服务，并指定使用当地品牌节水灌溉设备。

2. 调查处理

经新疆维吾尔自治区市场监管局审查认定，青河县人民政府实施的上述行为违反了《反垄断法》第三十二条"行政机关和法律、法规授权的具有管理公共事务职能的组织不得滥用行政权力，限定或者变相限定单位或者个人经营、

[①] 《公平竞争审查制度实施细则》，国市监反垄规〔2021〕2号，2021年6月29日发布，第14条第2款。

[②] 这些数据是根据国家市场监管总局反垄断局官网公布的此类案件审查处理结果整理，https://www.samr.gov.cn/fldj/tzgg/qlpc/。

[③] 新疆维吾尔自治区市场监管局：《新疆维吾尔自治区市场监管局纠正青河县人民政府滥用行政权力排除、限制竞争行为》，国家市场监督管理总局反垄断局官网 2021 年 11 月 18 日，https://www.samr.gov.cn/fldj/tzgg/qlpc/202111/t20211118_336979.html。

购买、使用其指定的经营者提供的商品"和第三十七条"行政机关不得滥用行政权力,制定含有排除、限制竞争内容的规定"之规定,构成滥用行政权力排除、限制竞争行为。调查期间,青河县人民政府主动采取措施进行整改,废止了会议纪要中排除、限制竞争的内容并进行公示。

典型案例2:重庆市市场监督管理局纠正巫山县教委滥用行政权力排除、限制竞争行为[①]

1. 基本案情

2019年10月,重庆市市场监管局根据举报线索,对巫山县教委滥用行政权力排除、限制竞争行为进行立案调查。经查,2019年8月2日,巫山县教委内设部门巫山县营养改善计划领导小组办公室,印发《关于巫山县学校食堂采购企业资格准入方案的通知》(巫山营改办〔2019〕8号),该通知设定了巫山县学校食堂采购企业准入条件:企业需提供县市场监管局出具的征信报告;企业在本县内有规范的固定经营场所,粮油、干副食专用仓储不少于40平方米,饮用奶专用仓储不少于20平方米;县外生物燃料经营企业提供营业执照以及在巫山县应急管理局备案的相关材料;供货企业需缴纳履约保证金:干货配送企业缴纳10万元,粮油配送企业缴纳20万元,肉类配送企业缴纳30万元,饮用奶、糕点配送企业缴纳5万元,生物燃料企业缴纳10万元。经查巫山县学校食堂采购活动按照通知要求进行了落实。

2. 调查处理

经重庆市市场监管局审查认定,巫山县教委实施的上述行为,违反了《反垄断法》第三十三条"行政机关和法律、法规授权的具有管理公共事务职能的组织不得滥用行政权力,实施下列行为,妨碍商品在地区之间的自由流通:(三)采取专门针对外地商品的行政许可,限制外地商品进入本地市场"和《反垄断法》第三十七条"行政机关不得滥用行政权力,制定含有排除、限制竞争内容的规定"之规定,构成滥用行政权力,排除、限制竞争行为。

调查期间,巫山县教委高度重视,认识到其行为违反了《反垄断法》相关规定后,积极配合调查,主动进行整改,第一时间废止相关违法文件并向社会公开,并及时提交了书面整改报告。

[①] 重庆市市场监管局:《重庆市市场监督管理局纠正巫山县教委滥用行政权力、限制竞争行为》,国家市场监督管理总局反垄断局官网2021年11月18日,https://www.samr.gov.cn/fldj/tzgg/qlpc/202111/t20211118_336976.html。

(四）对典型案例的分析：地方保护措施审查难点

《意见》明确指出，公平竞争审查的主要内容之一是针对各地政府的地方保护措施。关于地方保护措施的监管问题，早在 2001 年 4 月，国务院就公布了《关于禁止在市场经济活动中实施地区封锁的规定》，专门针对人为设置"壁垒"扰乱市场经济秩序的违法行为；2007 年的《反垄断法》明确规定不得滥用行政权力排除、限制竞争。国务院在 2022 年 1 月 27 日发布《"十四五"市场监管现代化规划》（以下简称"十四五监管规划"）中强调："坚决破除地方保护，禁止违法违规通过地方标准、团体标准、目录清单、备案等方式，制定歧视性政策措施。"① 然而，由于《意见》及实施细则的性质界定，以及实践层面央地政府对此类审查标准的理解偏差等问题，使得公平竞争审查制度的实施可能难以达到理想效果。从前文统计的涉及地方保护措施的审查案件占比可以看出，尽管我国相关制度已到位，但各地依旧存在不少直接限制非本地经营者进入本地市场的地方保护措施。之所以出现这种现象的根源，可能在于央地关系的处理和权力分配上。

因此，对可能存在地方保护的上述措施进行公平竞争审查面临的挑战是：第一，即使中央各部委、省级等高级别政府部门设置了明确的市场准入标准或商品要素自由流动标准，但落实到地方政府等层面的时候，这种落实转化的效果可能会大打折扣。② 如果不从根源上处理好央地关系，这一问题就无法得到解决。第二，我国公平竞争审查制度确立的是自查机制，其优点是审查效率非常高，但也面临不少的执行障碍。因为地方政府的政策措施所涉及领域和内容非常庞杂，单靠政策制定机关自查其某一具体的政策性文件很难发现个中关键问题，有时审查通过的政策文件依然具有排除、限制竞争的效果。③

二、对地方政府补贴或税收优惠措施的审查

作为最常见的激励政策工具，政府补贴、税收优惠为我国经济崛起作出了巨大贡献。但由于缺乏必要的法律规制，这些任意授予的财政补贴、税收优惠措施，已经损害了国内市场和国际市场的公平竞争。

---

① 《国务院关于印发"十四五"市场监管现代化规划的通知》，国发〔2021〕30 号，2022 年 1 月 27 日发布。
② 侯利阳：《公平竞争审查的认知偏差与制度完善》，《法学家》2021 年第 6 期，第 113 页。
③ 侯利阳：《公平竞争审查的认知偏差与制度完善》，《法学家》2021 年第 6 期，第 114 页。

（一）政府补贴或税收优惠

政府补贴可以降低特定经营者的生产成本，从而使后者在竞争中获得超越其他经营者的竞争优势。有学者认为，政府补贴包含多种形式，不仅限于财政补贴，也包括税收减免、税收返还、税收奖励等税收优惠形式，还包括其他能够影响生产成本的所有政府措施（如优惠贷款等）。[①] 但并非所有政府补贴都是违背公平竞争秩序的，若提供的税收优惠是给予所有非特定经营者无差别的政府补贴，并不会提高或降低单个经营者的竞争优势，也不会产生排除、限制竞争的效果。只有那些专门针对特定经营者实施的歧视性政府补贴才可能违反公平竞争审查，这种补贴明显会提升受益者相对于其竞争对手的竞争优势，从而排除、限制未受益竞争对手的竞争。[②] 如果政府补贴是基于保护国家安全、精准扶贫、灾难救助、节约能源、生态治理保护等的考虑，那么这些补贴不背离公平竞争机制。

此外，政府通常会为一些特殊地区提供具体税收优惠，例如广东横琴新区（横琴）、福建平潭综合实验区（平潭）、前海深港现代服务业合作区（前海）等综合实验区。它们分别位于澳门、台湾和香港旁边。[③] 这三个综合实验区具有特殊区位优势，从而获得了更多的税收优惠，包括对在三个实验区投资国家鼓励产业的企业给予15%的税率。[④] 这些地区的繁荣对我国来说不仅有经济影响，还有政治考虑。一方面，新的激励机制不仅可以促进区域自身的发展，而且可以为香港、澳门、台湾的发展提供更多的服务，从而实现预期的"双赢"效果。另一方面，考虑到三个岛屿对我国的特殊政治地位，税收优惠被视为促进新区

---

① 姚海放：《论政府补贴法治：产业政策法、财政法和竞争法的协同治理》，《政治与法律》2017年第12期，第15–16页。
② 侯利阳：《公平竞争审查的认知偏差与制度完善》，《法学家》2021年第6期，第106–119+194页。
③ 横琴岛位于广东省珠海市，毗邻澳门。2009年8月14日，国务院批准横琴总体发展规划，探索广东、澳门、香港合作新模式；平潭也是福建省的一个岛屿，是大陆离台湾最近的一部分。它的建设和发展将促进大陆与台湾的交流与合作。国家发改委于2011年11月发布了平潭综合实验区总体发展规划；前海位于深圳经济特区，毗邻香港，也是广东深圳香港开发区的结合点。2012年，国务院批准了《关于进一步发展前海深港现代服务业合作区的议案》，参见《国务院关于支持前海深港现代服务业合作区开发开放相关政策的批复》，国函〔2012〕58号，2012年6月27日发布。
④ 《财政部、国家税务总局关于广东省横琴新区、平潭综合实验区、前海深港现代服务业合作区企业所得税优惠及目录的通知》，财税〔2014〕26号，2014年5月7日发布。

繁荣的合理手段，以维持该地区的政治稳定，从而保护国家安全。①

（二）地方政府补贴或税收优惠措施审查典型案例

截止到 2022 年 2 月 25 日，从国家市场监督管理总局反垄断局官网公布的 68 起公平竞争审查案件的查处实践来看，涉及政府补贴、税收优惠措施的案件数量只有 2 起，② 这与政府施行的大量财政补贴措施的事实严重不符。

典型案例 3：山东省市场监督管理局纠正淄博市张店区人民政府办公室滥用行政权力排除、限制竞争行为③

1. 基本案情

2021 年 9–10 月，山东省市场监管局对淄博市张店区人民政府办公室滥用行政权力排除、限制竞争行为进行调查。2019 年 11 月 30 日，淄博市张店区人民政府办公室印发《关于支持张店农村商业银行改革发展工作的指导意见》，其中第二部分工作措施第七条规定："给予张店农村商业银行一定财政扶持。落实好对张店农村商业银行的财政扶持，以张店农村商业银行 2017–2019 三年区级税收平均数为基数，对张店农村商业银行未来 3 年内新增税收的区级留成部分进行同额返还。积极引导相关财政资金在张店农村商业银行存放，引导全区各党政机关、财政拨款事业单位、国有政府控股企业在张店农村商业银行开立结算账户。"

2. 调查处理

山东省市场监管局经调查认定，上述意见违反了《反垄断法》第三十二条、第三十七条的规定，构成滥用行政权力排除、限制竞争的行为。调查期间，淄博市张店区人民政府办公室主动采取措施进行整改，及时废止了该通知。

（三）典型案例分析：地方政府补贴或税收优惠措施审查挑战

1. 国际层面的审查压力

从国际层面上来说，维持公平竞争环境对我国进一步融入世界经济至关重

---

① Diheng Xu, *Improved Legal Control over Chinese Tax Incentives: Anything to Learn from EU State Aid*, European Tax Studies, Vol.2018, p. II-179-II-197 (2018).

② 山东省市场监管局：《山东省市场监管局纠正济宁市财政局滥用行政权力排除、限制竞争行为》，国家市场监督管理总局反垄断局官网 2021 年 1 月 13 日，https://www.samr.gov.cn/fldj/tzgg/qlpc/202101/t20210113_325195.html。

③ 山东省市场监管局：《山东省市场监督管理局纠正淄博市张店区人民政府办公室滥用行政权力排除、限制竞争行为》，国家市场监督管理总局反垄断局官网 2021 年 11 月 15 日，https://www.samr.gov.cn/fldj/tzgg/qlpc/202111/t20211124_337235.html。

要。作为WTO成员之一，我国面临着从反补贴调查到税收激励调查的挑战。

WTO是最有影响力的反补贴国际法机构，旨在确保国际贸易体系中所有成员均享有一个公平的国际竞争环境。为了应对缔约方的政府补贴，WTO制定了具体的规则，即《补贴与反补贴措施协定》。根据该协定，补贴的定义是政府或任何公共机构提供的财政资助，其带来的利益是专向性的。自加入WTO以来，我国的财政补贴、税收优惠一直受到补贴调查的影响。[①]尽管我国已根据此协定的标准修改了主要争议的税收激励和财政补贴规定，但某些行业和地区的这些政府补贴仍有可能构成《补贴与反补贴措施协定》下的禁止性补贴，譬如特定企业类型的财政补贴和国有企业的税收激励。[②]因此，我国的某些政府补贴或税收激励措施可能会损害国际市场的公平竞争环境，作为WTO的成员，我国有义务在全球市场上遵循公平竞争的规则。

欧盟近期的两个征收反补贴的案例即反映了其对补贴优惠的立场。2020年6月15日，欧委会发布了2020/776实施条例，对原产于中国和埃及的某些机织/缝合玻璃纤维织物的进口征收反补贴税，[③]这是欧盟首次对享受第三国（中国）补贴的另一国家（埃及）进口商品征收反补贴税，欧盟将这种补贴称为跨国补贴。众所周知，近年来，欧盟对我国进口商品多次进行反补贴调查，本案针对从埃及进口商品的新反补贴税扩大了欧盟反补贴制度的范围。案涉补贴类型包括：（1）中国政府向本国出口商（中国建材集团旗下公司）提供的各种形式的补贴（如优惠融资）；（2）埃及直接向位于埃及的中埃经贸合作区内开展活动的企业提供的补贴（如提供土地和税收优惠）；（3）中国政府以优惠融资的形式向中埃经贸合作区内开展活动的企业提供补贴。为了确定优惠融资等补贴的存在，欧委会审查了经济特区内的优惠贷款和出口信用担保，认为向特区内提供优惠贷款的银行是中国的国有企业，其资源可以受中国政府支配，提供给国有企业控股的所有实体。类似的，欧委会认为提供出口信用担保的中国信保也是一个

---

① Diheng Xu, *Why Does China Have a State-oriented Attitude towards Tax Incentives?*, in Australian Tax Forum, Vol. 33, 2018, p. 805.

② Ibid, Diheng Xu, 2018.

③ Commission Implementing Regulation (EU) 2020/776 of 12 June 2020 imposing definitive countervailing duties on imports of certain woven and/or stitched glass fibre fabrics originating in the People's Republic of China and Egypt and amending Commission Implementing Regulation (EU) 2020/492 imposing definitive anti-dumping duties on imports of certain woven and/or stitched glass fibre fabrics originating in the People's Republic of China and Egypt, OJL 189, June 15, 2020, p. 1-170.

国有企业。虽然欧委会并未从中国15家银行和中国信保那里得到任何提供优惠措施的信息，但依然坚持认为，在审查通过优惠贷款和出口信用担保而提供的补贴是否存在以及程度如何时，它必须部分依赖现有的事实，从而得出存在授予优惠措施的结论。无独有偶，来自布鲁塞尔2022年3月16日的消息显示，欧盟当前启动了第二起与上述案件相同的针对来自我国的跨国补贴审查。① 这起案件是针对我国通过"一带一路"倡议向印尼提供优惠融资采取的反补贴调查，目前还在进一步调查之中，但依据第一起跨国补贴对于优惠融资的认定结论来看，第二起案件依旧会得出相同的审查结论。

2. 国内层面的审查挑战

政府补贴或税收优惠措施是我国政府用于鼓励、引导和扶持产业发展的政策工具，特别是地方政府为招商引资，在其政策文件中承诺为本地企业或投资本地的企业提供资金、特定企业类型或差异化财政补贴、税收优惠待遇或其他激励政策支持。② 这种补贴和税收优惠为本地企业或投资本地的企业提供财政补贴或税收减免，无疑会提高这两类企业以外的其他企业在本地的运营成本，从而赋予其较高的竞争优势和市场地位。甚至地方政府之间为吸引投资还会出现恶性竞争和补贴竞赛的现象，影响全国市场的公平竞争。因此这两种措施均具有明显的歧视性和反竞争特性，也是《意见》重点审查的领域。

虽然《意见》对上述措施设定了较为明确的审查规定，但其实际实施效果不佳。并且，国家市场监督管理总局反垄断局官网公布的公平竞争审查案件的查处实践来看，涉及政府补贴、税收优惠措施的案件数量，与政府施行的大量财政补贴措施的事实严重不符。有学者解释，这是因为此类行为的违法认定较为困难，需要评估其在促进产业发展和扭曲竞争之间的综合经济效果，这种权衡显然比只认定其单方面的经济效果要难很多。并且，公平竞争审查工作也可能面对诸多阻力，隶属地方政府的审查机关在面对央地之间有关财政补贴或税收优惠政策上的一致或冲突审查时，基于执法意愿考虑，往往难以开展执法行

---

① *EU Counters Steel Subsidies Resulting from Export Restrictions on Raw Materials and Transnational Subsidies from China,* European Commission News, Brussels, 16 March, 2022, https://trade.ec.europa.eu/doclib/press/index.cfm?id=2368.

② 叶卫平:《财政补贴、产业促进与公平竞争审查》,《交大法学》2021年第4期，第5—15页。

动。①另一个原因可能与《意见》及其实施细则规定的审查范围及违法标准界定不恰当有关。②一方面，公平竞争审查对象只针对行政机关和组织制定的行政法规、政策措施、地方性法规，而不包括地方立法机关制定的立法文件。③另一方面，审查标准涉及影响生产经营成本时规定，不得违法给予特定经营者优惠政策，实施细则对这一标准的解释为，优惠政策包括各类税收优惠、奖励和补贴优惠以及违法免除一定费用等；对于"违法"的解释为："没有法律、行政法规或者国务院规定依据。"④而不论是地方立法机关，抑或是国务院各部门制定的补贴或税收措施，几乎都已"经国务院批准"，从而获得相应的发行基础，⑤如此便将大多数地方性政府补贴或税收优惠政策排除在公平竞争审查范围之外。⑥因此，对地方政府补贴或税收优惠的公平竞争审查面临立法与执法之间相背离的境况。

此外，在过去，除了WTO《补贴与反补贴措施协定》与欧盟国家援助审查之外，几乎不存在主权国家对政府补贴或税收优惠实施公平竞争审查的先例，经合组织《竞争评估工具书》中的竞争核对清单也不包含有关政府补贴的内容。自2016年开始，我国也建立了审查政府补贴的制度。关键是，虽然《意见》提到了关于《反垄断法》在公平竞争审查中的适用问题，但《反垄断法》的相关理论无法适用于审查和规制政府补贴或税收优惠措施。因为《反垄断法》仅考虑政府行为对特定行业的影响，反垄断分析需要先界定具体市场，以确定涉案行为影响竞争的范围，但政府补贴或税收优惠措施不仅影响市场主体所在的行业，还会影响到该行业的上下游行业。⑦也就是说，从整条产业链条考虑，这

---

① 叶卫平：《财政补贴、产业促进与公平竞争审查》，《交大法学》2021年第4期，第5—15页。
② 邓伟：《税收政策公平竞争审查制度的问题及其对策》，《法商研究》2021年第38卷第6期，第117页。
③ 《国务院关于在市场体系建设中建立公平竞争审查制度的意见》，国发〔2016〕34号，2016年6月14日发布，第3条第1款审查对象。
④ 《国务院关于在市场体系建设中建立公平竞争审查制度的意见》，国发〔2016〕34号，2016年6月14日发布，第3条第3款第3项影响生产经营成本标准。以及参见《公平竞争审查制度实施细则》，国市监反垄规〔2021〕2号，2021年6月29日发布，第15条第1款。
⑤ 侯卓：《"经国务院批准"的税法意涵》，《法学评论》2020年第38卷第5期，第66—76页。
⑥ 邓伟：《税收政策公平竞争审查制度的问题及其对策》，《法商研究》2021年第38卷第6期，第117页。
⑦ 侯利阳：《公平竞争审查的认知偏差与制度完善》，《法学家》2021年第6期，第106—119+194页。

类政策措施可能就不会产生排除、限制竞争的效果了。故而，对政府补贴或税收优惠措施的进行公平竞争审查之后，如果禁止某些可以提升社会福利的政策措施，甚至还可能会减损社会的总福利。

三、公平竞争审查涉国有企业有关问题

我国建立公平竞争审查制度的目标之一就是要推动国有企业按照市场方向进行改革，建立统一开发、竞争有序的市场体系，使市场在资源配置中起决定性作用。[①] 原则上，国有企业从事经济活动时不应豁免于一般法律、税法和规章，法律法规也不应不恰当地区别对待国有企业和其市场竞争对手。[②]《意见》提及的"各类市场主体"应包括国有企业，这也意味着，公平竞争审查制度不仅涵盖涉及私营企业的情形，也包括涉及国有企业的情形。[③] 然而，由于国有企业与政府的特殊关系，国际经贸制度以及其他国家法律制度有时将国有企业的行为视为国家行为，《意见》显然不涉及对国有企业授予优惠措施的审查，这可能会使得我国国有企业及受其资助的企业在国际上和其他国家均面临不小的压力。

（一）国有企业及其特殊性

国有企业由于其特殊的所有制、特殊的社会目标、特殊的社会经济功能、特殊的产权组织结构及运作机制从而区别于非国有企业。[④]

1. 国有企业

就国有企业的定义而言，欧盟认为，国有企业是指公共机构可通过其所有权、财务参与或管理规则直接或间接对其施加支配性影响的任何企业。[⑤] 经合组织对于国有企业的界定是，依照国内法律属于企业且国家对其行使所有权的

[①] 张弩：《实施公平竞争审查制度 有力维护市场公平竞争》，《中国价格监管与反垄断》2016年第7期，第10页。

[②] OECD：《经合组织国有企业公司治理指引：2015年版》（中文版），经合组织出版社2016年版，第20页，https://doi.org/10.1787/9789264263642-zh。

[③] 李国海：《国有企业的特殊性与公平竞争审查之实施》，《吉首大学学报（社会科学版）》2017年第38卷第4期，第68页。

[④] 非国有企业包括其他形式的公有制企业、混合所有制企业和私营企业。参见杨励、刘美珣：《国有企业的特殊性与我国国有企业的布局定位》，《清华大学学报（哲学社会科学版）》2003年第2期，第16–20页。

[⑤] Official Journal of the European Union, L 318, 17 November 2006, OJL 318, 17.11.2006, p. 17-25.

任何公司实体，包括股份公司、有限责任公司和股份合伙有限公司。经合组织还认为，通过特定立法获得法人资格的法定企业，如果运营目标和业务或者一部分业务在很大程度上属于经济性质，也应被视为国有企业。[①] 在我国，虽然名义上国有企业属于全民所有，但实际上国有企业也是由国家来投资并行使出资人权利的。[②] 可见，世界各国对于国有企业所有者问题上的认定是一致的，即国有企业的主要所有者和控制者是国家（政府）。[③]

2. 国有企业的特殊性

国家建立国有企业不是要实现利润最大化，而是具有特殊的社会目标，即在某种程度上克服市场失灵，提高社会公共利益。

首先，在我国，国有企业通常是进入私营企业不愿进入的领域，如城市交通、政策性银行等重要的公共产品或服务领域。这些领域关系国计民生、社会公共利益，为保证消费者的最大福利，这些领域的产品和服务的定价不可能完全交由市场来决定。私营企业可能很难在这些领域盈利，从而不愿意进入。因此，只能通过政府对国有企业施加特殊义务的方式，来保证上述利益的实现。其次，对于某些领域，私营企业存在能力不足的情形，如一些高新技术产业，大型的电力网络、运输网络等，由于投资规模大，回收慢，且带有公益性质，单靠市场力量，无法使私营企业介入。再次，除上述领域之外，还有一些特殊领域禁止私营企业进入，这些领域关系到国家的政治经济安全，涉及重大国家安全利益，如军事、航天工业等。因此，这种特殊领域不是简单的经济问题，一旦失控可能危及社会安全，私营企业无法担此重任，只能交由政府（国有企业）来独资经营。[④]

3. 我国的国企改革

我国自改革开放以来，国有企业改革取得了重大进展，运行质量和效率大幅提升，甚至一些核心国有企业在国际国内市场上十分具有竞争优势。如前所

---

① OECD:《经合组织国有企业公司治理指引：2015 年版》（中文版），经合组织出版社 2016 年版，第 14 页，https://doi.org/10.1787/9789264263642-zh。
② Leroy P. Jones, *Public Enterprise and Economic Development:The Korean Case*, Korea Development Institute, 1975, p. 23.
③ 杨励、刘美珣:《国有企业的特殊性与我国国有企业的布局定位》,《清华大学学报（哲学社会科学版）》2003 年第 2 期，第 16 页。
④ 杨励、刘美珣:《国有企业的特殊性与我国国有企业的布局定位》,《清华大学学报（哲学社会科学版）》2003 年第 2 期，第 20 页。

述，国有企业在一些特殊领域承担了重要职责，为我国综合实力的增强和保障、改善国计民生发挥了突出作用。但是，国有企业仍存在一些亟待解决的矛盾和问题，譬如，怎样建立国企的市场主体地位、如何对国有资产实施监管等。并且，随着我国"走出去"战略的进一步推进，国有企业还面临着激烈的国际竞争、国际监管和转型压力。因此，对国有企业的持续深化改革势在必行。

国企改革是我国 2015 年以来的工作重点。中共中央、国务院于 2015 年 8 月 24 日印发了《中共中央、国务院关于深化国有企业改革的指导意见》，从国企改革的总体要求到分类推进国企改革，完善现代企业制度等方面，提出了全面的指导意见和具体改革举措。党的十八大报告也指出，"要毫不动摇巩固和发展公有制经济，推行公有制多种实现形式，深化国有企业改革……推动国有资本更多投向关系国家安全和国民经济命脉的重要行业和关键领域"。2019 年 11 月，国务院国资委发布了《中央企业混合所有制改革操作指引》。2020 年 5 月 22 日，国务院总理李克强在发布的《2020 年国务院政府工作报告》中指出，提升国资国企改革成效，实施国企改革三年行动。国务院国有企业改革领导小组办公室 2022 年 1 月 17 日召开的会议显示，截至 2021 年年底，我国国有企业公司制改革基本完成，中央党政机关和直属事业单位所管理企业中公司制企业占比 97.7%，地方国有企业中公司制企业占比 99.9%，实现了历史性突破。①

（二）国有企业审查典型案例

国有企业在参与市场经济活动时具有双重身份，既可能代替政府向其他市场主体提供补贴等优惠，又作为参与竞争的市场主体，享受政府优惠。在《意见》发布前后，国内实务界和理论界围绕公平竞争审查制度展开了多方面的研究，提出和解决了不少理论和实务问题。但由于该项制度推出时间短，一些值得重视的问题仍没有受到应有的关注，其中就包括在涉及国有企业时，公平竞争审查如何实施的问题。从国家市场监督管理总局反垄断局官网公布的滥用行政权力排除、限制竞争案件统计情况即可看出，截止到 2022 年 2 月 25 日，受审查的 68 起案件中，只有 1 起涉及对国有企业的公平竞争审查。

典型案例 4：山东省市场监管局纠正济宁市财政局滥用行政权力排除、限

---

① 新华社：《历史性突破！国有企业公司制改革基本完成》，中华网 2022 年 1 月 17 日，https://news.china.com/domestic/945/20220117/40961336.html。

制竞争行为①

1. 基本案情

2020 年 9 月 18 日，山东省市场监管局接到群众举报，反映淄博市淄川区人力资源和社会保障局（以下简称淄川区人社局）以发布通知的形式，要求所有机关事业单位和区属国有企业使用的编外用工人员，统一由淄博齐信劳务合作有限公司代理。山东省市场监管局收到举报后，经过认真分析和核查，认为淄川区人社局涉嫌存在滥用行政权力排除、限制竞争的行为，于 9 月 18 日对其立案调查。

9 月 21 日，山东省市场监管局执法人员赴淄川区人社局进行了立案告知并进行了必要的调查。经查，淄川区人社局于 8 月 12 日发布了《关于加强和规范机关事业单位编外用工管理的通知》（川人社字〔2020〕69 号），其中第三条第二项规定："现有机关事业单位和区属国有企业编外用工人员由其它人力资源公司代理的，按照规范管理的要求，统一由区属国有企业淄博齐信劳务合作有限公司代理，依法签订合作协议和劳动合同。其它由单位直接签订劳动合同管理的，应逐步向齐信劳务公司代理过渡。"第三条第二款第三项规定："对不按规定执行的用人单位，区财政将不再负担相关费用。"

2. 调查处理

山东省市场监管局在调查过程中，向淄川区人社局讲解了《反垄断法》中关于滥用行政权力排除、限制竞争的相关规定和行政机关在发布文件、通知时，应注意公平竞争的有关事项。9 月 23 日，淄川区人社局向山东省市场监管局提交了《整改报告》，内容包括：立即废止《关于加强和规范机关事业单位编外用工管理的通知》（川人社字〔2020〕69 号）文件；在淄川区政府网站予以公示，接受群众监督；下一步，将加强规范性文件制定程序和管理规范，不断优化营商环境，保护中小企业的合法权益。

从该案基本案情不难看出，该案例所涉国有企业的公平竞争审查对象，仍属于对政府滥用行政权力排除、限制竞争的行为，即本案中的国有企业在审查中的身份是作为市场主体一方。目前，针对国有企业另一重身份，即代替政府行使公共权能的公平竞争审查案例尚未发现。

---

① 山东省市场监管局：《山东省市场监管局纠正济宁市财政局滥用行政权力排除、限制竞争行为》，国家市场监督管理总局反垄断局官网 2021 年 1 月 13 日，https://www.samr.gov.cn/fldj/tzgg/qlpc/202101/t20210113_325195.html。

出现这种情况的原因可能是由于,《意见》仅间接地表达了在实施公平竞争审查时要考虑国有企业参与市场竞争的问题,而审查对象范围却不涉及对国有企业代替政府授予优惠的行为。并且,不论国有企业扮演何种角色,《意见》均未给出涉及国有企业的具体审查方案,甚至没有任何文字直接提及国有企业,这必然会影响公平竞争审查制度的实施效果。

(三) 典型案例分析:国有企业审查障碍

1. 对国有企业提供优惠的行为进行公平竞争审查的规定不明确

尽管我国国企改革取得了重大成就,但对涉国有企业的有关公平竞争审查问题也不容忽视。国务院国资委于 2021 年 10 月 17 日印发了《关于进一步深化法治央企建设的意见》,就中央企业的法治工作提出了一些意见,其中只在第三条第十款中提到"持续巩固规章制度、经济合同、重要决策法律审核制度",并要求完善事后评估机制。[①] 目前,我国尚未制定专门针对国企的公平竞争审查规定。

实际上,在维持公平竞争环境的论述体系中,国有企业与国家限制竞争行为之间具有紧密的联系。国外就有学者认为,国家限制竞争行为可以被概念化为由多种行为组成的连续统一体,国有企业从事的限制竞争行为与政府通过法律法规及其他规范性文件为市场主体限制竞争提供条件和便利的行为,同属于该连续统一体的组成部分,而且二者具有紧密的联系。[②] 经合组织在其《国有企业公司治理指引:2015 年版》序言中也提及,许多经济体中存在庞大的国有部门,而经验显示,国有部门对经济和社会的发展是构成促进或者阻碍,取决于其是否按照公认的良好实践运营。[③] 换句话说,国有企业存在对一国市场的竞争格局产生负面影响的可能性。

2. 对国有企业享受优惠的公平竞争审查可能存在漏洞

截止到 2022 年 2 月 25 日,国家市场监督管理总局反垄断局官网公布的 68 起滥用行政权力排除、限制竞争的案件中,涉及国有企业审查的案件数量只有

---

① 《国务院国资委关于印发〈关于进一步深化法治央企建设的意见〉的通知》,国资发法规规〔2021〕80 号,2021 年 10 月 17 日发布。

② Eleanor M. Fox & Deborah Healey, *When the State Harms Competition:The Role for Competition Law,* March 30, 2017, http://lsr.nellco.org/nyu_lewp/336.

③ OECD:《经合组织国有企业公司治理指引:2015 年版》(中文版),经合组织出版社 2016 年版,第 7 页,https://doi.org/10.1787/9789264263642-zh。

1起。① 除《意见》规定不明确导致的审查挑战之外，这一实践情形也间接证明了，针对政府给予国有企业优惠的公平竞争审查依旧存在无法实施的可能性。

以税收优惠为例，我国过去采取以国家为导向的税收激励措施的直接后果是，国有企业享有比其他企业更多的税收优惠。中央控制的国有企业是政府的主要利润来源，因为属于政府所有，又考虑到其国家经济重要性，这类国有企业总是可以与政府讨价还价，说服政府为其提供税收优惠，从而获得特殊的税收待遇和竞争优势。② 而私营企业和外国企业却无法从这种特殊税收待遇中受益。另一个扰乱市场公平竞争秩序的后果是，由于存在税收激励，效率低下的国有企业依旧能够在市场中生存，从而导致了另一种不公平。自2015年以来，我国经济放缓，③ 于是扩大了对微小型企业的税收优惠。④ 但与国有企业相比，它们在市场上仍处于相对劣势地位。因此，具有特定税收优惠的国有企业可以在国内和国际市场上获得更具竞争力的地位，而这有悖于国际经贸规则下的公平竞争原则。

然而，由于政府和国有企业的特殊关系，前者可能通过两种不同的方式给予后者的优惠待遇，第一种是以政策规定的形式，第二种是采取直接命令或指示的形式。第一种形式，毋庸置疑，属于公平竞争审查制度的审查范围。而第二种形式显然不属于政策措施，如此也就无法适用公平竞争审查制度对其进行审查。

---

① 山东省市场监管局：《山东省市场监管局纠正济宁市财政局滥用行政权力排除、限制竞争行为》，国家市场监督管理总局反垄断局官网2021年1月13日，https://www.samr.gov.cn/fldj/tzgg/qlpc/202101/t20210113_325195.html。

② Wei Cui, *Taxation of State-owned Enterprises: A Review of Empirical Evidence from China*, in Liebman B.L. & Milhaupt C.J. eds., Regulating the Visible Hand? The Institutional Implications of Chinese State Capitalism, Oxford, 2015, p. 109-131.

③ 2015年、2016年和2017年，我国国内生产总值（GDP）增长率分别为6.9%、6.7%和6.9%。这是近十年来第一次增长率低于7%。参见《2018年中国统计年鉴》中的数据，2021年12月10日查阅于http://www.stats.gov.cn/tjsj/ndsj/2018/indexeh.htm。

④ 《财政部、国家税务总局关于实施小微企业普惠性税收减免政策的通知》，财税〔2019〕13号，2019年1月17日发布。

第二节　我国公平竞争审查制度实施层面的应对

前已述及，我国加入的 RCEP 和申请加入的 CPTPP 均包含有相应的竞争条款，我国构建公平竞争审查制度除了继续深化经济转型以及提升国家竞争力和国际影响力之外，也是为了顺应这一国际趋势。至于如何更有效地实施这一制度，以及如何完善其中不足，欧盟在这方面相较其他经济体更有经验，我国或可从中得到一些启示。这也符合国务院 2017 年 1 月 12 日发布的《国务院关于印发"十三五"市场监管规划的通知》（以下简称"十三五监管规划"）中提出的总体监管思路，即市场监管理念和模式应与我国经济发展全球化趋势相适应，并有助于提升我国在全球治理中的制度性话语权，通过国际视野审视我国市场监管规则立法和执法的有效性，以便提升我国有关审查监管制度方面的国际化水平。①

一、有关地方保护措施问题的审查应对

前文提到，地方保护措施存在的根源在于央地关系，关于高级别政府部门设置审查标准在低级别政府部门落实时的转化问题，也受到央地关系的影响。尽管中央政府在制定计划时已将地区经济水平差异考虑在内，但这种经济发展的不平衡依然无法彻底解决。②也有学者认为，地方官员为了获取政绩和晋升的机会，不得不努力发展地方经济，从而带动了我国经济的腾飞，但也由此带来了如地方保护等恶性竞争的现象。③从现实层面上来说，地方保护措施一定程度上的确可以带动经济不发达地区的发展，但经济发达地区似乎更热衷于打造区域共同体的发展模式，后者如长三角一体化和粤港澳大湾区等。

有学者建议，可以考虑在不同地区设定不同的审查制度，对于经济发达地区实施全面的审查制度，对于经济不发达地区可暂缓执行，或部分执行。④这一

---

① 《国务院关于印发"十三五"市场监管规划的通知》，国发〔2017〕6 号，2017 年 1 月 23 日发布。
② 黄韬：《央地关系视角下我国地方债务的法治化变革》，《法学》2015 年第 4 期，第 24—35 页。
③ 罗党论、佘国满、陈杰：《经济增长业绩与地方官员晋升的关联性再审视——新理论和基于地级市数据的新证据》，《经济学（季刊）》2015 年第 3 期，第 1145 页。参见陶然、苏福兵等：《经济增长能够带来晋升吗？——对晋升锦标竞赛理论的逻辑挑战与省级实证重估》，《管理世界》2010 年第 12 期，第 13 页。
④ 侯利阳：《公平竞争审查的认知偏差与制度完善》，《法学家》2021 年第 6 期，第 116 页。

点是可行的。事实上，公平竞争环境审查制度的执行有效性，取决于各地方政府对该制度的实施动力。因此，鉴于央地关系的不可忽视性，对于地方保护措施的审查，一方面，可将公平竞争审查制度的实施成效纳入对官员的考评，并平衡好经济发展政绩和公平竞争审查成效在晋升考核中的权重关系。这一设计思路业已在"十四五监管规划"中明确提出。规划指出，要建立公平竞争审查责任制，强化监督考核，将公平竞争审查工作纳入政府部门年度考核、优化营商环境、法治政府建设等考核评价体系。①

另一方面，可通过制定明确的豁免规则，来缓解不同地区间的发展不平衡，这一点可参考欧盟的区域援助指南。欧盟便是根据《欧盟运行条约》第107(3)条，以及欧委会发布的动态"区域援助指南"，②来实现不同经济水平的地区适用不同的援助审查标准的。欧盟认为，区域援助本质上也可能会影响经济活动的地点：一个地区由于援助的存在吸引了投资，而另一个地区则失去了这一机会。在受到援助消极影响的地区，可能表现为经济活动活跃度下降或失业率上升。为了在一定程度上限制这些负面影响，欧委会通常会制定和批准相应的动态区域援助图。区域援助图考虑了公平性和凝聚力政策目标，详尽地定义了可以提供区域援助的区域，以及允许的最大援助强度。我国本身已经划定了区域发展地图，故而可在此基础上明确不同区域可采取的豁免措施及其范围、阈值等。质言之，公平竞争审查制度的审查标准可动态适用于不同的区域。对于经济发达的地区，可采取全面从严的审查标准；对于经济不发达的地区，可采取稍微宽松的审查标准，甚至可以允许当地政府制定特殊情形下可被豁免的政策措施。与此同时，明确的豁免规则也是法律确定性和可预测性的前提之一，可以提高政策制定机构的决策效率，减轻其公平竞争审查压力。通过以上途径，来解决地方政府对公平竞争审查制度的转化问题也许更具可操作性。

对于地方保护措施的第二个审查挑战而言，我国不应只依赖公平竞争审查制度来处理这一问题，而是应对其所涉领域和内容进行充分深入的调研。在统

---

① 《国务院关于印发"十四五"市场监管现代化规划的通知》，国发〔2021〕30号，2022年1月27日发布。

② 区域援助指南是一种欧盟横向国家援助豁免制度。不发达地区在吸引和维持经济活动方面可能遭遇非常严重的障碍。而区域援助，由于其地域特殊性使其不同于其他形式的横向援助，将会影响投资者对投资项目所在地的选择。所以有必要制定适用于不同地区的区域援助豁免规则。区域援助指南通过设定不同的援助强度和援助阈值，将区域援助对贸易和竞争的影响限制在最低限度，如此便可确保成员国之间的公平竞争，又可以同时为区域发展提供援助。

筹协调制度的有效实施时，考虑不同地区的发展现状、总体规划和阶段性计划，根据每年的审查成果进行综合评估排名，对于审查工作落实不佳的地区进行次年审查成果的重点抽查，并对其政策审查机构的人员进行统一培训指导，加深其对公平竞争审查制度的正确理解，进而提高其执行效果。

二、对地方政府补贴或税收优惠措施的审查应对

（一）基于国际层面压力的应对

对于来自国际层面的公平竞争审查压力而言，我国作为WTO成员之一，有义务不给予禁止性补贴。我国地方政府的补贴或税收优惠政策不应脱离内部市场的发展大局，政策的制定原则应符合我国构建公平竞争的统一内部市场的目的。

首先，从我国国情视角来看，我国的经济发展不平衡是客观事实。对地方政府补贴或优惠措施的公平竞争审查不应仅考虑形式上的公平竞争，而更应实现实质上的公平竞争。为此，审查制度的实施应基于国情考量，特别是允许对经济较落后地区及其产业提供政策扶持。一方面，这并不会违反相应的国际经贸规则，因为RCEP、CPTPP等近几年的一些新的双边或区域贸易协定中允许缔约方基于本国国情考虑，在执行竞争规则时给予适当的豁免。另一方面，这在基于竞争中立的欧盟国家援助规则体系中，也属于正当的援助授予理由。[①] 在欧盟这一规则体系下，即使认定成员国政府补贴或税收优惠等援助措施构成扭曲竞争的效果，但如果是为了平衡地区间发展的不平衡、支持研发创新、扶持中小企业、生态环境保护等目的，则可直接授予。质言之，对接国际标准和参考域外立法和执法经验，我国的地方政府补贴或税收优惠政策只要符合公平竞争的总体目标和宗旨，就有正当理由可以实施。

其次，人们普遍认识到，地方政府补贴或税收优惠在特定情形下可以发挥调节和优化产业结构的作用，并且对于实现整体社会公共利益有时甚至是不可或缺的。出于社会功能、经济调控或国家安全等目标和大局观的综合考虑，政府需要为一些特定行业或企业提供扶持和支持的措施。欧盟国家援助规则就应考虑的事项为成员国提供了一些指导，包括：与生态可持续发展相关的政府立

---

① Diheng Xu, *Improved Legal Control over Chinese Tax Incentives: Anything to Learn from EU State Aid*, European Tax Studies, Vol.2018, p. II-179-II-197 (2018).

法和政策；社会福利和公平考虑，包括公共服务义务；与职业健康和安全、劳资关系以及准入和公平等事项有关的政府立法和政策；经济和区域发展，包括就业和投资增长；对中小型企业的援助措施；特殊行业部门的政府立法和政策；其他可酌情考虑的相关事项。事实上，这些指导项目均属于欧盟国家援助例外情形下的国家政策和措施，我国可借鉴其中的实质性规则，并依据我国国情设定各级政府（尤其是高级别政府）在各类事项上的应用权重和优先次序。

（二）基于国内法局限性的应对

在国家层面上，就《意见》和《反垄断法》对政府补贴或税收优惠措施审查的局限性而言，我国地方政府应切实考虑到加强对地方政府补贴或税收优惠措施的审查，对构建公平竞争的统一内部市场以及国际竞争力提升的重要作用。

首先，公平竞争审查制度的审查对象范围应放宽至包含地方性立法机关制定的经济领域立法性文件。事实上，在该制度早期实施阶段，就有执行机关因范围界定不明从而将政策措施限缩解释为"政策文件"，以致于许多政府行为游离于审查范围之外。而地方政府补贴或税收优惠措施也因部分措施的表现形式为立法性文件，从而不受公平竞争审查制度的约束。这两类情形本质上是一样的，因此，与其纠结于如何在范围或形式上制止尽可能多的排除、限制竞争的政府行为，何不强化效果规则在公平竞争审查的运用？这本身也是公平竞争审查制度设立之初就确立的原则和宗旨，显然暂未发挥其应有的作用。换言之，公平竞争审查制度实施可将效果规则贯穿始终，作为监管和审查漏洞的补充，即不论排除、限制竞争的政策措施来源如何，也不论其通过何种形式，只要这些措施具有排除或限制竞争的效果，就必须接受审查机关的审查。

其次，对于"经国务院批准"或"经国务院同意"的政策措施，其审查标准不能仅以这两项批语"加持"，就简单地判定为合乎公平竞争审查标准。实施细则中的"违法"释义不宜如此简单理解和适用，有学者就对该问题提出这样的观点：即纵有"经国务院批准"加持，相关税收规范性文件仍有合法性风险。[①] 政策制定机关在其制定的政策文件或规范性文件中冠以"经国务院批准"之词，无非是旨在将其创制的有关规则转化为国务院行为。显然，这一意图并不能成立，"经国务院批准"或"经国务院同意"的措辞，并不能在性质上真正改变其原有的行为。《宪法》第90条和《国务院组织法》第10条均对各部委制

---

① 侯卓：《"经国务院批准"的税法意涵》，《法学评论》2020年第38卷第5期，第71页。

定规范性文件的行为作了清晰界定,即各部委在"本部门权限内"制定和发布有关命令、指示和规章。各部委制定的规范性文件即使事先向国务院请示报告,并最终由国务院决定,依然只能在各部委的"本部门权限内"发布。这意味着,各部委"向国务院请示并由国务院决定"的行为,并不能延伸至可将其视为国务院意志。[①]"决定"尚且如此,遑论语气更弱的"批准"或"同意"。然则,考虑到我国政府补贴或税收优惠措施在国际和国内层面上承受的压力,不若将实施细则中的"国务院规定依据"从"违法"的释义范围中删去,或详细界定"国务院规定依据"的范畴,以避免一些实质上不合理的政策措施借此规避公平竞争审查机关的审查。

三、公平竞争审查涉国有企业问题解决

(一) 对国有企业提供优惠的行为被视为国家行为的再审视

目前,我国公平竞争审查制度主要目的是确保国内统一大市场的公平竞争环境,但由于国有企业的特殊身份,其在国际贸易中面临的审查风险也不容忽视。事实上,对于国有企业的行为是否应归责于国家行为,本身就是一个较难判定的议题,饶是欧盟国家援助规则涉及国有企业授予援助的审查时,也不可避免会面临这样的困境。根据前文所述,在2002年法国诉欧共体委员会一案中,欧洲法院判例已然判定,欧委会不能仅依据国有企业的法律地位,就简单地将其行为判定为可归责于国家,因为国有企业可归责性的判定并不只有这一个事实标准。也就是说,即使欧委会不能仅依据其认为的中国政府能够控制中国的国有银行、中国信保等国有企业,并对其运营施加支配性影响,就直接推定这些国有企业采取的措施归责于国家。因此,在前述欧委会对涉中国政府的跨国补贴调查中,中国政府和涉案企业可以此作为抗辩理由。

基于国内公平竞争审查视角,审查对象是否应包括国有企业采取措施的行为,主要取决于国有企业行为的可归责性,但从欧盟经验来看,这并不是一件容易的事情。即使欧委会拥有如此丰富的行政审查经验,仍不免作出错误决定,从而被欧洲法院判定其决定无效。因此,管见以为,现下对涉国有企业相关问题的公平竞争审查,应当侧重于对国有企业另一重身份所享受优惠的审查,即其作为参与经济活动的市场主体,理应与非国有企业享受相同的待遇。

---

① 侯卓:《"经国务院批准"的税法意涵》,《法学评论》2020年第38卷第5期,第71–72页。

（二）对不同类别国有企业享受优惠的审查问题解决

2015年9月13日，中共中央、国务院印发了《关于深化国有企业改革的指导意见》（以下简称《指导意见》），作为指导和推进国企改革的纲领性文件，并根据国有企业的战略定位和发展目标，将其划分为公益类和商业类两种类别。① 其中，公益类国企主要负责保障国计民生、服务社会以及提供公共产品和服务；商业类国企是按照市场化要求进行商业化运作，其目标是增强国有经济活力、放大国有资本功能、实现国有资产保值增值。商业类国企又根据其主业所处的领域不同，进一步细分为主业处于充分竞争行业和领域的商业类国企，以及主业处于关系国家安全、国民经济命脉的重要领域和行业、主要承担重大专项任务的商业类国企。② 根据上述分类，我国进一步提出分类推进国企改革的意见和策略。

与我国类似，欧盟成员国有时会依据《欧盟运行条约》第106条第1款授予企业特殊或专有权或者依据该条第2款向负责经营一般经济利益服务的任何企业，提供任何形式的公共服务补偿，即补偿正当性原则。欧委会2006年11月16日发布的《关于成员国与国有企业之间以及某些企业内部的财务关系透明度2006/111/EC号指令》（以下简称"透明度指令"），要求为上述两种情形下的相关企业（含国有企业）建议独立账户，以确保竞争规则公平有效地适用于此类企业。该独立账户强调了成员国在以上情形中向企业提供援助的透明度原则，即成员国的披露义务，欧委会以此作为评估该援助与欧洲共同利益目标相符的审查评估依据。透明度指令还梳理了国有企业和成员国公共当局之间的财务关系，一方面表现为公共当局直接提供给国有企业的公共资金，另一方面表现为公共当局以国有企业为中介向其他企业提供公共资金。显然，欧盟"透明度指令"中对于国有企业与政府财务关系的分类与我国的情形是相似的，并且欧盟也重点强调了对承担《欧盟运行条约》第106条第1-2款所涉义务的国有企业提供援助的豁免。

《指导意见》对国有企业的监管要求，主要是通过构建"监管权力清单和责任清单"的形式，根据上述分类，依法将配合承担公共管理的职能归于有关政府部门，该由企业自主经营的管理权归于企业，将其子企业自主经营的事项归

---

① 《中共中央、国务院关于深化国有企业改革的指导意见》，第二章第4条。
② 《中共中央、国务院关于深化国有企业改革的指导意见》，第二章第5，6条。

于一级企业。① 尽管《指导意见》中提到为国有企业公平参与市场竞争创造条件，但对国有企业的监管和问责制均侧重于对国有资产的统一监管，确保国有资产保值增值，以及防止国有资产流失。鉴于《意见》及实施细则中也不涉及对提供给国有企业优惠的政府行为进行公平竞争审查的规定，我国可以审视参考欧盟做法，由国务院办公厅及各部委联合出台针对国有企业公平竞争审查的专门性单项规章或意见，将我国国有企业的现状、国企改革的行动计划都纳入具体实施方案中，制定符合我国国情的国有企业公平竞争审查规则，其中尤其需要将承担关系国计民生、国家安全等特殊义务的公益类国企，或主业是这些领域的商业类国企所享受的优惠措施作为例外情形予以豁免。

（三）对享受优惠的国有企业审查引入欧盟援助审查原则

经合组织在《国有企业公司治理指引》提到，在不违背国家所有权宗旨的前提下，国有企业的法律和监管框架应确保其在从事经济活动时，有一个平等的市场环境，并进行公平竞争。② 因此，我国在制定针对国有企业的公平竞争审查一般性规则时，也应确保国有企业的经济活动原则上不受益于构成竞争优势的直接或间接的补贴和财税支持，并保证国有企业享受的要素投入与私营企业平等。

1. 竞争中立规则适用

事实上，对于我国国有企业享受的补贴或税收优惠的公平竞争审查问题，引入竞争中立规则或可解决此问题。该规则现已成为发达国家实现公平对等贸易的有力武器，我国国有企业时常遭受发达国家责难也是因为偏离了这一规则。③ 根据前文所述，无论是已被冻结的中欧 BIT，还是 RCEP，抑或 CPTPP 中，均包含了公平竞争和竞争中立的理念。这说明我国在应对国际竞争规则变革趋势方面，已有准备和信心。

2. 补偿正当性原则引入

对国有企业基于竞争中立的公平竞争审查，要兼顾国有企业在国家经济发展中具有其不可替代的特殊性质。一方面，政府向其施加的特殊义务或负担，

---

① 《中共中央、国务院关于深化国有企业改革的指导意见》，第四章第12条。
② OECD：《经合组织国有企业公司治理指引：2015 年版》（中文版），经合组织出版社 2016 年版，第 20 页，https://doi.org/10.1787/9789264263642-zh。
③ 沈伟、黄桥立：《竞争中性原则的欧盟实践和经验——兼议对我国国有企业改革的启示》，《德国研究》2020 年第 35 卷第 4 期，第 111–112 页。

很多情形下都被视为理所应当，从而忽视了这种负担或义务本质上也给国有企业带来额外的经济压力，此种压力在正常市场条件下可能是不存在的，这就意味着，国有企业承担的特殊责任在一定程度上减损了其竞争优势。从这个角度看，政府向国有企业提供一定的补贴或给予其相应的税收优惠，是对其额外经济负担的一种补偿，对国有企业进行公平竞争审查时，理应考虑到对此类政府补贴或税收优惠措施的豁免。欧盟国家援助规则根据补偿正当性原则[①]，就将该领域的援助纳入了其豁免规则。我国公平竞争审查制度也可纳入这一原则，只要政府政策措施（补贴或税收优惠等）带有正当性的损失补偿理由，即可予以实施。

在此背景下，一旦中央机构或地方政府确定其活动受竞争中立规则的约束，并且引入竞争中立的相关补贴或税收措施的预期收益大于成本，则需要评估该措施的实施是否确保了公共利益。这也是竞争中立在应用时需要克服的困难，即央地政府在实施竞争中立政策时，需要兼顾一系列社会、环境、经济和区域发展目标，而不仅仅是衡量措施的经济效果。在这方面，欧盟在评估竞争中立的应用时，国家援助规则就包含关于应考虑的事项的规则指导，例如欧盟普遍经济利益服务通告中关于公共服务补偿的援助豁免规则。另外，当中央或地方政府认为实施竞争中立会损害其他公共政策目标时，需要进行公共利益测试以证明不实施相关措施的情况。为了满足竞争中立的要求，测试至少应该：明确确定要实现的政策目标，并确保政策目标得到官方认可（例如，由央地政府机构在官方政策文件中声明）；如果实施正在考虑的特定竞争中立措施，则证明所述政策目标的实现将受到威胁；确定实现总体政策目标的最佳可用方法，包括对替代方法的评估。

（四）对于涉国有企业审查漏洞的填补：效果规则和"一事一议"

对于国有企业公平竞争审查可能存在的漏洞而言，一方面可以引入效果规则，即针对某一审查行为存在制度供给缺位的情况下，借助效果规则行使管辖权，即只要该行政行为达到排除、限制竞争的效果，则均受到公平竞争审查。但由于效果规则经常与治外法权相关联，从而极易引发国家间冲突，因此需谨慎适用。

另一方面，可以借鉴"一事一议"的公平竞争审查机制。2020 年 5 月，我

---

① 《欧盟运行条约》第 107(2) 条和第 107(3) 条均涉及补偿正当性原则。

国市场监管总局等四部委发布《关于进一步推进公平竞争审查工作的通知》，将公平竞争审查对象的范围从原来的"规章、政策性文件、其他政策性文件"扩展到"'一事一议'形式的具体政策措施"。这一修改，正是考虑到在实际操作中，带有"文号"的政策文件很容易进入公平竞争审查的范围，而大量存在的行政行为却被很多审查机构选择性忽视。这些具体的行政行为包括突发性事件、具体的事务会议等"一事一议"形式的具体政策措施。这项通知的发布，意味着我国真正地将公平竞争审查制度中的"政策措施"落实到位，而不只是审查政策文件，进一步增强了公平竞争审查制度的执行有效性。因此，对于政府采取直接命令或指示的形式，给予国有企业补贴或税收优惠待遇的审查，可以论证将命令或指示的形式纳入"一事一议"形式的可行性。如果政府的命令或指示等形式不属于现行"一事一议"形式的范畴，则可考虑继续扩大公平竞争审查的"政策措施"范围，将其更进一步外延至"政府采取直接命令或指示的形式"。

第三节　公平竞争审查制度改进措施

欧盟国家援助规则发展至今，在体系设计和规则适用方面仍然拥有相对成熟的经验。然而，从前文分析来看，我国公平竞争审查制度对比欧盟国家援助规则，既有相一致的地方，又有不同之处。特别是国家援助规则对于我国公平竞争审查制度的完善而言，范围和制度构成上存在差异，故而在设计我国制度改进路径时，仅限于参考国家援助规则中较为成熟且基本符合我国国情的理论和原则。我国"十四五监管规划"中已经提出许多关于公平竞争审查制度完善的思路，但这些实施机制的构建仅停留在构想层面，文件并不涉及详尽的完善策略，故而回顾和比较欧盟相关机制的构建与实施经验仍具有重要价值。

一、开展独立审查试点

欧盟的国家援助审查工作全部由欧委会独立完成，并配备具有丰富专业知识的专门行政人员。我国央地政府存在对有关竞争政策和审查标准、制度等的理解偏差问题，为协调这一问题，我国可能需要设立一个独立机构来确保健全的审查监督机制。[①]

（一）独立的审查机构有助于确保法律确定性和可预测性

欧盟国家援助规则的执行离不开欧委会，这是一个独立的行政机构。一方面，欧委会具有审查成员国干预措施与内部市场一致性的排他性专属权限，欧洲法院判例专门明确了理事会决定（法律行为）不得规避欧委会关于国家援助各项决定的效力；另一方面，欧委会决定的合法性只能由欧洲法院审理判定，后者在这方面拥有专属的解释权和初步裁定权。因此，欧盟国家援助规则体系具有十分完备的"行政审查＋司法审查"的审查机制。欧盟这一特殊的行政和制度设计，在一定程度上保证了援助规则的法律确定性和可预测性。

（二）独立的审查机构更利于审查制度的有效落实

从成员国法院对追回援助的公共机构执行和私人执行情况来看，欧盟成员国也存在着对于援助规则的不同理解，甚至是误解和误用。[②]这一点与我国央地政府存在对公平竞争审查制度的理解偏差是类似的。欧委会在协调这个问题方面的作用是非常关键的，它拥有大量具有丰富专业知识的行政专员，涵盖了经济学、政治学和法学等领域。欧委会通过定期出台、更新和完善关于援助规则及其配套实施细则的通告、通讯、指南、决定等法规，来简化审查程序，协调上述理解偏差问题。例如，就2019年执行研究报告发现的关于援助规则的理解和适用困境，欧委会在2021年和2022年陆续更新的文件（如《2022—2027年区域援助指南》）中进行了补充说明。这样大量繁琐的审查工作和政策实时更新，毫无疑问，只能通过一个独立的专门行政机构才能完成。

因此，我国公平竞争审查制度若要顺利实施，可以参考欧盟经验，设立一个能够实施和监督政府政策措施的独立机构，并赋予其一定的自由裁量权和专属权限，这对公平竞争审查制度未来的更新完善也是有益的。但考虑到欧委会在审查援助案件时因诉累而导致的低效问题，我国先行开展独立审查的试点，在操作上更科学一些。毕竟中欧双方的体制和国情具有较大差异，欧委会遭遇的审查困境可能不会出现在我国，但我国也有可能在开展独立审查过程中存在

[①] Yong Huang & Baiding Wu, *China's Fair Competition Review: Introduction, Imperfections And Solutions,* CPI Antitrust Chronicle, Vol.3, p. 11 (2017).

[②] European Commission et al., *Study on the Enforcement of State Aid Rules and Decisions by National Courts: Final Study,* Publications Office, 2019, https://data.europa.eu/doi/10.2763/793599.

一些其他障碍，而这些因素都可以通过建立试点来解决。

二、完善公平竞争审查程序规则

欧盟国家援助规则对通知援助、非法援助、援助豁免、追回援助以及国家援助规则执行的审查均设定了不同的程序。我国的公平竞争审查制度目前只提出了一个基本制度框架，《意见》的实施细则中关于审查机制和程序的规定也只有9条（第5—12条），缺乏详细具体的审查程序规则。

（一）对自我审查机制的评析

我国与欧盟在审查程序方面存在较大差异。首先，欧盟的援助审查主体是欧委会，审查对象是成员国的援助措施，欧委会拥有援助审查的专属权限。在这方面，成员国的竞争主管机关只能协助欧委会的审查工作，不具有独立的自主审查权。我国的公平竞争审查主体是政策制定机关或政策制定机关指定机构，而非某一独立的审查机关，具体采取的是事前审查＋事后评估的自我审查机制。其次，欧委会审查发现授予的援助措施属于非法援助，可发布决定要求成员国追回这部分援助。我国的公平竞争审查制度虽然也规定了对政策措施实施后的评估，但不涉及对具有限制竞争效果的政策措施实施追回的程序规定，而只要求及时废止或修改完善。① 再次，欧盟成员国法院如果对欧委会的审查决定存有异议，在执行追回决定前可提请欧洲法院对决定的合法性进行初步裁决，欧洲法院享有撤销欧委会决定的专属司法审查权。据此，欧盟成员国或受影响的私人主体可以就决定的撤销向欧洲法院提起诉讼，以获得司法救济。我国公平竞争审查程序规则，仅就审查过程中存在较大争议的问题作出了规定，指明这类争议问题或意见不统一问题，可"提请同级公平竞争审查联席会议协调。……仍无法协调的，由政策制定机关提交上级机关决定"②。

不难看出，《意见》及实施细则的程序规则，不涉及对审查处理决定或建议的合法性审查规定，其他法律法规也不涉及此类合法性司法审查问题。这些差异是由中欧不同的审查机制导致的。不可否认的是，欧盟审查机制可以确保对国家援助规则的一致性解释，而授权欧洲法院对欧委会审查决定实施监督和撤

---

① 《公平竞争审查制度实施细则》，国市监反垄规〔2021〕2号，2021年6月29日发布，第12条，第20条。

② 《公平竞争审查制度实施细则》，国市监反垄规〔2021〕2号，2021年6月29日发布，第10条。

销,则是为了限制欧委会的权力以及向成员国或私人主体提供相应的法律救济。相比之下,我国的审查机制可能存在不同的审查机构(政策制定机关)对公平竞争审查制度的不一致解释和适用问题,且无法为地方政府和私人主体提供司法救济。

(二)《行政诉讼法》对规章以下规范性文件的附带审查

目前,我国的公平竞争审查制度仅涉及对央地出台的政策措施进行自我审查,其中包括对规范性文件的审查,一定程度上可以缓解我国长久以来的"规范性文件治国"现象,[1]但不能确保审查结果的独立客观性。我国《行政诉讼法》在 2014 年修改时,将法院对规范性文件的司法审查纳入法律。因此,在完善公平竞争审查程序规则时,有必要分析《行政诉讼法》有关法院对规范性文件进行附带审查的条款规定。

我国《行政诉讼法》第 12 条明确规定:"人民法院受理公民、法人或其他组织提起的下列诉讼:……(八)认为行政机关滥用行政权力排除或者限制竞争的。"[2]第 53 条涉及法院在行政案件中,对规范性文件的附带审查规定。根据《行政诉讼法》第 53 条,人民法院对规范性文件的处理仅限于在审理行政案件时的附带审查。[3]显然,《行政诉讼法》规定的行政诉讼受案范围涵盖了行政机关滥用行政权力排除、限制竞争的内容,明确了私人主体的起诉资格,更重要的是将规范性文件纳入了法院的司法审查范畴,标志着规范性文件的附带审查制度第一次写入正式法源之中。[4]虽然上述修订没有对相关法律规范进行实质性改变,但依旧引起了学界和实务界热议。因为,《行政诉讼法》第 53 条明确了法院的司法审查权,提升了司法权威,也为我国法院带来了机会。[5]

然而,这里存在的问题是:其一,目前,依据《行政诉讼法》第 53 条,我国法院依旧无权受理和审查单独针对规范性文件提起的诉讼,而只能在审查行政行为时,对该行为依据的规范性文件"一并"进行审查。不符合这一要求的请求,法院不予受理。并且,多个实证研究证明,上述附带审查成效不佳。[6]有

---

[1] 何海波:《论法院对规范性文件的附带审查》,《中国法学》2021 年第 3 期,第 139 页。
[2] 《行政诉讼法》(2017 年修正)第 12 条。
[3] 《行政诉讼法》(2017 年修正)第 53 条。
[4] 陈运生:《规范性文件附带审查的启动要件——基于 1738 份裁判文书样本的实证考察》,《法学》2019 年第 11 期,第 166 页。
[5] 何海波:《论法院对规范性文件的附带审查》,《中国法学》2021 年第 3 期,第 140 页。
[6] 何海波:《论法院对规范性文件的附带审查》,《中国法学》2021 年第 3 期,第 140 页。

学者指出,《行政诉讼法》修改之前,即使法官意识到规范性文件有问题,相当比例的法官也不会主动审查。① 该法修改之后,规范性文件附带审查只占到全部一审行政案件的 0.6%,② 这一比例远未达到学界预期。可见,虽然附带审查制度为规范性文件的司法审查带来了新的机会,但其执行有效性尚待提高。

其二,《行政诉讼法》中所指"规范性文件"仅限于行政机关的"行政行为所依据的国务院部门和地方人民政府及其部门制定的规范性文件。该规范性文件不包含规章"。③ 亦即不属于这一范围的文件,法院不具有审查权。《行政诉讼法》未对何为"规范性文件"作出明确定义,但依据最高人民法院 2018 年发布的《最高人民法院关于适用〈中华人民共和国行政诉讼法〉的解释》(以下简称"行政诉讼法适用解释")第 2.2 条可以推定,"规范性文件"可参考《行政诉讼法》第 13.2 条所指"具有普遍约束力的决定、命令"进行定义,④ 即行政机关针对不特定对象发布的具有普遍约束力、能反复适用的规范性文件。⑤ 这一定义明确了不特定对象、普遍约束力、能反复适用等因素,法院在相关案件中认定规范性文件的效力时,一般会考虑这些因素。⑥ 显然,公平竞争审查机构作出的整改或撤销决定或建议,只对其指向对象有约束力,不具有普遍约束力,也不能反复适用,故对该决定或建议之合法性的审查无法适用《行政诉讼法》。

综上,一方面,我国法院对规范性文件进行司法审查的门槛较高,必须与行政行为"一并审查",而非单独的规范性文件审查之诉。另一方面,法院附带审查制度下的"规范性文件"范围较窄,法院对其效力的认定标准严格。因此,《行政诉讼法》确立的附带审查制度,无法适用于对公平竞争审查机构的处理决定或建议之合法性的审查。这也意味着,如果审查机构的整改或废止建议对其他私人主体造成了负面影响,则这些私人主体可能无法依据《行政诉讼法》的附带审查规定寻求司法救济。

---

① 王庆廷:《隐形的"法律"——行政诉讼中其他规范性文件的异化及其矫正》,《现代法学》2011 年第 2 期,第 83 页。
② 《行政诉讼附带审查规范性文件典型案例》,《人民法院报》2018 年 10 月 31 日,第 3 版。
③ 《行政诉讼法》(2017 年修正)第 53 条。
④ 陈运生:《规范性文件附带审查的启动要件——基于 1738 份裁判文书样本的实证考察》,《法学》2019 年第 11 期,第 166 页。
⑤ 《最高人民法院关于适用〈中华人民共和国行政诉讼法〉的解释》,法释〔2018〕1 号,第 2 条第 2 款。
⑥ 陈运生:《规范性文件附带审查的启动要件——基于 1738 份裁判文书样本的实证考察》,《法学》2019 年第 11 期,第 170 页。

（三）《立法法》关于规章及规章以上规范性文件的备案审查

根据欧盟条约相关规定，欧洲法院有权审查所有欧盟法案，我国法院则不具有审查规章及规章以上位阶文件的权限。但是，我国十八届四中全会提出"把所有规范性文件纳入备案审查范围"的指导精神，[1]并且《立法法》第 5 章是专门针对规章及其以上位阶文件的合法性审查规则。与《行政诉讼法》确立的法院对规范性文件的附带审查制度不同，《立法法》中对规章及规章以上位阶文件的审查确立的是备案审查制度。其中，附带审查首先服务于行政行为之诉，其中所指附带审查只能是对行政行为所依据的规范性文件"一并审查"；而备案审查的原则是"有件必备、有备必审、有错必纠"。[2]

其一，根据《立法法》第 94 条，法律之间的冲突适用由全国人大常委会裁决；行政法规之间的适用冲突由国务院裁决。[3]该法第 95 条规定，地方性法规、规章之间的不一致，由有关机关依照不同情形按照本条规定的权限作出裁决。[4]《立法法》第 96 条和第 97 条授予了有关机关改变或撤销法律、行政法规、地方性法规、自治条例和单行条例、规章的权限。其中，"有关机关"是指全国人大及其常委会、国务院、地方人大及其常委会、省级人民政府以及授权机关。上述法律法规文件的审查主要是通过报"有关机关备案"，[5]这里的"有关机关"是指这些文件制定机关的上级机关部门，例如，行政法规报全国人大常委会备案，地方性法规报全国人大常委会和国务院备案。

其二，备案审查机制的启动，可由国务院、中央军事委员会、最高人民法院、最高人民检察院和各省、自治区、直辖市的人民代表大会常务委员会向全国人大常委会书面提起，也可由除这些机关以外的其他国家机关和社会团体、企业事业组织以及公民向全国人大常委会书面提起，只要他们认为相关法律法规文件"同宪法或者法律相抵触的"，都可以提出进行审查的建议。备案审查机制启动之后，由全国人大常委会工作机构分送有关的专门委员会进行审查并提

---

[1] 张玉洁：《规范性文件立法审查制度的实践反思与规则修正》，《现代法学》2021 年第 43 卷第 6 期，第 77 页。
[2] 《法规、司法解释备案审查工作办法》，2019 年 12 月 16 日第十三届全国人民代表大会常务委员会第四十四次委员长会议通过，第 4 条。转引自何海波：《论法院对规范性文件的附带审查》，《中国法学》2021 年第 3 期，第 151–152 页。
[3] 《立法法》第 94 条。
[4] 《立法法》第 95 条。
[5] 《立法法》第 98 条。

出意见。此外，有关的专门委员会和常务委员会工作机构可以对报送备案的规范性文件进行主动审查。[①] 审查机关在审查中发现上述法律法规文件确实同宪法或法律相抵触的，可以向制定机关提出书面审查意见，也可召开联合审查会议，要求制定机关到会说明情况，再向其提出书面审查意见。

综上，备案审查制度是依照我国国情设立的基于立法权力或行政权力的审查制度，即上级立法／行政机关对下级立法／行政机关制定的行政法规、规章等文件实行备案审查，审查结果对下级机关具有约束力。鉴于备案审查是针对与宪法或法律相抵触的合法性审查，我国公平竞争审查结果的合法性审查面临两方面困境：一是仅限于其是否合宪或合乎法律；二是审查结果是否属于备案审查的范围。这使得审查结果在适用《立法法》所规定的备案审查制度方面存在困难。

（四）公平竞争审查程序规则的设计思路

欧盟国家援助规则中关于国家的通知义务、对通知援助措施的审查及对非法援助的事后评估等程序规则，其目的都是为了将非法援助对公平竞争和贸易带来的不利影响降到最低。我国需更进一步细化公平竞争审查程序及其救济途径。

首先，公平竞争审查制度的建立可以程序要素为起点，[②] 就审查程序方面的规则完善，可参考欧盟国家援助程序规则。例如，评估在公平竞争审查制度中纳入追回程序规则的可能性，尽量平衡各类市场主体的竞争地位；考虑对地方政府的政策制定机关进行统一培训，确保其对公平竞争审查制度的一致性解释。

其次，对于我国确立的自我审查机制，是否以及如何保证其独立的客观性还尚未可知，在这方面，包括欧盟在内的其他经济体也没有类似经验可供参考。此外，有学者认为公平竞争自我审查机制的确存在悖论式风险，政策制定机关的自我审查能否确保市场公平竞争，取决于这些机构的官员们是否将确保竞争合规视为合乎其自身利益的理性抉择。为解决这一问题，我国可引入一套高效、透明的信息处理机制，并将机制所反映的政绩或问题纳入对官员的考核选任

---

① 《立法法》第 99 条。

② Diheng Xu, *Improved Legal Control over Chinese Tax Incentives: Anything to Learn from EU State Aid,* European Tax Studies, Vol.2018, p. II-179-II-197 (2018).

中。① 笔者也认可这一设计思路。

再次,事实上,欧盟之所以纳入对欧委会审查决定及其合法性的司法审查机制,是因为其成员国均为主权国家,欧盟机构及其成员国之间的权力关系和权限范围只能通过协议(即《里斯本条约》)来规范。成员国基于欧盟法一般法律原则必须遵守欧委会决定,《欧盟运行条约》授予欧洲法院对该决定进行司法审查的专属权限,也是为了向决定所针对的成员国及相关私人主体提供司法救济,进而缓和欧委会及成员国之间的政治较量和紧张关系。相较于欧盟这种司法与行政之间的分权制衡关系,② 我国作为统一的集权制国家,央地关系与欧盟及其成员国之间的关系毕竟不同,我国中央政府和地方政府之间不存在政治较量和紧张关系等困境。但是必须考虑到,对于审查结果(处理决定或建议)指向对象或受影响的私人主体而言,一旦确定处理决定或建议直接或间接损害了其利益,相关程序规则理应涵盖向其提供相应的救济,因此,有必要完善程序规则的救济途径。

第一,《行政诉讼法》确立的附带审查具有严格的启动条件,且当前实施成效不佳,尽管如此,这一制度依旧标志着我国司法权威的进一步加强。近年来业内已有一些声音呼吁将规范性文件的司法审查制度直接纳入《行政诉讼法》,虽然该法第 53 条与这一主张尚有差距,但仍具有较大进步意义。③ 这一修正可以看作是法院对规范性文件进行司法审查的开端,④ 意味着我国行政权与司法权之间的边界发生了位移。⑤ 第二,《立法法》规定的备案审查制度,亦可为完善这一程序规则提供设计思路。备案审查制度是符合我国国情、具有中国特色的宪法监督制度。⑥ 虽然《立法法》限定了备案审查的对象,即法律、行政法规、地方性法规、自治条例和单行条例、规章,且仅限于对行政法规或规章等文件

---

① 李俊峰:《公平竞争自我审查的困局及其破解》,《华东政法大学学报》2017 年第 20 卷第 1 期,第 118–128 页。
② 马得华:《我国行政诉讼规范性文件附带审查的模式与效力难题》,《政治与法律》2017 年第 8 期,第 81 页。
③ 黄学贤:《行政诉讼中行政规范性文件审查范围探讨》,《南京社会科学》2019 年第 5 期,第 102 页。
④ 马得华:《我国行政诉讼规范性文件附带审查的模式与效力难题》,《政治与法律》2017 年第 8 期,第 77 页。
⑤ 卢超:《规范性文件附带审查的司法困境及其枢纽功能》,《比较法研究》2020 年第 3 期,第 127 页。
⑥ 沈春耀:《全国人民代表大会常务委员会法制工作欧委会关于十二届全国人大以来暨 2017 年备案审查工作情况的报告》,《全国人民代表大会常务委员会公报》2018 年 1 月,第 129 页。

"与宪法或法律相抵触"的合法性审查，但也有学者建议将备案审查的对象范围放宽，例如将各级机关制定的针对内部成员的自治规章和社会组织自制规范等社会规范也纳入备案审查范围。① 备案审查制度在面对审查对象时最大的难题是究竟哪些规范性文件隶属审查范围。有学者指出，在概念定义不确定的背景下，可以通过排除法来确定审查的范围，从实践中看，可以被排除在审查范围之外的文件包括内部工作管理文件，人事任免决定、奖惩决定等具体事项处理的文件，以及涉密的文件。据此，县级以上地方各级政府及其办公厅制定的地方政府规章、决定、决议均属于备案审查的范围。② 问题是，如果政策措施是县级以上地方政府及其办公厅制定的，其审查权限应保留给政策制定机关，从而该机关在审查后作出的处理决定或建议，似乎也可归于备案审查范围。但由于这一议题本身存在较大争议，这一结论有待商榷。

鉴于上述法律规定的两种审查机制，我国公平竞争审查程序规则中可考虑设立《行政诉讼法》《立法法》所涉相关审查规定的衔接性条款，或将行政复议和相关机关备案审查均纳入公平竞争审查的救济途径中，抑或考虑在程序机制中构建相应上诉程序。与此同时，程序规则应明确审查机构与联席会议的公平竞争审查权限范围，协调这些机构的自我审查与有关机关备案审查之间的关系。总之，基于规则的公平竞争审查制度可以提高政府的透明度和问责制，并通过法律法规规定的事前和事后评估，将政府干预市场的消极影响降到最低。

三、完善公平竞争审查制度的例外规定

（一）基于团结规则协调产业政策和竞争政策

在公平竞争审查过程中，不可避免地会产生产业政策和竞争政策之间的冲突问题。豁免制度存在的意义就是协调这种冲突，③ 我国目前的豁免制度是通过在公平竞争审查制度中纳入例外规定。然而，从文本上看，这些例外规定仅仅是罗列在相关条款中，规则略显单一，且许多豁免标准不够明确，尚需进一步

---

① 刘作翔：《论建立分种类、多层级的社会规范备案审查制度》，《中国法学》2021 年第 5 期，第 141–160 页。

② 张玉洁：《规范性文件立法审查制度的实践反思与规则修正》，《现代法学》2021 年第 43 卷第 6 期，第 87 页。

③ 孙晋、钟原：《竞争政策视角下我国公平竞争审查豁免制度的应然建构》，《吉首大学学报（社会科学版）》2017 年第 38 卷第 4 期，第 57 页。

补充和完善。① 我国可在欧盟国家援助规则的相关规定中找到灵感,"因地制宜"地解决这一问题。

在这方面,法治观念起到了十分重要的作用。法治是一个非常广泛的概念,反映了不同社会背景下的不同价值观。② 一般认为,法治的基本条件是限制国家权力的任意和不公平使用,并保护个人权利。③ 在市场经济背景下,政府受法治监管的行为能够确保市场的效率,这意味着市场准入自由化、获取相关信息的机会以及合同安全。近年来,我国在法治建设方面取得了卓越成就,对政府补贴和税收优惠等政府干预措施实行法律管制,将有助于在市场中创造公平竞争,提高我国市场经济体制下的效率和本国企业在国际市场上的竞争力,以及规避国际贸易规则和其他国家的法律管制风险。

法治并不一定反对市场力量和政府力量,它只是起到了平衡市场和政府力量的作用。④ 维持公平竞争环境对于我国进一步融入世界经济至关重要,但基于社会公共利益目的的产业政策也十分必要。如前所述,在该领域,欧盟以团结规则为理论依据,为此专门设计了相关豁免规则,既有横向豁免规则(含区域援助豁免),又有部门豁免规则,这对于实现欧盟共同利益目标且又不影响市场公平竞争方面起着非常重要的作用。

我国某些经济不发达地区、特殊区域优势地区和特定行业的发展,目前依然离不开相关的产业政策,如补贴和税收激励措施。前文所提及的广东省横琴新区、福建省平潭综合实验区、前海深港现代服务业合作区等综合实验区就是这方面一个典型案例。这些实验区因为具有特殊的区位优势,被授权给予更多的优惠产业政策,且这些措施可被证明是促进新区经济发展和维护政治稳定的合理手段。

然而,我国目前仅在《意见》及实施细则中简单规定了几种例外情形,尚未出台类似欧盟单项豁免法规那样的专门性配套文件,能够将这些例外情形以制度的模式纳入公平竞争审查制度体系。与欧盟详细且论证严密的各项豁免法规相比,公平竞争审查制度中的例外规定则显得单薄许多,特别是这些豁免规

---

① 孙晋、钟原:《竞争政策视角下我国公平竞争审查豁免制度的应然建构》,《吉首大学学报(社会科学版)》2017 年第 38 卷第 4 期,第 57 页。

② Pietro Costa & Danilo Zolo, *The Rule of Law History, Theory and Criticism*, Dordrecht, 2007, p. 7.

③ Adriaan Bedner, *An Elementary Approach to the Rule of Law*, in Hague Journal on the Rule of Law, Vol. 2, p. 48 (2010).

④ Joseph E. Stiglitz, *The Role of Government in Economic Development*, Washington, 1997.

定具体应如何适用的问题也不够明确。① 因此，我国的公平竞争审查制度有必要在维护公平竞争基础上，出台专门性的横向豁免和部门豁免等配套实施细则，一方面可为政策制定机关和审查机关提供更为详细的实质性和程序性参考，不至于错误理解和适用相关制度或者为了避免公平竞争审查而"因噎废食"；另一方面还可以此协调产业政策和竞争政策之间可能出现的冲突问题，提高公平竞争审查制度的灵活性，以及保护涉及民生、国家安全和社会公共利益等特定行业和企业的发展。例如将我国正在实施的产业供给侧结构性改革纳入横向豁免法规，将其市场化、法治化，从而实现与竞争政策的协调合作。

特别需要指出的是，欧盟国家援助规则框架下的豁免制度又过于庞大繁杂，这也导致不论是欧委会的专业人员，还是成员国法院的法官，都无法完全吃透其中的规则，最终使得这套规则的适用在现实中存在很大的困难。所以，我国即使要制定与例外规定相配套的单项豁免法规，也不必构建如同欧盟那样过于复杂的豁免制度，但可先制定一些必要的横向豁免法规，引入明确豁免指标的清单制度，例如政策措施涉及的补贴或税收优惠在多大阈值内可不经公平竞争审查，而直接授予，哪些地区的优惠政策措施可适用较为宽松的审查标准等。

（二）基于实证分析的视角

新冠肺炎疫情的全球大流行危机，原则上也理应属于公平竞争审查制度的例外情形之一。鉴于这场疫情带来的持续且深远影响，有必要单独讨论这一背景下，欧盟、美国等世界主要经济体在平衡公平竞争与政府补贴、税收优惠等政府行为方面的实践。

2022 年 2 月 15 日，世界银行发布的《2022 年世界发展报告》指出，新冠肺炎疫情导致 2020 年约 90% 的国家经济活动收缩，超过了两次世界大战、1930 年代大萧条、1980 年代新兴经济体债务危机以及 2007–2009 年全球金融危机造成的经济衰退，② 全球经济萎缩约 3%。③ 持续的疫情感染致使很多国家不得不延长救济措施，短期内缓解了疫情对经济的不利影响。但这些政策也带来了

---

① 孙晋、钟原：《竞争政策视角下我国公平竞争审查豁免制度的应然建构》，《吉首大学学报（社会科学版）》2017 年第 38 卷第 4 期，第 57–67 页。

② 世界银行：《2022 年世界发展报告：金融为公平复苏护航（概述）》（中文版），2022 年 2 月 15 日，第 1 页，https://openknowledge.worldbank.org/bitstream/handle/10986/36883/211730ov.CH.pdf。

③ 据国际货币基金组织《世界经济展望》（IMF 2021c）和世界银行《全球经济展望》（World Bank 2021a）估计，2020 年全球实际 GDP 增长分别为 –3.1% 和 –3.5%。

如公共和私人债务负担增加等各种挑战，尽快应对这些挑战才能确保疫后公平复苏①的实现。

从《2022年世界发展报告》关于各国应对疫情的财政措施规模来看，②以GDP占比衡量，高收入国家（如美国）的财政措施几乎毫无例外地达到了历史性规模。美国于2021年3月10日由国会通过了《美国救援计划（2021）》，后于2021年3月11日被签署成为法律。该法案延续了《CARES法案（2020）》和《综合拨款法案（2021）》启动的许多计划，为符合条件的州、地方、领地和部落提供了3500亿美元的紧急资金，以应对COVID-19紧急情况并恢复就业。③相比之下，低收入国家（如埃塞俄比亚）的措施规模则非常小或近乎没有。中等收入国家财政应对措施的差别很大，反映出各国政府调动财政资源、增加支持项目支出的能力和意愿有很大差异。④

从竞争政策的角度看，竞争管理机构对政府为特定公司或部门提供贷款、资金、优先国有企业或其他市场干预措施的反应是复杂的。显然，新冠肺炎疫情下，政府干预市场是必要的，但更大的问题是干预是否适当或符合目的，是否会产生反竞争行为，何时以及如何逐步撤销这些救助措施，成为各国竞争管理机构或政策制定者关心的事情。⑤世界银行集团高级副行长兼首席经济学家Carmen M. Reinhart也提道："世界各地的政策制定者正面临一个非常棘手的任务——逐步缩减新冠大流行初期实施的经济支持措施，同时为经济活动的恢复和增长创造有利条件。……经济复苏没有什么'放之四海而皆准'的统一方法，

---

① 根据《2022年世界发展报告：金融为公平复苏护航》的定义，"公平复苏"意味着所有成年人，包括穷人、妇女和小企业等弱势群体在内，都能从就业、收入、人力资本和资产等方面的损失中恢复过来。这一定义是以世界银行（2005）对"公平发展"的广泛定义为基础，并根据新冠肺炎疫情背景作了调整。

② 数据来自国际货币基金组织财政事务部"各国新冠响应财政措施财政监测数据库"：https://www.imf.org/en/Topics/imf-and-covid19/Fiscal-Policies-Database-in-Response-to-COVID-19，统计数据截止到2021年9月27日。世界银行：《2022年世界发展报告：金融为公平复苏护航（概述）》（中文版），2022年2月15日，第7页。

③ U.S.Department of the Treasury, American Rescue Plan: Treasury's Progress and Impact after Six Months (2021), September 2021, https://home.treasury.gov./system/files/136/American-Rescue-Plan-Six-Month-Report.pdf.

④ 世界银行：《2022年世界发展报告：金融为公平复苏护航（概述）》（中文版），2022年2月15日，第6页。

⑤ Deborah Healey, COVID-19 Pandemic: Impact on Competition Law and Policy?, Herbert Smith Freehills CIBEL Centre-Faculty of Law and Justice, June 11, 2020, https://www.cibel.unsw.edu.au/news/covid-19-pandemic-impact-competition-law-and-policy.

欧盟在这方面的经验较为丰富。2020年3月19日，欧委会启动了COVID-19临时国家援助框架，[2] 以针对明显的市场失灵，并解决欧盟面临的战略目标和挑战。截止到2020年中期，欧委会已通过了240多项批准国家援助措施的决定。[3] 针对援助措施可能产生扭曲竞争的风险，欧盟在约束机制方面早已具备一套完整制度（即国家援助规则）。在这一规则体系下，诸如新冠肺炎疫情此类的突发性卫生公共事件，在欧盟援助豁免规定中属于《欧盟运行条约》第107(3)(b)条的范围。[4] 显然，欧委会认为新冠肺炎疫情下成员国授予的援助，符合条约第107(3)(b)条规定的例外情形："旨在补救成员国经济的严重动荡。"并且该援助措施必须是"没有其他适当措施的情况下"授予的，鉴于其对于企业间竞争具有高度扭曲性，此类措施必须受制于成员国相关国内法。此外，对于企业的支持措施可以欧盟的名义授予。因为，欧盟层面给予的支持，可从欧洲共同利益进行整体把握，扭曲内部市场的风险可能更低，从而"可能需要施加不那么严格的条件"。并且，欧盟层面的额外支持和资金是必要的，将确保这场席卷全球的危机，不会冲击到那些没有能力实施干预措施的成员国。欧委会还考虑到了当经济稳定后的退出机制，明确了不同政策工具实施的时间限制。[5]

我国得益于公平竞争审查制度的建立，自实施该制度以来，一贯强调对政府的政策措施进行定期公平竞争审查，从而保证了可能具有反竞争效果的政策措施与竞争审查之间的关系平衡。从文本上看，《意见》所涉例外规定中"可能"接近于应对新冠肺炎疫情所引发的经济下行或动荡的情形，包括"经济安全""救灾救助""维护公共卫生健康安全""其他社会公共利益"。但由于这些

---

① Carmen M. Reinhart：《2022年世界发展报告：金融为公平复苏护航》，前言，2022年2月15日。

② Communication from The Commission. Temporary Framework for State aid measures to support the economy in the current COVID-19 outbreak, Brussels, 19.3.2020, C(2020) 1863 final, https://ec.europa.eu/competition/state_aid/what_is_new/sa_covid19_temporary-framework.pdf.

③ Carole Maczkovics, *How Flexible Should State Aid Control Be in Times of Crisis?*, European State Aid Law Quarterly (ESTAL), Vol. 2020: 3, p. 271-283 (2020).

④ 欧委会在COVID-19临时国家援助框架修正案的前言部分明确指出："鉴于COVID-19的爆发，制定本框架的目的是确定欧委会认为符合《欧盟运行条约》第107(3)(b)条的其他临时国家援助措施。"

⑤ Communication from the Commission Amendment to the Temporary Framework for State aid measures to support the economy in the current COVID-19 outbreak 2020/C 164/03, C/2020/3156, OJC 164, 13.5.2020, p. 3-15, paras 3-8.

例外规定较为简洁，且无配套实施细则来补充解释相关例外的具体适用。因此，地区政府实施刺激性政策理应符合公平竞争审查的豁免规定，但却难以从制度本身将其进行明确归类和解释，也无相关退出机制明确是否或何时应该约束和制衡此类措施。更为遗憾的是，目前尚缺乏与这一主题有关的官方权威的公平竞争审查和事后评估案例，以致于相关意见和建议的提出，只能基于对《意见》所涉例外规定的文本分析，而无法依赖于审查和评估实践的反馈机制。根据欧盟经验，审查制度实施过程中面临的挑战及其应对、制度本身存在的监管漏洞的弥补，以及地方政府最佳做法的推广，一定程度上依赖于审查实践中的问题发现和及时整改。因此，我国在完善公平竞争审查豁免制度的同时，也应当重视构建与完善事后评估的反馈机制。

参考文献

一、著作

[1] [爱尔兰]J.M.凯利:《西方法律思想简史》,王笑红译,汪庆华校,法律出版社2002年版。

[2] [奥]凯尔森:《法与国家的一般理论》,沈宗灵译,中国大百科全书出版社1996年版。

[3] 程晓霞、余民才:《国际法》(第5版),中国人民大学出版社2015年版。

[4] 丹溪草:《人类命运:变迁与规则》,知识产权出版社2020年版。

[5] [德]E.-U.彼德斯曼:《国际经济法的宪法功能与宪法问题》,何志鹏等译,高等教育出版社2004年版。

[6] [德]卡尔·拉伦茨:《法学方法论》,陈爱娥译,商务印书馆2004年版。

[7] [德]马克斯·韦伯:《经济与社会》,阎克文译,上海人民出版社2019年版。

[8] 丁茂中:《竞争中立政策研究》,法律出版社2019年版。

[9] 郭寿康、韩立余:《国际贸易法》(第四版),中国人民大学出版社2014年版。

[10] 黄全:《行政行为效力制度研究——以行政程序法的制定为视角》,中国政法大学出版社2020年版。

[11] 经济合作与发展组织编:《贸易的环境影响》,丁德宇等译,中国环境科学出版社1996年版。

[12] [美]昂格尔:《现代社会中的法律》,吴玉章、周汉华译,中国政法大学出版社1994年版。

[13] [美] 汉斯·凯尔森:《国际法原理》,王铁崖译,华夏出版社 1989 年版。

[14] [美] 理查德·A. 波斯纳:《法律的经济学分析》(第 7 版)(中文第 2 版),蒋兆康译,法律出版社 2012 年版。

[15] [美] 约翰·罗尔斯:《正义论》,何怀宏、何包钢等译,中国社会科学出版社 1988 年版。

[16] 孙晋、李胜利:《竞争法原论》(第二版),法律出版社 2020 年版。

[17] 石伟:《"竞争中立"制度的理论和实践》,法律出版社 2017 年版。

[18] 孙晋:《公平竞争审查制度——基本原理与中国实践》,经济科学出版社 2020 年版。

[19] OECD:《经合组织国有企业公司治理指引:2015 年版》(中文版),经合组织出版社 2016 年版。

[20]《欧洲联盟基础条约——经〈里斯本条约〉修订》,程卫东、李靖堃译,社会科学文献出版社 2010 年第 2 版。

[21] 姚梅镇:《国际经济法概论(修订版)》,武汉大学出版社 1999 年版。

[22] [英] 哈特:《法律的概念》(第三版),许家馨、李冠宜译,法律出版社 2018 年版。

[23] [英] 哈耶克:《通往奴役之路》,王明毅等译,中国社会科学出版社 1997 年版。

[24] [英] 凯恩斯:《就业利息和货币通论》,徐毓枬译,商务印书馆 1997 年版。

[25] 应品广:《竞争中立规则研究:国际比较与中国选择》,中国政法大学出版社 2020 年版。

[26] 翟巍:《欧盟公平竞争审查制度研究》,中国政法大学出版社 2019 年版。

[27] 张乃根:《法经济学——经济学视野里的法律现象》,中国政法大学出版社 2003 年版。

[28] 张乃根:《国际法原理》(第二版),复旦大学出版社 2012 年版。

[29] 朱最新、刘云甫:《行政备案管理制度研究》,知识产权出版社 2012 年版。

[30] 章志远:《中性行政行为研究》,北京大学出版社 2021 年版。

二、期刊论文

[1] 刘伟：《欧盟国家援助法研究》，湖南大学 2019 年博士学位论文。

[2] 周海涛：《欧盟国家援助控制制度研究》，对外经济贸易大学 2014 年博士学位论文。

[3] 蔡莉妍：《论航运产业的国家援助制度及其法律规制》，《中国海商法研究》2021 年第 3 期。

[4] 曹兴国：《裁判者信任困境与国际投资争端解决机制的信任塑造》，《政法论丛》2021 年第 3 期。

[5] 陈镜先：《欧洲法院在欧盟税法发展中的作用》，《欧洲研究》2020 年第 3 期。

[6] 陈历幸：《法律规范逻辑结构问题新探——以现代西方法理学中"法律规范"与"法律规则"的不同内涵为背景》，《社会科学》2010 年第 3 期。

[7] 陈啸、杨光普：《以竞争中立为核心原则强化竞争政策基础性地位》，《海南大学学报》2021 年第 3 期。

[8] 陈运生：《规范性文件附带审查的启动要件——基于 1738 份裁判文书样本的实证考察》，《法学》2019 年第 11 期。

[9] 程程、闫尔宝：《规范性文件司法审查强度刍议》，《湖南社会科学》2022 年第 2 期。

[10] 戴杕：《论规范性文件实体合法性的司法审查框架》，《华东政法大学学报》2022 年第 1 期。

[11] 邓伟：《税收政策公平竞争审查制度的问题及其对策》，《法商研究》2021 年第 6 期。

[12] 董静然：《欧盟国际投资规则的冲突与中国策略》，《国际贸易问题》2018 年第 7 期。

[13] 董静然：《欧盟国际投资规则的源与流》，《上海对外经贸大学学报》2020 年第 2 期。

[14] 冯辉：《新能源汽车产业政府补贴的法律规制研究》，《政治与法律》2017 年第 12 期。

[15] 高志宏：《公平视角下的欧盟航空碳排放税研究》，《东方法学》2018 年第 4 期。

[16] 关保英：《疫情应对中行政规范性文件审查研究》，《东方法学》2020 年

第 6 期。

[17] 何海波：《论法院对规范性文件的附带审查》，《中国法学》2021 年第 3 期。

[18] [荷] 尼尔斯·J. 菲利普森，马静远：《补贴作为应对市场失灵的手段——欧盟国家援助政策对中国的启示》，《财经法学》2018 年第 4 期。

[19] 侯利阳：《公平竞争审查的认知偏差与制度完善》，《法学家》2021 年第 6 期。

[20] 侯利阳：《市场与政府关系的法学解构》，《中国法学》2019 年第 1 期。

[21] 侯卓：《"经国务院批准"的税法意涵》，《法学评论》2020 年第 5 期。

[22] 侯卓：《重识税收中性原则及其治理价值——以竞争中性和税收中性的结合研究为视角》，《财政研究》2020 年第 9 期。

[23] 虎剑刚：《论我国公平竞争审查制度的完善——基于间断平衡理论》，《价格理论与实践》2018 年第 9 期。

[24] 胡晓红：《论贸易便利化制度差异性及我国的对策——以部分"丝绸之路经济带"国家为视角》，《南京大学学报（哲学·人文科学·社会科学）》2015 年第 6 期。

[25] 胡晓红：《中国对外贸易国家安全制度重构》，《南大法学》2021 年第 2 期。

[26] 黄韬：《央地关系视角下我国地方债务的法治化变革》，《法学》2015 年第 4 期。

[27] 黄学贤：《行政诉讼中行政规范性文件审查范围探讨》，《南京社会科学》2019 年第 5 期。

[28] 江国青：《国际法与国际条约的几个问题》，《外交学院学报》2000 年第 3 期。

[29] 李凤华、郭畅：《论欧盟法中的国家援助》，《欧洲》2001 年第 2 期。

[30] 李国海：《国有企业的特殊性与公平竞争审查之实施》，《吉首大学学报（社会科学版）》2017 年第 4 期。

[31] 励贺林：《苹果的避税策略与欧盟"非法国家援助"的调查逻辑》，《国际税收》2019 年第 3 期。

[32] 李剑：《中国行政垄断的治理逻辑与现实——从法律治理到行政性治理》，《华东政法大学学报》2020 年第 6 期。

[33] 李俊峰：《公平竞争自我审查的困局及其破解》，《华东政法大学学报》2017 年第 1 期。

[34] 李娜：《预约定价协议是否还是跨国公司的避风港？——评欧盟裁定菲亚特和星巴克的预约定价协议违法案例》，《国际税收》2016 年第 1 期。

[35] 刘继峰：《论公平竞争审查制度中的问题与解决》，《价格理论与实践》2016 年第 11 期。

[36] 刘作翔：《论建立分种类、多层级的社会规范备案审查制度》，《中国法学》2021 年第 5 期。

[37] 梁开银：《对现代条约本质的再认识》，《法学》2012 年第 5 期。

[38] 雷磊：《法律规则的逻辑结构》，《法学研究》2013 年第 1 期。

[39] 卢超：《规范性文件附带审查的司法困境及其枢纽功能》，《比较法研究》2020 年第 3 期。

[40] 罗剑雯：《论国家责任的免除》，《中山大学学报》1996 年第 3 期。

[41] 罗党论、佘国满、陈杰：《经济增长业绩与地方官员晋升的关联性再审视———新理论和基于地级市数据的新证据》，《经济学（季刊）》2015 年第 3 期。

[42] 马得华：《我国行政诉讼规范性文件附带审查的模式与效力难题》，《政治与法律》2017 年第 8 期。

[43] 马相东、张文魁、刘丁一：《地方政府招商引资政策的变迁历程与取向观察：1978–2021 年》，《改革》2021 年第 8 期。

[44] 苗沛霖：《公平竞争审查的模式选择与体系建构》，《华东政法大学学报》2021 年第 3 期。

[45] 倪斐：《政策与法律关系模式下的公平竞争审查制度入法路径思考》，《法学杂志》2021 年第 8 期。

[46] 沈春耀：《全国人民代表大会常务委员会法制工作委员会关于十二届全国人大以来暨 2017 年备案审查工作情况的报告》，《全国人民代表大会常务委员会公报》2018 年 1 月。

[47] 沈伟、黄桥立：《竞争中性原则的欧盟实践和经验——兼议对我国国有企业改革的启示》，《德国研究》2020 年第 4 期。

[48] 时杜娟：《欧盟机场投资援助机制考察：规则理念与制度功能》，《国际经贸探索》2018 年第 10 期。

[49] 世界银行：《2022 年世界发展报告：金融为公平复苏护航（概述）》（中文版），2022 年 2 月 15 日。

[50] 孙晋：《公平竞争原则与政府规制变革》，《中国法学》2021 年第 3 期。

[51] 孙晋、钟原：《竞争政策视角下我国公平竞争审查豁免制度的应然建构》，《吉首大学学报（社会科学版）》2017 年第 4 期。

[52] 孙首灿：《规范性文件的直接司法审查方式》，《华侨大学学报（哲学社会科学版）》2020 年第 5 期。

[53] 唐宇：《欧盟竞争政策的特点及发展趋势》，《国际贸易》2017 年第 12 期。

[54] 陶然、苏福兵、陆曦等：《经济增长能够带来晋升吗？——对晋升锦标竞赛理论的逻辑挑战与省级实证重估》，《管理世界》2010 年第 12 期。

[55] 王炳：《公平竞争审查的合宪性审查进路》，《法学评论》2021 年第 2 期。

[56] 王春业：《论行政规范性文件附带审查中"依据"的司法认定》，《行政法学研究》2019 年第 3 期。

[57] 王春业：《论规范性文件一并审查制度的实践偏离与校正——以 907 个案例为研究样本》，《浙江大学学报（人文社会科学版）》2021 年第 1 期。

[58] 王丹：《以竞争中性制度促进形成强大国内市场》，《宏观经济管理》2020 年第 6 期。

[59] 王丽华、万雅芳：《比利时超额利润税案与欧盟国家援助制度适用分析》，《税务研究》2021 年第 2 期。

[60] 王庆廷：《隐形的"法律"——行政诉讼中其他规范性文件的异化及其矫正》，《现代法学》2011 年第 2 期。

[61] 王晓晔：《市场失灵时的国家干预——欧盟竞争法中的国家援助》，《国际贸易》2000 年第 3 期。

[62] 王晔琼：《我国反垄断法执法 10 年：成就与挑战》，《政法论丛》2018 年第 5 期。

[63] 王晓晔：《经济体制改革与我国反垄断法》，《东方法学》2009 年第 3 期。

[64] 王晔琼：《论欧盟法引起的 ICSID 仲裁裁决在国内法院承认与执行之困境——从 Miculas v. Romania 案出发》，《法律适用》2021 年第 8 期。

[65] 王玉玮：《论欧盟法的直接效力原则和优先效力原则》，《安徽大学法律评论》2007 年第 2 期。

[66] 武赟杰、杨荣珍：《基于 WTO 框架下的欧盟补贴政策研究》，《国际贸易》2019 年第 10 期。

[67] 谢浩然：《再论国际法的起源和发展——以社会契约论为视角》，《湖北社会科学》2019 年第 9 期。

[68]《行政诉讼附带审查规范性文件典型案例》，《人民法院报》2018 年 10 月 31 日，第 3 版。

[69] 杨帆：《试析欧盟法律秩序自主性对国际争端解决机制的影响——兼评投资法庭机制在欧盟的合法性》，《时代法学》2017 年第 2 期。

[70] 杨国栋：《欧盟反危机措施的司法审查研究——兼论后危机时代欧洲一体化模式的博弈》，《欧洲研究》2019 年第 2 期。

[71] 杨励、刘美珣：《国有企业的特殊性与我国国有企业的布局定位》，《清华大学学报（哲学社会科学版）》2003 年第 2 期。

[72] 姚海放：《论政府补贴法治：产业政策法、财政法和竞争法的协同治理》，《政治与法律》2017 年第 12 期。

[73] 叶卫平：《财政补贴、产业促进与公平竞争审查》，《交大法学》2021 年第 4 期。

[74] 易在成：《WTO 补贴制度欧洲化方案评析》，《中山大学学报（社会科学版）》2019 年第 3 期。

[75] 殷继国：《强化竞争政策基础地位何以实现——基于竞争政策与其他经济政策协调的视角》，《法学》2021 年第 7 期。

[76] 银温泉、才婉茹：《我国地方市场分割的成因和治理》，《经济研究》2001 年第 6 期。

[77] 杨永红：《论反限制原则——基于欧盟法与成员国法关系的分析》，《欧洲研究》2019 年第 3 期。

[78] 余文涛、吴士炜：《互联网平台经济与正在缓解的市场扭曲》，《财贸经济》2020 年第 5 期。

[79] 袁勇：《行政规范性文件效力的废除困境及其化解》，《行政法学研究》2021 年第 5 期。

[80] 袁勇：《规范性文件的概念界定——以构成条件及识别标准为中心》，《政治与法律》2021 年第 9 期。

[81] 张华：《论"欧盟航空减排指令"与国际法的冲突问题——欧洲法院司

法审查的悖论》，《德国研究》2013 年第 2 期。

[82] 张华：《欧盟法与国际法的冲突和协调——基于欧洲法院近期典型判例的诠释》，《欧洲研究》2013 年第 5 期。

[83] 张穹：《实施公平竞争审查制度 有力维护市场公平竞争》，《中国价格监管与反垄断》2016 年第 7 期。

[84] 张文显：《法治与国家治理现代化》，《中国法学》2014 年第 4 期。

[85] 张晓东：《论欧盟法的性质及其对现代国际法的贡献》，《欧洲研究》2010 年第 1 期。

[86] 张玉洁：《规范性文件立法审查制度的实践反思与规则修正》，《现代法学》2021 年第 6 期。

[87] 张占江：《中国（上海）自由贸易试验区条例竞争中立制度解释》，《上海交通大学学报（哲学社会科学版）》2015 年第 2 期。

[88] 张智勇：《苹果税收援助案的再思考》，《国际税收》2021 年第 8 期。

[89] 赵雪雁：《规范性文件司法审查标准的重构》，《安徽大学学报（哲学社会科学版）》2019 年第 5 期。

[90] 周安平：《论法律超越国家的历史演进》，《学术界》2020 年第 12 期。

[91] 周牧：《欧盟实践中关于国家援助的判定问题——论"可归因性测试"与"市场投资人测试"的适用》，《欧洲研究》2011 年第 6 期。

[92] 周绍朋：《关于公平、不平等与效率问题的思考》，《经济与管理研究》2006 年第 4 期。

[93] 朱士凤：《阿瑟·奥肯平等与效率观点解读》，《国外社会科学》2014 年第 3 期。

三、网络资料

[1] 高维和、殷华为：《加快推出中国版"竞争中立"体系，助力国企改革》，澎湃新闻网 2020 年 12 月 8 日，https://m.thepaper.cn/wifiKey_detail.jsp?contid=10250925&from=wifiKey#。

[2]《公平竞争制度是市场公平竞争的基础保障》，百家号人民网 2020 年 3 月 18 日，https://baijiahao.baidu.com/s?id=1661458456652900455&wfr=spider&for=pc。

[3] 新华社：《历史性突破！国有企业公司制改革基本完成》，中华网 2022

年 1 月 17 日，https://news.china.com/domestic/945/20220117/40961336.html。

[4]《财政部、国家税务总局关于广东省横琴新区、平潭综合实验区、前海深港现代服务业合作区企业所得税优惠及目录的通知》，财税〔2014〕26 号，2014 年 5 月 7 日发布。

[5]《财政部、国家税务总局关于实施小微企业普惠性税收减免政策的通知》，财税〔2019〕13 号，2019 年 1 月 17 日发布。

[6]《法规、司法解释备案审查工作办法》，2019 年 12 月 16 日第十三届全国人民代表大会常务委员会第四十四次委员长会议通过，第 4 条。

[7]《公平竞争审查制度实施细则》，国市监反垄规〔2021〕2 号，2021 年 6 月 29 日发布。

[8]《关于印发广东省进一步推动竞争政策在粤港澳大湾区先行落地实施方案的通知》，粤府函〔2021〕34 号，2021 年 2 月 22 日发布。

[9]《广东省农业农村厅关于进一步加强生猪及生猪产品调运管理的通知》，粤动防指〔2022〕1 号，2022 年 4 月 12 日发布。

[10]《国务院国资委关于印发〈关于进一步深化法治央企建设的意见〉的通知》，国资发法规规〔2021〕80 号，2021 年 10 月 17 日发布。

[11]《国务院关于支持前海深港现代服务业合作区开发开放相关政策的批复》，国函〔2012〕58 号，2012 年 6 月 27 日发布。

[12]《国务院关于在市场体系建设中建立公平竞争审查制度的意见》，国发〔2016〕34 号，2016 年 6 月 1 日发布。

[13]《国务院关于印发"十三五"市场监管规划的通知》，国发〔2017〕6 号，2017 年 1 月 23 日发布。

[14]《国务院关于印发"十四五"市场监管现代化规划的通知》，国发〔2021〕30 号，2022 年 1 月 27 日发布。

[15]《最高人民法院关于适用〈中华人民共和国行政诉讼法〉的解释》，法释〔2018〕1 号，第 2 条第 2 款。

四、外文资料

[1] Abel M. Mateus, *Why should national competition authorities be independent and how should they be accountable?*, European Competition Journal, Vol. 3: 1, 2007.

[2] Adam A. Ambroziak, *State Aid Policy and Industrial Policy of the European*

Union, in A. Ambroziak ed., The New Industrial Policy of the European Union. Contributions to Economics. Springer, 2017.

[3] Adriaan Bedner, *An Elementary Approach to the Rule of Law*, in Hague Journal on the Rule of Law, Vol. 2, 2010.

[4] Ailsa Sinclair, *Proposal for a Directive to Empower National Competition Authorities to be More Effective Enforcers (ECN+)*, Journal of European Competition Law & Practice, Vol. 8: 10, 2017.

[5] Alberto Heimler & Frédéric Jenny, *The limitations of European Union control of state aid*, Oxford Review of Economic Policy, Vol. 28: 2, 2012.

[6] Amedeo Arena, *Exercise of EU Competences and Pre-emption of Member States' Powers in the Internal and the External Sphere: Towards 'Grand Unification'?*, Yearbook of European Law, Vol. 35: 1, 2016.

[7] Andrea Biondi & Piet Eeckhout, *State Aid and Obstacles to Trade in The Law of State Aid in the European Union*, Oxford University Press, 2003.

[8] Andrea Biondi, *Rationale of State Aid Control: A Return to Orthodoxy*, Cambridge Yearbook European Legal Studies, 2010.

[9] Andreas Bartosch, *Is There a Need for a Rule of Reason in European State Aid law?: Or How to Arrive at a Coherent Concept of Material Selectivity?*, Common market law review, Vol. 47: 3, 2010.

[10] Anthony Downs, *An Economic Theory of Democracy*, New York: Harper & Row, 1957.

[11] Arthur M. Okun, *Equality and Efficiency: The Big Trade off*, Washington: The Brookings Institution, 1975.

[12] Aurora Donato, *Public Enterprises as Policy Instruments in the Intersection of the EU and WTO Legal Frameworks on State Aid*, Queen Mary Law Journal, Vol. 7: Special Conference Issue, 2016.

[13] Bernadette Zelger, *EU Competition Law and Extraterritorial Jurisdiction a Critical Analysis of the ECJ's Judgement in Intel*, European Competition Journal, Vol. 16: 2-3, 2020.

[14] Berend J Drijber, *The Role of National Courts in Enforcing the EU State Aid Rules*, Competition Law & Policy Debate, Vol. 4: 3, 2008.

[15] Brendan Sweeney, *International governance of competition and the problem of extraterritorial jurisdiction*, in John Duns, Arlen Duke & Brendan Sweeney eds., Comparative Competition Law, 2015.

[16] Bruno De Witte & Anne Thies, *Why Choose Europe? The Place of the European Union in the Architecture of International Legal Cooperation*, in Bart Van Vooren, Steven Blockmans & Jan Wouters eds., The EU's role in global governance: the legal dimension. Oxford University Press, 2013.

[17] Carles Boix, *Between Redistribution and Trade*, University of Chicago, 2004.

[18] Carole Maczkovics, *How Flexible Should State Aid Control Be in Times of Crisis?*, European State Aid Law Quarterly (ESTAL), Vol. 2020: 3, 2020.

[19] Caroline Buts, Marc Jegers & Tony Joris, *Determinants of the European Commission's State Aid Decisions*, Journal of Industry, Competition and Trade, Vol. 11: 4, 2011.

[20] Caroline Buts et al., *State Aid Policy in the EU Member States: It's a Different Games They Play*, European State Aid Law Quarterly, Vol. 2013: 2, 2013.

[21] Cees Dekker, *The Effect on Trade between the Member States' Criterion: Is It the Right Criterion by Which the Commission's Workload Can Be Managed*, European State Aid Law Quarterly, Issue 2, 2017.

[22] Chad Damro, *EU State Aid Policy and the Politics of External Trade Relations*, Journal of Industry, Competition and Trade, Vol. 13, 2013.

[23] Christian Ahlborn & Claudia Berg, *Can State Aid Control Learn from Antitrust? The Need for a Greater Role for Competition Analysis under the State Aid Rules*, in Andrea Biondi, Piet Eeckhout, & James Flynn eds., The law of state aid in the European Union, Oxford University Press, 2004.

[24] Christian Koenig, *Where Is State Aid Law Heading To*, European State Aid Law Quarterly (ESTAL), Vol. 2014: 4, 2014.

[25] Christian Buelens et al., *The Economic Analysis of State Aid: Some Open Questions*, in European Economy Economic Papers, Brussels: Publications of Directorate-General for Economic and Financial Affairs, 2007.

[26] Christina Eckes, *The Autonomy of the EU Legal Order*, Europe and the

World: A law review, Vol. 4: 1, 2020.

[27] Cigdem Borke Tunali & Jan Fidrmuc, *State Aid Policy in the European Union,* Journal of Common Market Studies, Vol. 53: 5, 2015.

[28] Cláudia Saavedra Pinto, *The 'Narrow' Meaning of the Legitimate Expectations Principle in State Aid Law Versus the Foreign Investor's Legitimate Expectations: A Hopeless Clash or an Opportunity for Convergence?,* European State Aid Law Quarterly, Vol. 15: 2, 2016.

[29] Claus-Dieter Ehlermann, *The Contribution of EC Competition Policy to the Single Market,* CMLR, Vol. 29, 1992.

[30] Claus-Dieter Ehlermann & Martin Goyette, *The Interface between EU State Aid Control and the WTO Disciplines on Subsidies,* European State Aid Law Quarterly, Vol. 5: 4, 2006.

[31] Colin Wren, *Industrial Subsidies: the UK Experience,* St. Martin's, 1996.

[32] Commission Decision (EU) 2015/1470 of 30 March 2015 on State aid SA. 38517, OJL 232, 4.9.2015.

[33] Commission Regulation (EU) No 651/2014 of 17 June 2014 declaring certain categories of aid compatible with the internal market in application of Articles 107 and 108 of the Treaty, OJL 187, 26.6.2014.

[34] Commission Regulation (EU) No 1407/2013 of 18 December 2013 on the application of Articles 107 and 108 of the Treaty on the Functioning of the European Union to de minimis aid, OJL 352, 24.12.2013.

[35] Commission notice on the enforcement of State aid law by national courts, OJC 85, 9.4.2009.

[36] Commission Regulation (EU) No 360/2012 of 25 April 2012 on the application of Articles 107 and 108 of the Treaty on the Functioning of the European Union to de minimis aid granted to undertakings providing services of general economic interest Text with EEA relevance, OJL 114, 26.4.2012.

[37] Commission Notice on the Notion of State Aid as referred to in Article 107 (1) of the Treaty on the Functioning of the European Union, C/2016/2946, OJC 262, 19.7.2016.

[38] Communication from the Commission to the European Parliament, the

European Council, the Council, the European Economic and Social Committee and the Committee of the Regions a New Industrial Strategy for Europe, COM/2020/102 final.

[39] Communication from The Commission. Temporary Framework for State aid measures to support the economy in the current COVID-19 outbreak, Brussels, 19.3.2020, C(2020) 1863 final, https://ec.europa.eu/competition/state_aid/what_is_new/sa_covid19_temporary-framework.pdf.

[40] Convention between Great Britain, Germany, Austria, Hungary, Belgium, Spain, France, Italy, Netherlands, and Sweden, relative to Bounties on Sugar, signed at Brussels, 5 March 1902.

[41] Contribution of the Federal Competition Authority of Austria, *Competitive Neutrality: the Way Forward After COVID-19, in Round Table - Competitive Neutrality*, 8th United Nations Review Conference on Competition and Consumer Protection, October 23, 2020.

[42] Council Regulation (EC) No 1/2003 of 16 December 2002 on the implementation of the rules on competition laid down in Articles 81 and 82 of the Treaty, OJ 2003, L 1, p. 1, Art. 35.

[43] Council Regulation (EU) 2015/1589 of 13 July 2015 laying down detailed rules for the application of Article 108 of the Treaty on the Functioning of the European Union, OJL 248, 24.9.2015.

[44] Damien M. B. Gerard, *EU Competition Policy after Lisbon: Time to Review the 'State Action Doctrine'?*, Journal of European Competition Law & Practice, Vol. 1: 3, 2010.

[45] David A. Morand, D.A. & Kimberly K. Merriman, *"Equality Theory" as a Counterbalance to Equity Theory in Human Resource Management*, Journal of Business Ethics, 2012.

[46] David Ordóñez-Solís, *National Courts and State Aid: Learning to Ask Good Questions*, European State Aid Law Quarterly: EStAL; Berlin Vol. 16: 3, 2017.

[47] David R. Collie, *State aid in the European Union: The prohibition of Subsidies in an Integrated Market*, International Journal of Industrial Organization, Vol. 18: 6, 2000.

[48] David R. Collie, *Prohibiting State Aid in an Integrated Market: Cournot and Bertrand Oligopolies with Differentiated Products,* Journal of Industry, Competition and Trade, Vol. 2: 3, 2002 a.

[49] David R. Collie, *Trade liberalization and State Aid in the European Union,* in C. Milner & R. Read eds., Trade liberalization, Elgar, Cheltenham: Competition and the WTO, 2002 b.

[50] David S. Evans & Richard Schmalensee, *Markets with Two-sided Platforms,* Competition Law and Policy (ABA Section of Antitrust Law), Vol. 1 :28, 2008.

[51] Deborah Healey, *Competitive Neutrality and the Role of Competition Authorities: A glance at Experiences,* in Europe and Asia-Pacific, RDC, Vol. 7: 1, 2019.

[52] Deborah Healey, *COVID-19 Pandemic: Impact on Competition Law and Policy?*, Herbert Smith Freehills CIBEL Centre-Faculty of Law and Justice, June 11, 2020, https://www.cibel.unsw.edu.au/news/covid-19-pandemic-impact-competition-law-and-policy.

[53] Dennis C. Mueller, *Public Choice III,* Cambridge: Cambridge University Press, 2003.

[54] Dermot Hodson & Imelda Maher, *Soft Law and Sanctions: Economic Policy Co-ordination and Reform of the Stability and Growth Pact,* Journal of European Public Policy, Vol. 11: 5, 2004.

[55] Diheng Xu, *Improved Legal Control over Chinese Tax Incentives: Anything to Learn from EU State Aid,* European Tax Studies, Vol. 2018, 2018.

[56] Diheng Xu, *Why does China Have a State-oriented Attitude towards Tax Incentives?, in* Australian Tax Forum, Vol. 33, 2018.

[57] Directive (EU) 2019/01 of the European Parliament and of the Council of 11 December 2018 to empower the competition authorities of the Member States to be more effective enforcers and to ensure the proper functioning of the internal market, 2019.

[58] Dominik Moskwan, *The Clash of Intra-EU Bilateral Investment Treaties with EU Law: A Bitter Pill to Swallow,* Columbia Journal of European Law, Vol. 22: 1, 2015.

[59] Eleanor M. Fox & Deborah Healey, *When the State Harms Competition: The Role for Competition Law,* March 30, 2017.

[60] Emilia Korkea-aho, *Adjudicating New Governance: Deliberative Democracy in the European Union,* Basingstoke: Palgrave, 2015.

[61] Enrico Alemani et al., *New Indicators of Competition Law and Policy in 2013 for OECD and non-OECD Countries,* OECD Economics Department Working Papers, No. 1104, 2013.

[62] Erika Szyszczak, *The Regulation of the State in Competitive Markets in the EU,* Hart Publishing, 2007.

[63] Erika Szyszczak, *Services of General Economic Interest and State Measures Affecting Competition,* Journal of European Competition Law & Practice, Vol. 6: 9, 2015.

[64] Fausta Todhe, *The Rise of an (Autonomous) Arm's Length Principle in EU State Aid Rules,* European State Aid Law Quarterly (ESTAL), Vol. 2019: 3, 2019.

[65] Francesco De Cecco, *State Aid and the European Economic Constitution,* Hart Publishing, 2013.

[66] Francesco De Cecco, *Member State Interests in EU State Aid Law and Policy,* in Márton Varjú ed., Between Compliance and Particularism: Member State Interests and European Union Law, Cham: Springer International Publishing, 2019.

[67] Francesco de Cecco, *State Aid and the European Economic Constitution,* Oxford: Hart, 2013.

[68] Franz-Jürgen Säcker & Frank Montag, *European State Aid Law: A Commentary,* Bloomsbury Publishing, 2016.

[69] George A. Akerlof, T*he Market for "Lemons": Quality Uncertainty and the Market Mechanism,* Quarterly Journal of Economics,Vol.84, 1970.

[70] Gert-Jan Koopman, *Competitive Neutrality - Focus on EU State Aid Policy,* Forum on Competition, Paris, February 16-17, 2012.

[71] Gideon Rosen, *Dignity: Its History and Meaning,* Cambridge MA: Harvard University Press, 2018.

[72] Giorgio Monti, *Independence, Interdependence and Legitimacy: The EU Commission, National Competition Authorities, and the European Competition*

Network, EUI Working Paper, No. 2014/1, 2014.

[73] Hans Van der Groeben, *The European Community: the Formative Years*, Commission of the European Communities, Brussels, 1985.

[74] Hans W. Friederiszick, Lars-Hendrik Röller & Vincent Verouden, *European State Aid Control: an Economic Framework*, in Paolo Buccirossi ed., Handbook of Antitrust Economics,. Cambridge: MIT Press, 2008.

[75] Henry Phelps Brown, *Egalitarianism and the Generation of Inequality*, Oxford: Clarendon, 1988.

[76] Herwig C. H. Hofmann & Claire Micheau, *State Aid Law of the European Union*, Oxford University Press, 2016.

[77] Hussein Kassim & Bruce Lyons, *The New Political Economy of EU State Aid Policy*, Journal of Industry, Competition and Trade, Vol. 13, 2013.

[78] Irene Agnolucci, *Will COVID-19 Make or Break EU State Aid Control? An Analysis of Commission Decisions Authorising Pandemic State Aid Measures*, Journal of European Competition Law & Practice, Vol. 13: 1, 2021.

[79] Irina Domurath, *The Three Dimensions of Solidarity in the EU Legal Order: Limits of the Judicial and Legal Approach*, Journal of European Integration, Vol. 35, 2013.

[80] Jan Klabbers, *For More on the Significance and Implications of This Treaty Provision, Treaty Conflict and the European Union*, Cambridge University Press, 2009.

[81] Jan Willem van Rossem, *The Autonomy of EU Law: More Is Less?*, in R. A. Wessel & S. Blockmans eds., Between Autonomy and Dependence, T.M.C. Asser Press, 2013.

[82] Jenő Czuczai, *Chapter 7 The Principle of Solidarity in the EU Legal Order-Some Practical Examples after Lisbon, The EU as a Global Actor - Bridging Legal Theory and Practice*, Studies in EU External Relations, Vol. 13, 2017.

[83] Jens Hölscher & Johannes Stephan, *Competition and Antitrust Policy in the Enlarged European Union: A Level Playing Field?*, JCMS, Vol. 47: 4, 2009.

[84] Jens Hölscher, Nicole Nulsch & Johannes Stephan, *State Aid in the New EU Member States*, Journal of Common Market Studies, Vol. 55: 4, 2017.

[85] Jörg Philipp Terhechte, *Article 351 TFEU: The Principle of Loyalty and the Future Role of the Member States' Bilateral Investment Treaties,* European Yearbook of International Economic Law, Berlin/Heidelberg, Springer, 2011.

[86] Josef Azizi, *The Tension between Member States' Autonomy and Commission Control in State Aid Matters: Selected Aspects,* Revista Romana de Drept European, Vol. 2011: 1, 2011.

[87] Jose Luis Buendia Sierra & Ben Smulders, *The Limited Role of the "Refined Economic Approach" 'in Achieving the Objectives of State Aid Control: Time for Some Realism,* in Kluwer Law International, EC State Aid Law: Liber Amicorum Francisco Santaolalla, 2008.

[88] Joseph E. Stiglitz, *The Role of Government in Economic Development,* Washington, 1997.

[89] Juan Jorge Piernas López, *The Evolving Nature of the Notion of Aid under EU Law,* European State Aid Law Quarterly (ESTAL), Vol. 2016: 3, 2016.

[90] Justin Lindeboom, *The Autonomy of EU Law: A Hartian View*, European Journal of Legal Studies, Vol. 13, 2021.

[91] Justus Haucap & Ulrich Schwalbe, *Economic Principles of State Aid Control,* in Düsseldorf Institute for Competition Economics (DICE), Discussion Paper, Düsseldorf: Heinrich Heine University Düsseldorf, 2011.

[92] Kaarlo Tuori & Klaus Tuori, *The Eurozone Crisis: A Constitutional Analysis*, Cambridge University Press, 2014.

[93] Kai Struckmann, Genevra Forwood & Aqeel Kadri, *Investor-State Arbitrations and EU State Aid Rules: Conflict or Co-existence?,* European State Aid Law Quarterly, Issue 2, 2016.

[94] Katalin J. Cseres & Agustin Reyna, *EU State Aid Law and Consumer Protection: An Unsettled Relationship in Times of Crisis,* Journal of European Competition Law & Practice, Vol. 12: 8, 2021.

[95] Katerina Mandulova, *Public Investment Vs. State Aid in the Context of EU Law: A Comparison of the EU and WTO Regimes of State Aid Contro,* Common Law Review, Vol. 9: 1, 2008.

[96] Kelyn Bacon QC, *European Union Law of State Aid, Third Edition*, Oxford

University Press, 2017.

[97] Kent Roach & Michael J. Trebilcock, *Private Enforcement of Competition Laws,* Osgood Hall Law Journal, Vol. 34: 3, 1997.

[98] Koen Lenaerts, *The Autonomy of European Union Law*, I Post di Aisdue, Vol. I: 1, 2019.

[99] Larry Temkin, *Illuminating Egalitarianism,* in T. Christiano & J. Christman eds., Contemporary Debates in Political Philosophy, Wiley-Blackwell Publishing, 2009.

[100] Leigh Hancher, Tom Ottervanger & Piet Jan Slot, *EU State Aids,* Sweet & Maxwell, 2012.

[101] Leo Flynn, *EU State Aid Law and International Investment Treaties: An Arm-Wrestling Contest,* European State Aid Law Quarterly (ESTAL), Vol. 2016: 1, 2016.

[102] Leroy P. Jones, *Public Enterprise and Economic Development: The Korean Case*, Korea Development Institute, 1975.

[103] Lovells J. Derenne, 2009 Update of the 2006 Study on the enforcement of State aid rules at national level, 2009.

[104] Luca Prete, *On Implementation and Effects: The Recent Case-law on the Territorial (or Extraterritorial?) Application of EU Competition Rules,* Journal of European Competition Law & Practice, Vol. 9: 8, 2018.

[105] Luca Rubini, *The International Context of EC State Aid Law and Policy: The Regulation of Subsidies in the WTO,* in Andrea Biondi, Piet Eeckhout & James Flynn, The Law of State Aid in the European Union, Oxford: Oxford University Press, 2004.

[106] Łukasz Kułaga, *Implementing Achmea: The Quest for Fundamental Change in International Investment Law,* Polish Yearbook of International Law, Issue 39, 2021.

[107] Makus Kotzur, *Solidarity as a Legal Concept,* in A. Grimmel & S. My Giang eds., Solidarity in the European Union: A fundamental value in crisis, Springer, 2017.

[108] Marco Botta, *State Aid Control in South-East Europe: The Endless*

Transition, European State Aid Law Quarterly, Vol. 2013: 1, 2013.

[109] Marek Rzotkiewicz, *The General Principles of EU Law and Their Role in the Review of State Aid Put into Effect by Member State*s, European State Aid Law Quarterly, Vol. 2013: 3, 2013.

[110] Margarida Matos Rosa, *EU Competition Law: On the Evolutionary Path,* Journal of European Competition Law & Practice, Vol. 11: 8, 2020.

[111] Maria Joao Melicias, *Policy Considerations on the Interplay between State Aid Control and Competition Law,* Market and Competition Law Review, Vol. 1: 2, 2017.

[112] Mirta Kapural, *New Kid on the Block-Croatia's Path to Convergence with EU Competitio n Rules,* Journal of European Competition Law & Practice, Vol. 5: 4, 2014.

[123] María Muñoz de Juan & Mihalis Kekelekis, *Alouminion v European Commission-Case T-542/11-Annotation by María Muñoz de Juan and Mihalis Kekelekis*, European State Aid Law Quarterly, Vol. 14: 2, 2015.

[114] Mariolina Eliantonio & Oana Stefan, *Soft Law Before the European Courts: Discovering a 'common pattern'?,* Yearbook of European Law, Vol. 37, 2018.

[115] Mary Catherine Lucey, *The New Irish Competition and Consumer Protection Commission: Is This 'Powerful Watchdog with Real Teeth' Powerful Enough under EU law?,* Journal of European Competition Law & Practice, Vol. 6: 3, 2015.

[116] Mathias Dewatripont & Paul Seabright, *"Wasteful" Public Spending and State Aid Control,* Journal of the European Economic Association, Vol. 4: 2/3, 2006.

[117] Matteo Fermeglia & Alessandra Mistura, *The Fate of EU Environmental and Investment Law after the Achmea Decision,* Journal for European Environmental & Planning Law, Vol. 17: 1, 2020.

[118] Michael Blauberger, *From Negative to Positive Integration? European State Aid Control Through Soft and Hard Law,* MPIfG Discussion Paper 08/4, 2008.

[119] Michael Blauberger, *Of "Good"and "Bad"Subsidies: European State Aid Control through Soft and Hard Law,* West European policy, Vol.32: 4, 2009a.

[120] Michelle Cini & Lee McGowan, *Competition Policy in the European Union,* St. Martin's Press, 1998.

[121] Michelle Cini, *The Soft Law Approach: Commission Rule-Making in the EU's State Aid Regime,* Journal of European Public Policy, Vol. 8:2, 2011.

[122] Mitsuo Matsushida et al., *The World Trade Organization: Law, Practice, and Policy* (3rd ed), Oxford University Press, 2015.

[123] Molnar Tamas, *The Concept of Autonomy of EU Law from the Comparative Perspective of International Law and the Legal Systems of Member States,* Hungarian Yearbook of International Law and European Law, 2015.

[124] Moreno-Lax Violeta & Paul Gragl, *Introduction: Beyond Monism, Dualism, Pluralism: The Quest for a (Fully-Fledged) Theoretical Framework: Co-Implication, Embeddedness, and Interdependency between Public International Law and EU Law,* Yearbook of European Law, Vol. 35: 1, 2016.

[125] Niamh Nic Shuibhne, *What Is the Autonomy of EU Law, and Why Does That Matter?,* Nordic Journal of International Law, Vol. 88, 2019.

[126] Niccolò Machiavelli, *The Prince,* Chapter XV. I, translated by G Bull (New ed., London, England), New York, N.Y., USA, Penguin Articles, 1999.

[127] Nicole Robins, *Competitive Neutrality and the Role of the State in The Market: Could There Be Any Parallels with EU State Aid Rules?*, CPI Columns OECD, 26 January 2022.

[128] Nikolaos Zahariadis, *State subsidies in the Global Economy,* Palgrave Macmillan, 2008.

[129] Oana Andreea Stefan, *Soft Law in Court: Competition Law, State Aid and the Court of Justice of the European Union,* Dordrecht: Kluwer, 2013.

[130] Pablo Ibáñez Colomo, *When Did the Rule of Law Come to Be Seen as an Inconvenience?*, Journal of European Competition Law & Practice, Vol. 12: 10, 2021.

[131] Paul Adriaanse, *Public and Private Enforcement of EU State Aid Law,* in Blanke HJ. & Mangiameli S. eds., The European Union after Lisbon. Springer, Berlin, 2012.

[132] Paul Bishop, *Government Policy and the Restructuring of the UK Defence Industry.* The Political Quarterly, Vol. 66: 2, 1995.

[133] Paul C. Adriaanse et al., *Implementation of EU enforcement provisions: between European control and national practice,* REALaw, 2008.

[134] Paul Craig & Grainne De Burca, *EU Law: Text, Cases and Materials (3rd ed.)*, Oxford University Press, 2003.

[135] Peter Hilpold, *Understanding Solidarity within EU Law: An Analysis of the "Islands of Solidarity" with Particular Regard to Monetary Union*, Yearbook of European Law, Vol. 34: 1, 2015.

[136] Philip Strik, *From Washington with Love—Investor-State Arbitration and the Jurisdictional Monopoly of the Court of Justice of the European Union*, in C. Barnard & O. Odudu eds., The Cambridge Yearbook of European Legal Studies, Vol. 12, London: Hart Publishing, 2009-2010.

[137] Philipp Werner & Vincent Verouden, *EU State Aid Control - Law and Economics*, Kluwer Law International, 2016.

[138] Pierre-André Buigues & Khalid Sekkat, *Public Subsidies to Business: an International Comparison*, Journal of Industry, Competition and Trade, Vol. 11: 1, 2011.

[139] Pietro Costa & Danilo Zolo, *The Rule of Law History, Theory and Criticism*, Dordrecht, 2007.

[140] Ramses A. Wessel & Jan Wouters, *The Phenomenon of Multilevel Regulation: Interaction between Global, EU and National Regulatory Spheres*, International Organizations Law Review, Vol. 4, 2007.

[141] Ramses A. Wessel, *The Meso Level: Means of Interaction between EU and International Law: Flipping the Question: The Reception of EU Law in the International Legal Order*, Yearbook of European Law, Vol. 35: 1, 2016.

[142] Ronald Dworkin, *Sovereign Virtue: The Theory and Practice of Equality*, Cambridge: Harvard University Press, 2000.

[143] Shuping,Lyu et al., *Comparing China's Fair Competition Review System to EU State Aid Control*, European State Aid Law Quarterly (ESTAL), Vol. 18: 1, 2019.

[144] Sonsoles Centeno Huerta & Nicolaj Kuplewatzky, *On Achmea, the Autonomy of Union Law, Mutual Trust and What Lies Ahead*, European Papers, Vol. 4: 1, 2019.

[145] Stefan Gosepath, *The Principles and the Presumption of Equality*, in C. Fourie, F. Schuppert & I. Wallimann-Helmer eds., Social equality: on what it means to

be equals, Oxford University Press, 2015.

[146] Takis Tridimas, *The General principles of EU law (Second Edition)*, Oxford University Press, 2006.

[147] Teis Tonsgaard Andersen & Steffen Hindelangzai, *The Day After: Alternatives to Intra-EU BITs,* Journal of World Investment & Trade, Vol. 17, 2016.

[148] Thibaut Kleiner, *Modernization of State Aid Policy in Research Handbook on European State Aid Law,* in Erika Szyszczak ed., Edward Elgar, 2011.

[149] Thomas J. Doleys, *Managing the Dilemma of Discretion: The European Commission and the Development of EU State Aid Policy,* Journal of Industry, Competition and Trade, Issue 13, 2013.

[150] UNCTAD, *Report on Competitive Neutrality Strategies to Enhance Synergies Between Industrial and Competition Policies in the MENA Region,* July 2019.

[151] Victoria Louri, *Undertaking as a Jurisdictional Element for the Application of EC Competition Rules,* Legal Issues of Economic Integration, Vol. 29: 2, 2002.

[152] Vincent Verouden, *EU State Aid Control: The Quest for Effectiveness,* European State Aid Law Quarterly (ESTAL), Vol. 2015: 4, 2015.

[153] Violeta Moreno-Lax & Paul Gragl, *Introduction: Beyond Monism, Dualism, Pluralism: The Quest for a (Fully-Fledged) Theoretical Framework: Co-Implication, Embeddedness, and Interdependency between Public International Law and EU Law,* Yearbook of European Law, Vol. 35: 1, 2016.

[154] Wei Cui, *Taxation of State-owned Enterprises: A Review of Empirical Evidence from China,* in Benjamin L. Liebman & Curtis J. Milhaupt eds., Regulating the Visible Hand? The Institutional Implications of Chinese State Capitalism, 2015.

[155] Wendy Naysnerski & Tom Tietenberg, *Private Enforcement of Federal Environmental Law,* Land Economics, Vol. 68:1, 1992.

[156] Willemien den Ouden & Paul Adriaanse, *Enforcement of State Aid Law in the Netherlands, Legislative Initiative for Effective Recovery Procedures in Dutch Law,* European State Aid Quarterly, Vol. 1, 2009.

[157] Will Kymlicka, *Contemporary Political Philosophy,* Oxford: Clarendon Press, 1990. Carter & Ian, 2011, *Respect and the Basis of Equality,* Ethics, Vol. 121: 3, 2011.

[158] Wolfgang Schoen, *Tax Legislation and the Notion of Fiscal Aid-A Review of Five Years of European Jurisprudence*, Working Paper of the Max Planck Institute for Tax Law and Public Finance No. 2015-14, December 22, 2015.

[159] Yichen Yang, *The Anti-Monopoly Enforcement Authorities v.s. Administrative Agencies: It's Time to Reconstruct Their Relationship when Dealing with Administrative Monopoly in China*, Journal of European Competition Law and Practice, Vol. 10: 6, 2019.

[160] Yong Huang & Baiding Wu, *China's Fair Competition Review: Introduction, Imperfections And Solutions*, CPI Antitrust Chronicle, Vol.3, 2017.

[161] Zelger Bernadette, *EU Competition Law and Extraterritorial Jurisdiction a Critical Analysis of the ECJ's Judgement in Intel*, European Competition Journal, Vol. 16: 2-3, 2020.

后　记

本书为伊犁师范大学哈萨克斯坦国别研究中心开放课题重点项目"哈萨克斯坦经贸投资法律研究"（2018HSKGBYJZD001）研究结果。近年来，我密切关注欧盟法、欧盟竞争法的更新与发展，特别是欧盟国家援助规则。欧盟经过长期发展，积累了丰富的国家援助审查经验，发展出诸多可广泛适用的审查规则，并通过与中、美等国的国际合作，致力于将其竞争中立规则推向全球，影响了国际经贸制度变革，进而也间接影响到我国竞争规则的发展。鉴于我国已加入或正在申请加入的区域贸易协定（如 RCEP，CPTPP）中均包含竞争条款，欧盟国家援助审查规则或对我国实施和改进公平竞争审查制度具有一定的启示，但目前我国国内尚未有学者全面系统地分析欧盟国家援助审查的理论价值和外溢效应。与此同时，由于欧盟国家援助规则不但包括欧盟条约、欧盟理事会条例、欧洲法院判例等"硬法"，还包括欧委会数以百计的指令、指南、通告、通讯等"软法"，内容繁多，恐不能面面俱到，只尽可能多地选择摘录和整理其中与本书研究内容有关的审查规则、政策及判例，这一点在本书形成过程中确有遗憾。

本书能够最终完成，首先要感谢我的博导、南京大学法学院胡晓红教授，以及为本书提出宝贵建议的南京大学法学院的各位教授，他们是范健教授、叶金强教授、彭岳教授、吴卫星教授、张华教授和曾洋教授，南京财经大学夏清暇教授。中国计量大学范晓宇教授。南京航空航天大学高志宏教授也为本书撰写提供了重要指导意见。其次要感谢我的博士同学魏想、何叶华、Noemi（意大利），师妹顾芮，师弟李烨对本书提供的无私帮助。同时还要感谢伊犁师范大学以及伊犁师范大学"一带一路"发展研究院、哈萨克斯坦国别研究中心、新疆社会治理与发展研究中心，他们为本课题的完成提供了物质资助、制度支持和关心鼓励。最后要感谢法学院的同事马幸荣、韩宏伟、刘国胜、岳书光、史林盆、刘恩惠等为本书的面世付出的辛苦劳动。

由于作者水平有限,在研究和撰写本书的过程中难免存在疏漏和不足,希望各位专家、领导和同仁能够给予诚恳的批评指正,并希望读者能够提出宝贵的意见,以期在今后的研究中能够及时吸收和改正。

刘俊梅
2023 年 5 月 10 日于美丽的伊犁河畔